高校思政课混合教学模式创新探索

吕　伍◎著

中国出版集团　全国百佳图书

中国民主法制出版社　出版单位

图书在版编目（CIP）数据

高校思政课混合教学模式创新探索 / 吕伍著. — 北京：
中国民主法制出版社，2024.5
ISBN 978-7-5162-3664-2

Ⅰ.①高…　Ⅱ.①吕…　Ⅲ.①高等学校—思想政治
教育—教学模式—研究—中国　Ⅳ.①G641

中国国家版本馆 CIP 数据核字（2024）第 094924 号

图书出品人：刘海涛
出 版 统 筹：石　松
责 任 编 辑：刘险涛　吴若楠

书　　　名 / 高校思政课混合教学模式创新探索
作　　　者 / 吕　伍　著

出版·发行 / 中国民主法制出版社
地址 / 北京市丰台区右安门外玉林里 7 号（100069）
电话 /（010）63055259（总编室）　63058068　63057714（营销中心）
传真 /（010）63055259
http：// www.npcpub.com
E-mail：mzfz@npcpub.com
经销 / 新华书店
开本 / 16 开　787 毫米 × 1092 毫米
印张 / 12　　字数 / 255 千字
版本 / 2025 年 2 月第 1 版　　2025 年 2 月第 1 次印刷
印刷 / 山东蓝彩天下教育科技有限公司

书号 / ISBN 978-7-5162-3664-2
定价 / 68.00 元

前言

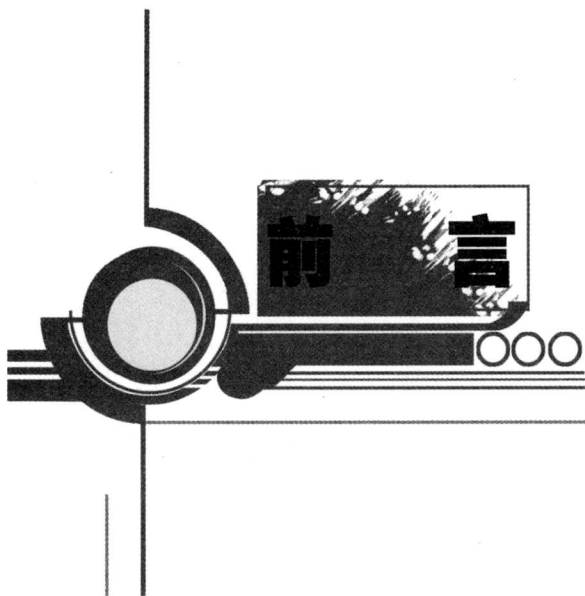

高校思政课是用马列主义、毛泽东思想、邓小平理论、"三个代表"重要思想、科学发展观、习近平新时代中国特色社会主义思想武装大学生，引导帮助大学生树立正确的世界观、人生观、价值观的重要途径。随着智能互联时代的到来，思政课教学模式正在发生前所未有的结构性变革。在现代信息技术和新媒介的支撑下，在构建新型师生关系的教育理论驱动下，高校思政课教学在内容、手段和评价上呈现出"百花齐放"的创新势头，翻转课堂、对分课堂、创客教学被全部或部分运用到课堂教学中来，混合式教学成为高校思政课教学改革创新的时代新路，也是增强亲和力和针对性，赢得学生喜欢的必由之路。

本书是一本探索高校思政课混合式教学模式的学术专著，全书共分为七章，第一章的内容是混合式教学概述；第二章的内容是高校思政课混合式教学的时代背景；第三章的内容是高校思政课混合式教学的理论基础；第四章的内容是高校思政课混合式教学的技术支撑；第五章的内容是高校思政课混合式教学的资源支持；第六章的内容是高校思政课混合式教学的主要模式；第七章的内容是高校思政课混合式教学的应用策略。

本书在编写过程中，搜集、查阅和整理了大量文献资料，在此对学界前辈、同仁和所有为此书编写工作提供帮助的人员致以衷心的感谢。由于编者能力有限，编写时间较为仓促，书中如存在不足之处，衷心敬请广大读者给予理解和指教！

目 录

第一章

混合式教学概述

第一节　混合式教学的内涵与特征

一、混合式教学的内涵

（一）基本概念

混合式教学公认的、比较宽泛的定义是"在线学习与面授教学的混合"。然而，自20世纪90年代末期发展至今，混合式教学的概念仍经历了一个越来越清晰化的演变过程。针对混合式教学的概念应包括物理特性和教学特性两个维度。为此，将其概念的演变划分为三个阶段，如表1-1所示。

表 1-1　混合式教学概念的演变

时间段	物理维度	教学维度	关注重点	关注角度
技术应用阶段	在线与面授的结合	技术的应用	信息技术	技术的视觉
技术整合阶段	明确在线的比例	教学策略与方法的混合	交互	教师的视觉
"互联网+"阶段	移动技术、在线、面授的结合	学习体验	以学生为中心	学生的视觉

1．技术应用阶段

从2000年开始，混合式教学已经开始引起国内外学者和实践者的关注。此阶段对混合式教学的定义主要强调其物理特性，最有代表性的为美国斯隆联盟的界定，"混合式教学是面对面教学与在线教学的结合，糅合了两种历史上各自独立的教学模式：传统的面对面教学与在线学习，即在教学内容上结合了一定比例的在线教学及面对面教学"。

在教学特性上，此阶段的混合式教学主要被理解为一种新的学习方式，重点强调技术在教与学中的核心作用。琼斯（Jones）等人依据信息技术在混合式教学中的应用方式和应用深度，将这一时期的混合式教学划分为五个层次：①没有技术支持的纯面授教学；②信息技术基本应用；③信息技术促进教学；④信息技术主导；⑤纯在线。在这个阶段，混合式教学被看作纯面授教学与纯在线教学之间的过渡阶段，是二者基于信息技术的简单结合，而技术应用的多少成为关键划分标准。

2．技术整合阶段

2007 年以后，混合式教学的定义逐渐清晰。

（1）物理维度

学者们尝试清晰界定在线与面授的比例，把混合式教学与纯面授、纯在线教学分离开来。在这个阶段，混合式教学是一种独立的教学模式，而不是一种过渡性教学模式。斯隆联盟对混合式教学明确只有"30% ～ 79% 的教学内容采用在线教学"的才能称为混合式教学。另外，一些西方学者进一步明确混合式教学为"纳入考核部分的教学内容中，25% 以上采用在线教学"。

（2）教学维度

学者们更多地从教学策略、教学方法的角度界定和关注混合式教学，关注在线与面授相结合的混合式学习环境下的教学设计。在这个阶段，混合式教学概念重点关注"交互"，关注混合式学习环境给交互带来的变化，以及相应的教学设计改变。布吕克（Bliuc）等人的界定：混合学习描述了一种新的学习方式，它实现了学生与学生、学生与教师、学生与资源之间面对面（现场）交互与在线交互的结合。

李（Lee）等人称，混合式教学是"教学模式的根本变革与再设计"，提出了混合式教学的三个特征：①由以教师为中心转向以学生为中心；②增强了学生与学生、学生与教师、学生与内容、学生与外部资源之间的交互；③采用形成性评价与总结性评价相结合的评价机制。

3．"互联网＋"阶段

2013 年以后，随着互联网与移动技术的迅猛发展，特别是"互联网＋"时代的到来，混合式教学的概念也有了新发展。

（1）物理维度

移动技术的应用被正式纳入混合式教学的概念中。混合式教学的概念由"在线教学与面授教学的混合"，正式演变为"基于移动通信设备、网络学习环境与课堂讨论相结合的教学情境"。

（2）教学维度

混合式教学是一种新的"学习体验"。对混合式教学的理解在经历了技术视角、教师视角后，落到了学生视角上，开始关注混合式学习带给学生的改变和对学生学习的支持。混合式教学不是简单的技术混合，而是为学生创造一种真正高度参与性的、个性化的学习体验。混合式教学概念强调"以学生为中心"。固特异（Goodyear）强调，所谓混合，不仅仅是面授教学与在线教学的混合，更是在"以学生为中心"的学习环境下教学与辅导方式的混合。

混合式教学概念演变的三个阶段，是对混合式教学物理特性的关注逐渐弱化，而对其教学特性逐渐强化的过程。

（二）本质分析

混合式教学是以"关联、动态、合作、探究"为核心的新型教学模式，有着区别于面授教学与在线教学的本质区别，本节将对混合式教学的本质予以分析。

1. 混合式教学是动态关联的耦合系统

混合式教学过程的各个存在要素组成相互关联、互为影响的耦合系统。教师与学生双方都具有自我组织教与学的意识与能力，师生秉持共同目标，同时在一定质态、一定数量的教学信息激发下，解决学习过程中产生的问题、障碍达成顺应、一致目标的过程，继而促进教学过程有序化。混合式教学中的在线上教学部分和面授（线下）教学部分两者是优势互补关系，不存在谁替代谁的问题。它们具有共同的教学目标，即高效地完成教学活动。

2. 混合式教学是在线教育的扩展与延伸

混合式教学不同于以往的在线教育、网络教学，我们可以把它理解为在线教育或传统教育的延伸或扩展。

首先，混合式教学将传统的教学优势与在线教学优势相结合，弥补在教学过程中的在线教学与传统教学过程的缺失。单一的在线教学中面临的最大问题就是教师与学生、学生与学生之间的互动交流缺失，因为教学过程中师生交往互动是贯穿于始终的，通过课堂、课下教师与学生的互动交往可以及时得到反馈信息，便于学生的询问、沟通、解疑、探究等系列活动的发生，该问题是阻碍网络教学进一步发展的最大障碍。

其次，学生的自控能力、信息处理能力、"网络教学就等于课件教学"等观念束缚也严重阻碍了在线教学的发展；从传统教学组织形式上来分析，资源相对单一，较难接触其他信息资源，在资源传播途径上稍显滞后。标准化模式也为学生的个性化发展产生阻碍，全体同学在统一进度、统一教学内容严重阻碍了学生的个性化发展。基于线上与线下两种教学模式的优势与弊端，我们看到，将两种方式有机结合起来是最利于学生学业、身心等多重发展的教学形式。

混合式教学模式是传统面授教学与在线教学的有机整合，是对二者的优势与劣势进行摒弃与选择。三者教学方式的比较如表 1-2 所示。

表 1-2　面授教学、在线教学、混合式教学的差异比较

	面授教学	在线教学	混合式教学
教学场所	线上	线下	线上+线下
知识形态	相对静止	流动、分散无边界	流动+整合
知识传播途径	教师讲授	自主学习、在线讨论	教师讲授+自主学习
师生关系	亲密友善、交流互动	关系疏离	合作+共享+互动
教学优势	知识系统、教师指导	在线资源丰富	个性化教学+团队协作
教学评价	注重认知性评价	注重过程性评价	认知+情感+实践
互动方式	面对面交流	技术工具交流	线下交流+网络工具

由上观之，混合式教学极大部分是面授教学、在线教学二者的混合，无论是在教学空间、教学手段还是教学评价方式均是二者的折中。这样既避免了单纯在线教学的弊端，又扩展了教学途径。

综合看来，与传统教学模式相比，混合式教学模式更加强调以学生为中心，主张引入问题情境，重视自主探究式的学习方式，鼓励学生主动的意义建构，最后采取多元的评价模式对学生进行多方面的评价。

3. 混合式教学以激发学习兴趣为关键

混合式教学主要发掘学生对于课程的兴趣为主旨，激发求知、探索、整合、创新等行为。教师制作微课程、PPT、整合课程资源以及设计教学活动的过程中，时刻以学生的兴趣为基点，考虑学生的个性特征与兴趣关注点，激发学生的创造力。所以，明确学生的学习需求，找准兴趣点，才是混合式教学的根本任务。

二、混合式教学的特征

传统的高校课堂教学以教师为主导，对教学内容、场所及时间存在一定的局限性，而混合式教学则在传统的教学模式上有机地融入了以学生为导向的网络教学。二者相辅相成，实现了资源上的优势互补，更加全面地调动学生的积极性和课堂参与度，发挥学生的

主观能动作用，实现新时代大学生创新应用能力培养的目标。混合式教学主要有以下五个特点。

（一）教学理论的"混合"

混合式教学模式的构建是基于建构主义、人本主义和多元智能等多种教学理论的指导。

此外，混合式教学模式的构建也同样受到多种混合式教学理论的指导。这体现在以下两方面。

一方面，指导混合式教学的不同理论各有其优点和缺点，在教学中起到的具体作用也不尽相同。因此，要求教师应了解并熟悉各种教学理论的真正内涵，从对"教"与"学"两个层面的指导作用，认真进行归类划分，然后在教学实践中，依照不同的教学时间、目标、阶段和风格，采用相应的教学理论来进行指导，既能充分发挥教师对教学的主导作用，又能激发学生自我认识意识，发挥其主观能动作用。

另一方面，各种教学理论之间的作用并不是互相对立的，而是互相关联、相互促进的，对教学的作用也必然存在交集部分。因此，高校混合式教学体系的构建必须着眼于实际的教学，结合大学生身心发展的现实特点、不同课程的特点和教学大纲、师资队伍的实际混合教学能力和具体院校的教学环境等多种限制因素。这样才能使混合式教学模式在应用人才培养中的推进作用得到最大化的发挥。

（二）教学资源的"混合"

混合式教学模式中的教学资源丰富且多样，在实际教学中其混合形式有以下三方面体现。

1. 教学内容资源的混合

时代发展的新时期，社会对应用型、技能型的人才需求不断扩大，作为孕育时代人才摇篮的高校，整合型、多样化人才的培养必须得到重视。因此，在混合式教学模式中，提供给学生的不能仅仅局限在单一学科的传输，更应注重构建资源发散、条理清晰的知识体系。

2. 教学资源表现形式的混合

混合式教学模式中，多样化混合型资源的表现形式应顺应学生认知的一般规律。在教学活动中，知识的呈现方式不仅仅局限于书本和黑板等固定化、静止化的形态，而是随时随地皆可学。而混合式教学模式则结合了传统和新型的知识呈现形式，能够最大程度地满足当前学生的资源需求，实现个体的可持续化发展。

3．教学资源整合的层级化

林志斌教授提出了教学资源的整合程度可分为轻度、中度、高度三个级别。轻度的资源混合是指在不改变原有教学活动原则下，只是在此基础上加入些许额外的混合元素；中度的资源混合是替换掉原有的教学方式，而采用混合式教学的活动方式；高度的资源混合是基于网络课程，构建混合式教学模式，从根本上进行教学活动的创新型设计和规划。在混合式教学的实践中需注意集中教学资源的优化，避免重复、浪费及无系统性等整合问题。

（三）教学方式的"混合"

混合式教学最大的特点就是学习方式的"混合"，把线上教学和线下教学相混合，充分发挥两种教学模式的优势。

在教学过程中既强调自主学习的重要性又要鼓励积极合作交流；既要学习理论知识又要做好实践锻炼，这样才能达到理想的学习效果。

（四）教学过程的"混合"

混合式教学模式分为线上和线下两个部分，线上部分是整个混合式教学模式的基础，线下部分是基于线上教学结果开展有针对性的、更加深入的教学活动。

混合式教学模式吸收了线上教学和线下教学两种教学方式的优点，摒弃了它们的缺点，并在此基础上进行了深入改变，形成了优于这两种教学模式的综合性教学模式，显示出了独特的优越性。

（五）考核方法的"混合"

混合式教学要同时考察学习的结果和学习的过程，考核的方法也多种多样。总结性考核除了线下传统的纸质试卷考核，还有线上教学时的学习测验考核；过程性考核则可以通过小组互评课堂表现等形式开展，教师也可为学生建立单独的学习档案。混合式教学通过多种形式的、全方位的考核将教学结果及时地呈现给学生和教师，让教师和学生都能及时地作出调整。

第二节 混合式教学中的"教""学"要素

一、混合式教学中"教"的要素

混合式教学强调"主导—主体"的双主模式，即在"教"与"学"的过程中注重"以学生为主体，以教师为主导"。在此过程中，教师的定位以及职能等都在发生变化，教师不是知识的简单传授者和灌输者，而是学习过程的设计者和引导者，是学生学习行为的帮助者和支持者。混合式教学的过程就是在适当的环境中促成学生主动建构知识的过程，其宗旨就是要"让学习发生"。

信息化学习环境决定了教师不再是学生知识获取的最主要来源，因此教师的教学目的和教学任务也要相应变化：传递知识不再是唯一目标，而是通过进行科学的教学设计、创建有利的教学环境、选择适当的教学方法和手段，以指导学生获取学习资源、学习途径，掌握学习工具和学习方法，从而促成学生的有效学习、高效学习。混合式教学中新教学目标和任务的设立，对教师提出了新的要求。具体来讲，在混合式教学中，教师的转变体现在以下几方面。

（一）教师角色和职能的转变

混合式教学模式下，教师的职能发生了巨大变化，教师从知识的传授者变成了知识的研究者和开发者，从独立的教学转变为综合多种方法和资源的综合者，从直接灌输知识的人变成了知识的向导。

总的来讲，混合式教学中教师的角色定位及职能主要表现在以下三方面。

第一，教师作为研究者和开发者，主要职能包括：主导混合学习体系的设计和发展；设计、测试和优化课程的设计和演变；通过试验新方法和工具，以设计个性化的学习；测试和提炼课程，根据学生的需要授课；辨别和记录技术工具的适用性。

第二，教师作为综合者，主要职能包括：融合现有内容和方法，创建最佳学习路径；编排新的内容和教学方法；主动与同事交流知识和教学方法。

第三，教师作为向导，主要职能包括：采纳其他团队的教学方法，辨别和适应；用数据帮学生选择和调整学习路径；允许学生与其同伴一起选择合适的学习路径。

混合式教学模式下教师角色及其职能的总结如表 1-3 所示。

表 1-3　混合式教学模式下教师角色及其职能

	开发者	综合者	向导
特质	以开发、创新为导向；设计者；测试者；小发明家	综合者；以优化为导向；开发者；不断提升性能；学科专家	执行者；改编者；顾问；教练；向导
与传统角色的不同	创造个性化学习；测试新的教学方法；快速采用新方法以测试新观点；热衷于科技	决定最佳教学方法；融合线上线下学习；学科专家；实施个性化学习	重于辅助学生学习而非传授知识；善于管理有不同学习方法的班级；可辅助内容学习或只作督导；重在帮学生选择合适方法

看完上面这么多的职能，可能有些老师会灰心丧气：这么多的职能，我能实现得了吗？混合式教学还能实施吗？其实一个教师不必充当所有这些角色。总的来讲，混合式教学模式的实施需要的是一个团队。组建一个什么样的团队，要根据实施的目标而定。

（二）教师教学方法的转变

相较于传统的教学模式，混合式教学要求教师做到以下三点。

首先，教师要致力于促进学生的深度学习。深度学习理念强调学生知识结构的建立，强调学生的主动性和创造性。教师应通过多样化、多维度的教学资源的整合和优化以及各种教学策略的使用，来创设内容、层次丰富的教学情境以激发学生的探索欲望和求知体验，促进学生的知识建构；通过线上线下活动和任务设计，引发学生思考，进行思想碰撞，促进内容和思想的产出，促成其高级思维能力（如思辨能力）的提高；通过主题知识的线上拓展，加深学生的理解和迁移；通过方法渗透、参与刺激来提升学生利用所学知识解决问题的能力。

其次，混合式教学要求教师在现场交互的基础上加深在线（线上）交互。传统师生交互的即时性、情境化和针对性是优点所在，但现实情况是线下教学中时间有限，从而使师生交互的全面性受到限制。而线上环境中，教师可以通过多种渠道如教学平台、微信、QQ、钉钉等移动方式和学生进行更丰富的互动，打破了时间和空间的阻隔。教师要注意的是，即使在线上交互中也要注入情感因素，并且有针对性地将线上交互和线下交互进行结合，以实现最佳的交互效果。

最后，当前各种网络教学平台的应用十分广泛，为线上教学的开展带来了极大便利。教师要选择与本学科教学最具切近性的平台加以学习和利用，利用平台进行备课、任务发布、管理教学资料、提供在线测试和在线练习，反馈教学信息、与学生线上互动、管理学生的学习资料、追踪学生在线学习过程、对学生学习情况进行形成性评价等。总之，要最大化利用教学平台的优势，增强混合式教学的效果。

（三）教师所需技能的转变

为了在混合式教学环境中仍然能够成功地教育孩子们，教师必须具备的核心能力：能够最大限度地利用教学时间，教授严谨的内容，确保学生在课堂上积极思维，并确保他们已经理解。同时，由于提供高度个性化的教学所涉及的复杂性，某些能力对混合式教学的成功更为重要，包括规划、课堂管理、收集、分析和有效利用数据、协作、愿冒风险、学科专家等。

传统课堂中，上述的能力中的大部分都是需要的，但混合式教学模式中，成功与否在于能否高效地使用这些能力。

1．规划

在大多数混合式教学环境中，教师不再为班级所有学生安排每天或每周的课程计划。相反，会规划更长的时间，并且必须内置几个分方案，以适应多个小团体和个别学生的教学。对于很多教师来说，课程以及上课计划的范围和次序在学年开始前就进行计划了。这种方法腾出时间让教师不断分析学生数据，使他们能够每天或每周调整教学计划，采取个性化的学习路径。

在实践中，这意味着混合式教学中的教师应创建包含各种资源和工具的短期和长期教学计划，并对这些计划灵活实施，以便能够实时更新和更改；个性化教学，使学生专注于工具、内容、技能和节奏。在混合式教学环境中有效的规划需要教师有很强的适应性，熟悉各种课程规划工具和教学方法。

2．课堂管理

大多数老师认为，课堂管理中最难但也最重要的方面是，如何过渡到混合式教学环境。在混合式学环境中，学生经常在不同的步调和各种各样的分组中工作，他们要自我监控，并且在没有老师不断给他们重定任务的情况下继续学习。

在实践中，教师在混合式课堂中应该做到以下六方面。

第一，让学生管理自学和小组学习时间。

第二，从学年的一开始就对学生提出规范要求。

第三，确保学生了解如何独立完成内容，主动解决问题，并根据需要向同伴寻求帮助。

第四，在嘈杂的教室中，管理好学生，以适应多个小组的讨论。

第五，同时管理多个学习布局，确保全面指导。

第六，准备备案来解决使用在线课程资源和其他数字学习工具时可能出现的不可预见的问题。

3．收集、分析和有效利用数据

把数据与日常学习相结合，发现学生新的绩效数据。这些信息可以为教师提供关于学生如何学习以及需要额外支持的宝贵见解。但是数据量有时很庞杂，混合式教学中，教师需要快速过滤掉关联不大的数据，这样他们就可以把注意力集中在能够帮助他们做判断的证据上。

混合式教学中的教师应该做到以下四点。

第一，从线上和线下的课程中收集数据，并且能够认识到在线数据可能更容易获得，但那些信息并不总是高质量的。

第二，培养敏锐的能力，识别出能够提供最具可操作性的学生表现证据的数据。

第三，准确分析学生数据，找出学习差距。

第四，利用网络工具实时提供数据，并利用这些信息迅速进行调整。

4．协作

虽然教师重视协作，但传统的教学形式往往把他们孤立在自己的教室里。相比之下，协作是混合式教学的内在特征，因为扮演不同角色的教师需要经常一起工作。在实践中，这意味着混合教学模式下，教师应该做到以下三点。

第一，测试创新的课程和教学模式，与同事分享所学，以促进全校的学业成绩。

第二，在团队教学环境中，保持工作的灵活性，与拥有不同强项的同事合作，更好地服务于学生的个性化。

第三，重新考虑传统的"级别"和"分数"的区别，利用老师们不同的专业领域，与同事一起帮助学生遵循个性化的学习途径。

5．风险承担

虽然许多教师对探索创新教学方法津津乐道，但真正去做时还是会犹豫，因为这种冒险在传统课堂上很少得到回报。相比之下，创新是混合式教学课堂成功的根本。混合式教育作为一种相对新颖的教育模式，要求教师对新的教学实践进行测试，仔细评估其功效，并进行深思熟虑的调整。这意味着，教师在实践中应该做到研究、试验、评估或缩放。

6．专业的学科知识

混合式教学需要所有教师有扎实的专业知识才能有效，教师都需要能够评估内容和教学材料是否符合标准，特别是在线内容方面更要严格。在许多情况下，混合式教学还需要更广泛和更深层次的本学科的专长。混合式教学会导致更个性化的学习，在同一课堂上，学生可能会研究不同寻常的话题，同时按照自己的速度在不同的学习水平上学习。这意味着在实践中许多混合式教学的教师能帮助学习获取学习内容、回答问题，并评估学生的学习情况。

有些老师看到这么多需要的技能和素质，可能会产生畏难情绪。其实，这包括一些必备的技能，其他在操作过程中慢慢培养即可。下面是一些最基本的技能和高层次技能的列举。

第一，创新教学模式的整体结构或个别成分。

第二，新课程或教学方法。

第三，解决不能用传统策略解决的课堂管理问题。

第四，创新的评估做法。

第五，支持有助于学生学习进展的新方法，无论是在结构化的课堂期间，还是更灵活的日程安排的部分。

第六，以掌握为基础的进度，这可能会使部分或全部学生脱离本年级标准的课堂结构。

教师如果采取混合式教学，则可以从基本技能开始，渐渐提高要求，确定一个目标，从其中一项做起，最后得到整体提高。

二、混合式教学中"学"的要素

从"学"的要素来看，学生是混合式教学中进行学习的主体。在此过程中，学生学习的内容、学习的方式、角色定位等会发生变化，同时信息化教学环境对学生也提出了一些要求。学生不再是被动接受知识，而是要主动获取和构建知识。

一方面，要根据教师的课程设计和自主学习的需求，利用信息技术获取线上学习资源，来实现知识的掌握和运用；另一方面，学生不仅要知道"学什么"，还要知道"如何学"，要促使自己使用适当的手段实现学习的效果。线上学习要求学生具备自主学习能力、时间管理能力、协调合作能力、创新创造能力；另外，在网络化环境中，学生也要具备一定的计算机技术和信息素养。

除了上述内容，混合式教学中学生最主要的转变还是体现在学习方式和角色转变两方面，具体内容如下。

（一）学习方式的转变

传统的课堂里，教师的讲解占据了课堂的大部分时间，学生被动听讲。虽然教师也会设置问题让学生思考，但整体来看，整个教学主要是以教师为中心的。在混合式教学模式下，学生必须自己学习，教师或提供视频讲课，或提供一些资料让学生自主观看、阅读。

学生给自己设定目标，或与老师商定目标。在此目标下，学生自由度较高地选择自己的进度和学习方式。学生学习的方式既可以是在家观看视频或做作业，也可以是在学校机房与同学一起学习；如果有个别学生的功课超前或落后，还可以参加特别的小组，与和自己进度相同的同学一起进行个性化学习；若需要特别的辅导，还可与教师进行一对一的辅导。学习方式非常多样：既可以是仅有课堂理论的学习（但这种方式在混合式学习中占比重会较少），也可以是项目式学习或任务型学习。

另外，与传统课堂极大的不同是，教师会给定学生一段的时间，通常是一个班级每周有一小时的时间，对他们感兴趣的任何事情进行研究或工作。所以，这是课堂之外的学习，学生可以产生自己的想法。这给学生提供一些自由学习的时间，他们在做自己喜欢的事情时也在学习，并有老师的帮助。学生自己必须拥有自己的数据，一般必须包括对学习的反思和自我目标的设置。

（二）学生角色的变化

1. 学生必须成为合作者

在传统教学模式下，学生是知识的被动接受者。教师在讲台上讲，感兴趣的学生会随着老师的节奏进行思考或记录，而如果学生对此不感兴趣，则可能会打瞌睡、看其他书籍等。根据课堂老师的观察，大部分不听讲的学生基本是在玩手机。

在混合式教学模式下，每个学生都有自己的任务：或者是老师给定的，或者是与老师协商后决定的，或者是自己的在线课堂要求必须完成的，或者在小组活动中被分派给的。因此，学生必须成为合作者，与教师合作，与同伴合作。只有如此才能完成学习任务，才能拿到规定的学分。

2. 学生必须成为沟通者

在传统教室中，学生可以自己埋头学习，而不必或很少与老师交流、与同学交流。因为传统教学模式中的交互性不高，很多时候学生个体即可完成学习任务。但在混合式教学模式中，其显著的特点就是交互性强，即互动的形式很多。

学生在小组活动中，为了完成某个任务，不得不与其他组员进行沟通、磋商，以保证所进行的项目统一、顺畅。因为混合式教学模式中有很多的在线学习，所以学生在网上学习中遇到问题，可能会需要请教老师或同伴。这就需要沟通，可并不是所有的疑问都进行面对面的沟通，现代技术使网络上的沟通更便捷，例如，用微信、QQ、邮箱等工具，非常便捷。

很多网络学习平台本身就提供教师与学生或学生与学生交流的平台。因此，学生也是沟通者，需要在学习中提高自己的沟通能力。

3．学生必须成为创造者

在混合式教学模式下，有很多的学习方式可供学生选择，学生自由探索和创造使用各种方式，进行传统的和在线的或技术上的活动。学生必须在这些方式中自由探索适合自己的方式，或者创造性地使用资源、工具，他们也可以用一些灵活的方式来证明已经学习到要掌握的知识。因此，在整个学习活动中，学生可以充分发挥创造性，自由地探索知识和学习知识的方式。

肯尼斯·格罗弗（Kenneth Grover）是美国一所高中的校长，他的学校实施的是"灵活模式"。他曾说过这样的话："学生们告诉我们他们要离开学校，因为他们很无聊。他们为什么无聊？因为他们没有感到在学习，传统的教室和学校不是他们想要的。我们问他们，什么可以使他们感兴趣。他们告诉我们，他们希望更多的控制、更大的灵活性、更多地接触教师。所以，我们创建了一所学校给他们这些东西。我们没有铃声，因为他们不需要。铃声是一个系统，告诉学生应该干什么，但我们的学生决定自己要干什么。"

从肯尼斯·格罗弗的话中，我们知道混合式教学模式给了学生更多自由发挥的机会、进行创造性活动的时间，因此学生参与学习的热情被调动了起来。

4．学生必须成为研究员

在混合式教学模式下，给学生时间允许其进行研究，这可以形成学生自我引导式的学习。学生的学习任务和目标都是事先确实下来的，因此面对海量的多模态的学习资源，学生需要研究那些可以使其有效达到目标，或有助于解决问题。混合式教学的一种典型方式是基于项目的学习（project-based learning，PBL）。这种模式的学习设计是与以前传统的教学是逆向的。

传统模式下，教师先讲解某个知识点或理论，然后给学生布置作业或任务，让学生用所学去解决这些问题。而 PBL 模式是先给出要解决的问题，或者是一个方案设计，或者是一个产品制作。学生拿到任务后，根据任务，以个人或小组为单位研究解决问题所需要的知识，然后开始搜索相关的知识或学习教师提供的课件、视频等。因此，这个过程是研究性的学习，学生以研究者的角色出现在混合式教学中。

从以上分析可以看出，混合式教学确实和传统课堂有较大的不同。在传统的课堂上，老师不一定有实际分析评估数据的时间，老师必须记录数据，然后回去再看，这就延误了教学的即时转变；而在混合式教学中，老师可以使用系统程序即时反馈。因为学生在学习过程中使用在线工具，所以老师马上就有了这些数据，可以根据需要进行相关设置的更改。

在传统的学习课堂上，教师是内容知识的主要来源，而混合式教学模式鼓励学生探索研究不同的信息领域。在传统的学习课堂中，可用资源是有限的，很少有学生需要真正扩展他们的学习，这可能导致教师无法指导或促进学生更广泛地探索与所学知识相关的事情。

在传统的课堂上，设计的灵活性要小得多，在线平台支持的机会较少。大多数的学习是基于教师的讲授或以讲座为基础，而在混合式教学模式里有各种各样的资源，老师可以帮助区分学生的学习范围，或扩大或缩小学生的学习内容。

第三节　混合式教学的目的和作用

当前的混合式教学与早期的混合式教学已经有了很大的差异，其中一个非常大的变化是混合式教学的目的。人们对混合式教学目的/作用的不同理解，直接导致了不同时期混合式研究重点的不同。

一、替代论/辅助论

关于混合式教学的作用或目的，第一种观点是"替代论"或"辅助论"。在线教育与混合式教学发展早期，很多机构和学者倡导在线教学的目的是出于经济性的考量，认为在线教学可以替代课堂教学，从而实现节省成本、提高便利性等作用。在这种观点支持下，混合式教学作为面授教学与在线教学的过渡方式，被视为在线教学的辅助——在难以实现纯在线教学的情况下，通过发挥信息技术的作用以"部分替代"课堂教学。

持"替代论/辅助论"观点的学者和实践者重点关注：在线教学/混合式教学作为课堂教学的替代，是否能够达到与课堂教学同样的教学效果？在2010年以前，我们可以看到相当多的研究在努力证明这一观点。然而研究结果显示，这种"替代论/辅助论"观点下的混合式教学，只能取得与课堂教学相当的教学效果，并不能取得比课堂教学更好的教学效果。

二、强化论 / 改进论

2010 年以后，随着混合式教学概念的演变，关于混合式教学目的的"强化论"或"改进论"开始出现。混合式教学的目的和作用不再是面授课堂的部分替代抑或在线教学的辅助，而是在于促进、提升、改进课堂教学，提升、改善学习效果。一方面，混合式教学既能够取出在线教学与面授教学二者之长，又能避二者之短；另一方面，混合式教学能推动教学模式的变革，将移动终端、互联网等信息技术有机地整合到学习活动和课程中，创建以学生为中心的学习环境；它能够根据课程、学生、教师的需求，设计、选择恰当的教学模式和学习支持，为学生提供真正个性化的、有针对性的学习体验。

因此，持"强化论 / 改进论"观点的学者和实践者重点关注：相较于纯课堂教学或纯在线教学，混合式教学是否能够取得更佳的教学效果？混合式教学在哪些方面强化并改进了课堂教学的效果？而近年来的实践和研究结果表明，这种"强化论 / 改进论"观点下的混合式教学，确实能够达到比纯课堂面授更佳的教学效果。

第四节　混合式教学理论分析

一、混合式教学的文化构建

传统的教学模式已经不能满足当今信息与创新时代的要求，"互联网＋教育"已呈现出传统课堂教学与网络教学并存、融合之态，即混合式教学。混合式教学结合了网络教学与传统课堂教学的优点，弥补了各自的缺点，近乎完美地构建出一个"以学生为中心"的教育体系。《国家教育事业发展"十三五"规划》中明确提出："全力推动信息技术与教育教学深度融合。建设课程教学与应用服务有机结合的优质在线开放课程和资源库，全面推进'优质资源班班通'，鼓励教师利用信息技术提升教学水平、创新教学模式，利用翻转课堂、混合式教学等多种方式用好优质数字资源。"

当前有关混合式教学的研究与实践成果丰硕，但关于混合式教学的改革与实践却只局限于"一课"。混合式教学大范围的推广举步维艰，其原因在于缺少学校文化系统的建立。著名的"乔布斯之问"为什么计算机几乎改变了所有领域，却唯独对学校教育的影响小得令人吃惊？（Why has IT changed almost every field, with the exception of education？）此问题的回答启示我们，一种新型技术与教学模式如果要发生作用，必须在两者间建立一种文化关联。

（一）混合式教学研究与实践现状

1. 混合式学习与混合式教学

2003年，北京师范大学何克抗教授将混合式学习引入国内，众多学者对混合式学习进行了跟踪研究。笔者在中国知网检索相关信息后发现，存在"混合式教学"与"混合式学习"两种称呼，"混合式学习"的使用更为普遍。通过对这两个定义进行分析发现，两者概念本质相同，可以互相替换。

本书采用"混合式教学"这一说法的原因主要有三：一是混合式教学中的线上线下活动，其过程依然是师生的双边活动；二是混合式教学多应用于普通学校，能将网络教学与传统课程教学相结合；三是更强调教师在教学中的主动地位及其重要作用。有效的混合式教学系统对教师而言，不是替代而是助力。《混合式学习：用颠覆式创新推动教育革命》一书中提出对混合式学习的定义，即混合式学习是建立在传统学习与网络学习二元合一，以及对学习、课程、教师等概念深刻理解的基础上，形成的一种新的学习范式。鉴于两者概念在本质上相同，且笔者认为此定义更加全面深刻，故将该定义作为本研究中的混合式教学的定义。同时，混合式教学体现出的"系统观"也是本研究的启发点。

2. 混合式教学研究与实践现状

目前，对混合式教学的研究不断增加。研究内容包括对混合式教学的产生发展、本质内涵、理论基础、特征分类、模式构建、教学设计、技术环境、学习效果、实践验证等方面的分析。虽然有关混合式教学的研究与实践还在深化拓展，但仍然存在不足，如目前国内几乎没有关于混合式教学的文化研究，导致混合式教学的开展缺乏大环境的支持。以清华大学为代表的许多高校都开展了对这一项目的教学改革实践，其程度与范围各不相同。有关混合式教学的研究与实践表明，这种新的教学范式将会给整个教学系统带来质的改变。这让混合式教学的支持者们非常乐观，但真正能决定这种模式的推广时间及范围的却是学校相关领导与管理部门。他们看到了变化，但又必须通盘考量、谨慎抉择。采用这种模式将会使学校的制度改变，从我国现有的研究与实践来看，我国高校缺乏混合式教学运行的相关机制以及对相关制度进行研究与探索的支撑。

3．混合式教学的施行困境

目前，混合式教学的改革实践集中于高校且只局限于"一课"，而难以推广。究其原因，一是传统课堂教学与网络教学是两种不同的教学系统，而混合式教学两者"兼容"，这就必然导致其运行机制的复杂性；二是我们必须承认，全日制学校以传统课堂教学为主形成的教学文化规范与混合式教学要求的文化规范存在一定限制因素，如学校领导对混合式教学的理解与支持程度，教师对混合式教学的认知、施行能力，学生的学习习惯与需求，现行的混合式教学所处的模式、范围以及质量等。

学校如果想大范围开展混合式教学，就必须把握全局，把混合式教学置于学校战略层面，自上而下地推进。同时，也就要求我们构建一个可以使混合式教学开花结果的文化环境。

（二）高校混合式教学的文化构建

广义的文化是人类在社会历史发展过程中创造的物质财富和精神财富的总和。它包括物质文化、制度文化和心理文化三方面。狭义的文化就是在一定的物质生产方式的基础上发生和发展的社会精神生活形式的总和，指社会的意识形态以及与之相适应的制度和组织机构。结合有关对狭义文化及组织文化的定义、内涵、结构、层次、作用等的研究，笔者认为混合式教学文化是指在教育教学过程中，支持师生开展线上线下教学活动的有关理念、规章制度、组织机构的总和。

1．混合式教学理念的构建

当今社会需要知识型与创新型的劳动者，这就要求我们构建"以学生为中心"的教育理念，满足学生学习的"个性化"与"基于能力"两个需求，而混合式教学能很好地兼容"个性化"与"基于能力"的学习。

学校领导、教师、学生，三者对混合式教学的正确认识意义重大。校领导的理解与支持、教师的推动与实施、学生的参与和支持是混合式教学能够大范围推广的关键。构建学校层次的混合式教学理念十分重要，目前已经有高校构建了学校层次的混合式教学理念，如清华大学的"基于混合式教育学位项目促进专业硕士招生培养模式改革"与山东淄博市"荆家中学混合式教学改革"。

2．混合式教学规章制度的构建

目前，部分高校及中小学都开展了混合式教学改革实践，但大多数都停留在简单整合的层面。即使少部分学校进行深度整合，也几乎都是作为学校立项的教改项目，有项目的条件支持。教学实践中，大部分教师处于想做却苦于缺乏相关教学规章制度支撑的状态，如存在网络教学活动不被纳入计酬工资范围的问题等。

除此之外，教学管理与监督部门对一些网络教学的管理和认定也缺乏相关制度。混合式教学规章制度涉及平台与课程的建设、运行机制、教师行为、工作量化、学生选课、学习方式、学分认定、考核方式、财务收支、技术保障、机构职能以及教师培训等方方面面。这些涉及整个学校教学制度的变革，是复杂的、全方位的。适当的混合式教学规章制度必须建立在对混合式教学深刻理解的基础之上，同时还须借鉴优秀的成功案例，在与自身条件结合后，因地制宜地执行。

3. 混合式教学组织机构的建立

混合式教学实践证明，即使学校给予教师充分的自主权去就一门课程开展混合式教学改革实践，其成果也未必尽如人意。其原因在于个人无力改变学校的规章制度，难以协调与其他部门和科系的关系。

建立一个有效的混合式教学组织机构，能很好地解决这个问题。这个机构应包括：学科课程教学团队、技术支持团队、领导专家团队、评估协调团队。学科课程教学团队负责教学问题，完成教学活动；技术支持团队提供线上技术环境的构建与维护；领导专家团队负责协调与其他职能科室之间的关系，争取学校政策与制度的变通支持，为宏观教学理念、教学设计等问题提供咨询与培训服务；评估协调团队处于领导专家与其他团队之间，协调各团队之间的工作，并对教学与协同工作效果进行评估、总结，并负责推广。各部门只需专注处理自己职能领域范围内的问题，各司其职、各尽其能，以达到协同完成混合式教学项目实践的目的。

二、混合式教学的质量监控

随着全国混合式教学的开展和教学改革的不断深入，课前—课中—课后的混合式教学模式已被大部分教师和学生所接受。课前，教师构建并发布导学信息、学习资源、学习任务与活动；课中，提供在线答疑、对学生学习行为的评估，调整课堂讲解内容；课后，进行总结性评价、教学反思与教学记录，给出拓展问题并答疑。然而，教师应该采用哪种教学质量评估方法来监控教学质量和教学效果，人们对此还存在许多疑惑。

本节针对混合式教学的不同过程，分别进行教学质量调查方式研究，以《农业生态学》课程为例，分析学生在学习中的反馈方式，探究行之有效的教学质量监控方法。

（一）课前教学质量监控

从教学计划来说，课前教学质量监控应从教学的理念、对学生的了解、对课程的理解、目标设置、策略选择、评估方法、检查教学计划、讨论访谈等方面进行质量检测。教师在前期准备阶段应根据前期学生的反馈调整教学内容，预测课堂教学中可能出现的问题，同时对教学设计和预期目标的合理性、教学内容的理解分析是否正确等方面进一步分析，再一次完善教学方式和教学资源。

教学质量监控的主体通常是学生，教师主要针对已掌握相关知识的学生进行调查分析研究。不过，教师和学生在教学质量监控中都占据着重要位置。比如，在课前教学质量监控中，我们应从教师如何备课、教学设计是否合理、能否顺利完成预期教学过程、本节课的教学目标是什么、如何调整本节课的教学设计、是否考虑学生的想法、教学如何与学生的想法相结合、本节课的辅助教学资源是否充足、如何解决教学资源不充分的问题等方面进行调查与分析，从不同角度全面监控教学质量。

（二）课中教学质量监控

根据学习内容，教师应设置具有导向性的课堂问题，并围绕问题开展教学活动。由学生个人或通过小组讨论的方式参与问题的分析与解决。以《农业生态学》32 个总学时为例，教师每周进行一次调查，调查时间选择在课间的 5 分钟，采用统一规格的调查问卷，让学生充分思考并写下答案。调查的问题主要有：本节课的主要内容有哪些，授课内容是否清楚，对近期教师的授课方式有什么好的建议和意见等。此外，课程结束时要求学生匿名做一次针对本节课的教学评价。学生的教学评价是对教师和自己负责的表现，教师也可以根据调查结果及时调整教学内容。

（三）课后教学质量监控

1. 成绩测验

混合式教学成绩主要包括在线作业、上机作业、在线测试、调查问卷、网上学习时长等。成绩测验可以是纸笔式的，也可以是表现式的；结果可以量化，也可以非量化。

2. 课后调查

课后调查主要通过匿名方式。调查问卷以主观题为主，让学生尽可能表达对课程及教师的意见与建议。课后调查有利于教师了解学生对任课教师以及课堂教学的真实想法，掌握学生的学习状况及学习效果。同时，可以通过学习小组互投等方式选出本节课的最佳学习小组和最佳学员，以此来提高学生学习的积极性和主动性。

3. 知识点答疑讨论

知识点答疑讨论是学生对本节课内容的了解程度和学习深度的重要体现，是课后教学质量评估的重要组成部分。教师通过学生在答疑讨论区提出的问题及讨论结果，可以了解学生在课堂上能否学习到主要知识，能否达到"线上＋线下"学习的预期效果，并及时发现教学中存在的问题和遗漏。通过这种方法对教学进行评估，能有效监测整个教学效果。同时，分析学生提出的问题也可以帮助学生厘清思路，教师应合理调整教学方式和教学框架，使其更符合学生的学习要求，以增强学生的满意度，提高学生的学习质量。

4．教师反思

教师通过分析学生线上学习情况以及课中学习的表现，找出学生的长处与短处，尤其要具体分析学生的短处，以便引起学生的重视并进行改正。

根据测试结果发现教学过程的薄弱之处，了解每个学生的知识水平，可以帮助教师提高自身的教学水平。教师能够针对学生反馈的个人学习误区，对不同学生分别提出个性化建议，帮助学生优化学习方式。教师还可以通过微信、QQ 群等方式给学生留言，帮助学生及时解决问题。教师也可以根据学生反馈的信息进行集中讨论，找出自身存在的问题，在实践中逐渐完善教学方式。

5．课后学习活动的开展

实践是检验真理的唯一标准。通过开展课后学习活动，学生能巩固课程知识，解决在课程学习中遇到的、难以用语言解决的问题；教师能检验出学生能否真正消化课堂知识，能否把学到的知识转化为实际行动能力，不再是"纸上谈兵"。

三、混合式教学中的交互作用

混合式教学进程中，存在着学生个体、学习行为和学习环境之间的交互作用。通过分析它们的特点、交互形式以及良性交互产生的结果，笔者认为，若想促进混合式教学改革走向完善，需要在课程的选择、课程资源的设定、课程学习的技术支持、课程学习规则的制定等方面做出调整，加强对教师的培训、鼓励和考核以及对专业课程的解构与重构。

混合式教学也称为混合式学习，是突破传统面授而迅速崛起的一种新型授课方式。它是在网络技术迅猛发展的前提下，为充分利用网络条件和资源、提高"教与学"效率，而在教育领域引发的一场改革。这种改革不是对传统模式的简单否定，而是将传统课堂教学和网络教学结合，从而充分体现教师的主导作用和学生的主体作用。同时，教师与学生通过线上、线下两种互动方式完成教学任务，提高教学效果。2003 年，何克抗教授参加了教育技术相关国际会议，并将混合式教学概念引入国内。他认为混合式教学模式"既要发挥教师引导、启发、监控教学过程的主导作用，又要充分体现学生作为学习过程主体的主动性、积极性与创造性"。

美国等发达国家的教育理念是"以学生为中心"，而我国的教育理念更倾向于"以教师为中心"。"传道、授业、解惑"使教师在知识传授过程中发挥主导作用，而学生则被动接受。虽然这对学生来说有两个好处，一是相对轻松；二是可在短期内接触更多的新知识，但这样的授课方式导致学生对知识的理解和应用效果较差。混合式教学改革要打破"两个好处"，让学生主动参与到学习进程中来，考验学生愿意接受的程度。现阶段，国内学者的研究视域更多集中在某一门课程的混合式教学模式的设计与实施，认为通过制定规则就能约束学生，提高学生自主学习的效率和效果。但舒杭等人认为，混合式教学模式在执行过程中会出现规则逆反的现象，进而会影响预期的教学效果的实现。而多数学者也在探索中发现，现阶段还有不少值得深入研究的难题。大多数学者普遍认为，混合式教学模式的关键是学生的参与热情与配合度，应通过采取激发学生学习行为的各种措施，达到混合式教学的最终目的。混合式教学目前仍然处于探索阶段，需要借助一定的理论基础来进一步分析、识别，并针对识别结果设计混合式教学模式的推行举措，提升混合式教学的学习效果，使教育改革实现质的突破。

（一）混合式教学中的交互因素及其特征

所谓交互，是指参与活动的对象之间的交流与互动。广义上讲，参与活动的对象既包括人，也包含人的行为，还包括人所处的环境因素。加拿大教育家阿尔伯特·班杜拉（Alber tBandura）在"交互决定论"中指出：行为、人的因素、环境因素，实际上是连接与作用的决定因素，即强调三种因素之间相互影响、相互决定的关系。

在混合式教学中处于主体地位的学生既是教学过程的主要参与者，也是教学效果的主要承载者。混合式教学的效果可以看作学生个体、学生的学习行为和学生所处学习环境交互作用、共同影响的结果。影响学生参与效果的内在因素包括学生的学习和认知能力、年龄和性别、生理和心理特征等。由人的因素所派生的行为因素，指学生在混合式教学过程中线上自主学习和线下参与讨论等行为。在混合式教学中，如果只考虑学生，那么，教师及其行为以及为学生创造的学习资源将被视作环境因素，从而会影响学习进程和结果。除教师给学生创造的学习环境之外，还包括网络设备、网络平台和网络质量等客观条件，以及由学生群体、学习行为形成的人文环境。在混合式教学开展的过程中，以上因素都将存在于一个无形的系统中，它们相互关联、交互作用，最终决定混合式教学的成果。

（二）混合式教学中各因素的交互形式

班杜拉在交互决定论中提出了相互作用的三种形式，即环境是决定行为的潜在因素、人和环境交互决定行为、行为是三者交互的相互作用。混合式教学各因素的交互形式大致有以下几种。

1．学生与个体行为的交互形式

学生本身所具有的认知水平和学习能力等特质将影响学生的学习行为，而学习行为又进一步改变学生本身所具有的特质。混合式教学初期，学生的特质决定其学习行为。有较高认知水平和学习能力的学生，通常能较快地参与到学习活动中，根据自己的认识和兴趣发现学习中的问题，发表独特见解，能在线下课堂与教师或其他学生探讨和交流。混合式学习中后期，学习行为又会改变学生的特质。积极的学习行为会促进学生认知水平和学习能力的进一步提升，从而对个体特质产生正面影响；而消极的学习行为则只能维持学生学习前的认知水平和学习能力，甚至会使学生的认知水平和学习能力倒退。

2．个体行为和学习环境的交互形式

学生的学习行为对学习环境产生潜在影响，而学习环境的调整又会引导学生的学习行为向积极或消极的方向发展。如果学生积极饱满的学习热情受到网络教学环境的束缚，他们会通过向教师或学校反馈的方式表达改变对网络环境的诉求，进而满足提高学习效率的愿望。学生的参与度和热情会激励教师为学生提供更优秀更恰当的教学资源，从而使学生的积极学习形成良性循环。一些个体的学习行为还会为其他学生营造正面学习氛围和示范效应，促使多数学生的学习行为逐步趋同，更有利于激发他们的学习热情与参与度。反之，不仅影响教师的教学积极性，也会降低学生的学习热情，使混合式教学的推行进程变得更加艰难。

3．学习环境与个体的交互形式

学习环境的营造需要个体的共同参与和相互影响，高效运行的网络会为学生参与混合式教学提供便利的硬件设施。教师线上资源的丰富多样和线下教学的灵活、细致会使学生产生愉悦感。良性的学习氛围会增强学生的归属感和努力学习的信念，激发他们的想象力、洞察力。同时，学生个人的提升又是促进环境优化的潜在推动力。

（三）学习过程中各因素的动态交互及结果

1．第一阶段：教师主动、学生被动

混合式教学活动主要改变的是知识传授方式，这也是学校主导的教学改革的重要组成部分，具体由任课教师实施。

学校开展混合式教学活动时，教师通常根据以往的传统授课经验来设定初期的授课内容，学生往往被动参与，并对新颖的授课方式产生较高期望。这一时期，学习环境对学生个体的兴趣、学生的学习行为将产生较大影响；学生个体几乎对学习环境没有太大影响；

学习行为则因个体特质而有所差异，适应效率各有不同，但最初差别较小。

２. 第二阶段：学生主动、教师协助

混合式教学活动的逐步推进将改变学生的认知水平。通过线上线下学习，学生对于混合式教学模式的细节设定、平台的功能操作和教学板块、教师上传教学资源的适宜程度及教师在整个课程中发挥的主导作用，都会有一定认识。学生与教师之间的主动权将逐步发生逆转，学生会针对教学资源、教学环节，甚至是教师掌控课堂的水平发表看法。学生的观点、看法一旦传达，任课教师必须作出积极回应，解释问题出现的原因，并尽可能调整教学资源、优化课程设计。这一阶段，教师对于学生诉求的反馈程度和能力，会对学习环境和学生学习行为产生很大影响。

３. 第三阶段：学生、教师平等互动

学生的积极参与、教师的及时回应有助于使混合式教学上升到较高水平并保持稳定。这一阶段，学生逐步适应混合式教学的节奏，教师能根据学生的阶段性学习效果和问题反馈，设定更加合理的教学资源和互动方式。由于与教师的互动讨论是线下课程学习的主导方式，学生与教师之间就课程内容、学习难题以及线上资源进行沟通，教师接受学生的建议并对教学资源和引导方式做出合理调整。这一时期，学生个体、学习行为和学习环境在稳定状态下相互适应，三者交互作用发挥"微动力"，促使混合式教学活动进入平台期。

（四）实施混合式教学的建议

１. 课程选择的建议

混合式教学并非适用于所有课程，某些理科、实验性强和操作多的课程更适合线下课堂讲授或小组讨论。笔者根据多年授课经验发现，如果想为学生提供丰富的课程资源，主导线上论坛或线下讨论和答疑，教师需要全面掌握课程内容、丰富授课经验，这就需要教师具备至少有 ２～３ 学期的该门课程授课经验。所以，选择试点课程时需要选择较为成熟的课程，积累经验形成示范效应，并逐渐扩大试点范围，提升教师、学生参与改革的信心和动力。

２. 课程资源的设定

线上或线下学习资源的设定，应以完善学生知识体系、提升参与社会能力为中心。首先，教师应借助座谈会来听取学生的建议，贴近学生熟悉、热衷的渠道，提高课程学习的趣味性；其次，学习资源的体系架构应呈现更多与现实接轨的内容，提高知识的应用性；再次，线上线下学习资源应根据学生的年级、专业、前期学习基础、未来就业需求等内容，实时、合理分配，保证及时性；最后，学习资源的调整应借助课程中后期的学生座

谈，充分听取学生的意见，把握学生的需求变化和满意程度，不断优化资源体系，提升学生的学习兴趣。

3．课程学习的技术支持

现代学生基本熟悉网络操作，这为混合式教学中的线上学习提供了有利条件。通常，线上资源都限定学习平台，对平台内部各模块的熟悉和熟练程度将影响学生的参与效率，这就需要学校统一进行必要的培训或发放统一的培训视频，为混合式教学的顺利开展做好了准备。同时，若要提高线上网络的运行速度，减少学生线上学习不必要的时间浪费。还要设定学生网络学习问题反馈平台，并及时收集、处理课程在学习过程中出现于线上平台的技术问题。

4．课程学习规则的制定

混合式学习是一种打破常规的学习方式，需要学生付出更多的时间和精力，对学生的自主性要求较高。惰性使部分学生排斥甚至敷衍应对学习，一旦形成不良的学习氛围，就会导致混合式教学活动的低效化。

为防止这一问题的出现，我们应采取以下措施。首先，要明确线上线下的学习规则，合理制定奖罚制度；其次，教师应提高洞察能力，及时制止或纠正学生的违规现象；最后，充分发挥学生的主体性和教师的主导性，教师要及时调整考核规则，激励学生共同参与规则的制定，以此增强学生对学习规则的认同感，提高学生的执行力。

5．课程的解构

混合式教学为学生创造了课程知识体系、全方位的线上学习和线下讨论模式。混合式教学教师及研究小组在为学生提供讨论环境的同时，帮助学生建立更连贯、更全面的知识体系，避免学生学习内容的重复，进而提高学生的学习效率。教师应科学地制定开课顺序，使学生的学习进程达到由浅入深、循序渐进、从基础到专业的状态，为学生的自主学习和互动交流提供坚实的基础，把学生培养成具有自主性、创新性和适用性的复合型人才。

第二章

高校思政课混合式教学的时代背景

第一节　网络时代下的高校思政课探究

一、高校思政教育网络环境的特征

（一）开放性

这是互联网的最基本特征，在网络环境中，任何网络主体都可以在网络中发布信息，尤其是非特定信息，世界上的任何地方的其他网络主体都可以在网络中平等享有接收和阅读信息的机会。从网络的基本运行机制上看，网络环境是一个绝对开放的空间，各种信息都具有平等的传播机会。这就使得世界上不同的文化能够突破地域的限制，在网络上得到充分的展示和传播，在交流和融合中逐渐衍生出独特的网络文化。

（二）交互性

网络环境中的人际交往，既可以实现同步交互，也可以实现异步交互。所谓同步交互，是指互动主体在同一时间进行的活动，如两个或多个网络主体之间基于一定的即时通信平台进行的实时沟通交流，如利用 QQ、微信或直播平台等进行的同步网络交往活动，在网络课程中开展的在线面对面课堂教学等，就是典型的同步交互模式。所谓异步交互，是指不在同一时间进行的交互活动，如你可以在任何时间对网络上的新闻或论坛中的帖子发表跟帖，也可以在任何时间阅读并回复电子邮箱中的邮件，等等，就是异步交互模式。相对于同步交互来说，网络环境中的异步交互在操作起来更加容易些。但无论哪种交互方式，交互的过程都是对信息再加工、再传播的过程，在这个过程中，受众是积极的大众传播的参与者。高校开展的网络思政教育活动，从交互行为角度分析，其行为主体是网络行为的参与者，但同时也是思政教育的受教育者，在这里，"网络主体"与"受教育者"两种身份合一，主体对于自身参与教育行为的积极性和表达欲望更加强烈。

（三）虚拟性

网络环境是人们凭借网络技术搭建的，与现实生活息息相关的，可以进行网络活动的空间。网络环境有着其独特的表现方式和内容形式，丰富了人们的社会实践活动，打破了以往人类社会时空限制，开发了人类生存和发展的新空间。网络空间超越了传统的时空概念，它不是真实的人类生存空间，而是独立于人类生存空间之外，可以与人类生存空间相互交融的一种虚拟空间。这里的虚拟性可以从三个层面理解：首先，信息本身的虚拟化。人们可以利用软件，对文本、图片、音频、视频等网络信息数据进行修改和再编辑，信息本身失去了原始的本来面目，可以以任何人所希望的形式展现并传播。其次，传播关系的虚拟化。在传统传播环境中，信息发送者和信息受众之间的角色是特定的，比如电话传播，我们可以通过语音判断并确认对方的身份信息；书籍买卖的过程也是信息传播的过程，我们可以十分准确地知道书本的作者是谁。但是，网络环境下的信息传播，就可以隐藏传播者的身份信息，采用匿名信息进行信息传播，受众无法得知信息发布者的真实身份，由此带来的传播关系的不确定性和虚拟化。最后，空间的虚拟化。网络环境是一个虚拟空间，网络主体可以在这个空间中进行购物、交友、娱乐、学习等各类活动。通过网络环境中的各类 APP 平台，网络主体间开展实时交互活动，达到超越现实的目的。虚拟现实技术的发明从某种意义上来说进一步拓宽了人类的生存空间，因此人们不仅可以生活在现实的世界，而且还可以在数字化的虚拟世界中自由自在地遨游。

（四）隐蔽性

网络环境具有本质上的隐蔽性特征，主要可以从四个角度去理解：第一个角度，网络信息有"数字化"特征，所有网络信息与平台数据都可以归结为数字信息，划归为用"0"和"1"表示的二进制数字。信息的展示形式是丰富多样的，但探究其背后的密码，都是数字化信息。可见，信息一旦失去外在展示形式，则成为非专业人士无法理解的内容，其外在的形象化与本质的数字化融为一体。第二个角度，网络信息的"匿名性"使得网络环境中的信息发布或信息传播主体不能与现实中的主体一一对应，这就使得普通受众不经过专业技术追溯，很难识别信息的最初来源，导致信息的发布主体隐蔽在难以发现的角落。第三个角度，网络信息的"无时不在"。网络环境下的信息由于它的数据性，可以通过光纤网络传递，实现了即时传播、全时段传播。因此，人类生活的任何时间段都成为了信息传播和展现的时间点。第四个角度，网络信息的"无处不在"。网络环境下的信息由于其迅速、便捷、形象化的特点，成为现代社会大众最受欢迎的信息传播方式，移动互联网更是将人和网络完全绑定，实现了"每个人就是每个网络节点"的新的网络状态，人完全置于网络之中。

二、网络背景下高校思政教育的特征

（一）教育主客体的平等性

高校思政教育作为一种作用于"现实中的人"——大学生群体的具体的实践形式，其内在地包含着高校思政教育者和教育对象之间的思想沟通和价值共识达成，即客观地存在着教育的主体与客体。在高校传统的思政教育中，主体（教育者）处于主导地位，客体（受教育者）处于被动地位。主体以单向思维模式掌控着整个教育过程，按照其既定的教育方式和教育内容，对客体大学生进行信息传递和价值灌输。这种一元教育格局在信息闭塞、教育资料单一的时期取得了较好的效果。但受时空限制，形成了少数活跃、多数沉默的互动现实。

网络背景下，信息的生产、传播、获取方式跟之前已经大不相同，先进的科学技术和多样的学习媒介使大学生能够突破时间和空间的局限实现自主学习。新时代，我们思政教育者面对的高校大学生是"00后"群体，他们作为网络的原住民，思维活跃，学习力强，善于在网上展示观点、交流思想、表达诉求。在传统思政教育视域中，高校思政教育者和大学生所具备的知识差距、信息差距是推动思政教育顺利开展的关键。师者之所以传道授业解惑，是因为其在知识掌握和价值判断等方面明显优于学生。互联网的迅猛发展一定程度上消解了这种"势位差"，面对互联网上即时生产的层出不穷的信息，大学生和教育者都是平等的接收者，甚至部分具有超前学习意识的学生，其通过互联网所得到的知识储备比教育者还要多。互联网打破了教育者在资源方面的权威性和地位的中心性，缩小了教育者和受教育者的知识差距，淡化了高校思政课教师和大学生的地位界限，为二者平等交流提供了可能。

随着时代的发展，传统思政教育形成的二元对立的主客体关系问题越来越突出，影响了教育的效果。因此，在网络时代，高校思政课教师与大学生的关系不再是一方享有绝对权威，另一方被动地接收，而更倾向于互动和引导。地位的平等让教育者获得更多尊重，也让受教育者更好地吐露心声、内心的诉求及时得到关切和回应，在信任和依赖中达到思政教育的本来初衷。

（二）教育信息的海量性

网络具有广融性的特点，网络的广融性内含网络信息横向拓展与纵向深入两方面。横向指知识型与价值型信息的广布，旨在强调信息的本原与评价性认识；纵向指知识的历史包容性，强调不同时间点的信息能同时在网络中出现。随着现代化技术的不断革新，网络的广融性特点不断深化。网络的广融性导致大学生面临的海量信息良莠不齐、真假难辨，但也正是信息的繁杂多样可以促使他们能够找到感兴趣的话题和所需的文章与数据。为了使学生够准确筛选出有用的、积极的信息，在教育活动中，高校教师应适时传授网络信息鉴别技巧，并强调负面信息的危害性，让大学生在积极向上的价值观引导下，有效避免不良信息侵害并找出符合自身需求的相关内容以促进其在网络大潮下提高自身接受效果。

（三）教育空间的开放性

现代化网络使地球成了"地球村"，网络信息的开放性也为高校思政课接受主体带来了便宜。跨地域、跨时限的人际交往空间成了现实，打破了传统人与人面对面才能实现沟通与互动的狭隘界限。通过互联网，大学生可以通过比照他人的有益言行，自我反省与群体言论的差异所在，查找自身言行的不足与缺陷。同时，当网络中出现与主流价值相悖的言论时，他们也能通过自我警醒，查找自身是否存在此类思想倾向，对于可能出现的苗头予以遏制。为更好地引导高校学生在网络开放性背景下实现内省，提高接受效果、接受质量，教师在高校思政课课堂中必须教育学生分清是非曲直以及培养学生维护自身合法权益的能力，帮助他们更加灵活地运用网络信息，提高自身思想素质，提高接受效果。

（四）教育反馈的及时性

四通八达的网络在教育者和大学生之间架起了互动的"桥梁"，教育者利用大数据、云计算、人工智能等技术处理手段，通过网上数据分析，可以快捷正确地把握学生的最新思想动态、心理困惑和行为特点，从而及时与学生交流信息，沟通思想，解答学生心理困惑，改变不良行为，建立和谐亲密的师生关系。此外，微博、微信、QQ等软件为加强师生的了解提供了媒介，拉近了师生的距离，有助于教育者实时跟踪学生思想变化、情感痛点、行为表现，有助于教育者快速全面地观察与思考，前瞻性地做好思政教育。

三、网络背景下高校思政教育发展的机遇

（一）拓展高校思政教育新阵地

在网络时代，高校思政教育工作者可以利用各种信息传播的手段，将文字、声音、图

像与数据整合起来，形成互动性和形象性的教育资源，使得思政教育更加具有艺术性和表现力、感染力。在提高思政教育实效性的客观要求下，各大高校也正在探索推动思政教育平台的多元化，如举行讲座、座谈会、讨论会，以及利用独特的校园文化来进行思政教育等，但网络的使用还具有广阔的空间。高校是进行思政教育的理想园地，而利用网络来丰富高校思政教育的平台，成为提高思政教育实效性的可靠路径。现代网络在传播信息上突破时空的限制，形成"第一时间"和"第一现场"，使得学生可以轻松获取知识，进行文化交流，如电子图书馆、思政教育网站、多媒体数字资源中心等，都成为学生接受思政教育的新平台。在这些平台上，网络可以将最具新潮的、最具个性化的信息图文并茂地展示出来，同时吸引学生参与其中进行讨论交流，不仅提升了学生的知识面，还能促进学生思想意识的提高。

依据网络技术、移动通信技术，网络还可以形成相互联动的巨大网络体系，凭借其海量信息、资源丰富、覆盖面广、互动性强的特点，将思政教育在各个平台上彼此联系起来。这样，高校思政教育既可以共享内容丰富的教育资源，也可以集中高效地传播正确思想。各种网络教育平台在网络中随处可见，并直达学生的电脑、手机等终端设备，而无须受到客观条件的制约。这无论对于开展思政教育的场所、手段，还是学生获取知识的方式都带来了突破性的改善。当前，已有不少高校正在积极探索创建形式多样的网络教育平台，如创建思政教育网站专栏、定制手机信息、开辟电子报刊、建立户外电子屏幕、建设电子数据库等，这些有效的举措切实为思政教育提供了崭新的实践平台。

（二）拓展高校思政教育视野

网络时代的到来为传统的思政教育提供了一个全新的学习环境，提供了一个全天候的数字化世界。由于互联网的深入发展，各种数据信息已经将学生包围，上网已经成为学生不可或缺的生活方式。而大学生这个群体是极为活跃的群体，更容易接受新事物，受环境影响大，这样的青年人处在数据丰富的大数据时代，能够通过大量的即时性数据信息充分调动其积极性，挖掘其内在潜力，从而引导学生树立正确的三观。不同以往传统思政教育的是网络信息的传播已然不受时间和空间的限制了，这会使大学生接收到更多更前沿的信息，从而拓展大学生的思政视野。

1．数据信息突破时间限制

无论是教育者还是大学生群体，每个人的精力都有限的，无法将过去、现在、未来的知识都深刻了解和挖掘，受数据处理技术的限制，如果想要学习进步，大部分的学者都会选择向其他学者请教或在图书馆查阅资料。现今只要动动手指就可以在任何有网区域获取到你想查阅的信息，极大地节省了时间，如遇到需要研究的问题，还可以通过线上交流发表自己的意见，了解其他学者想法，为研究者提供更多的灵感。海量数据信息便于大学生查阅资料，增加了大学生的学习资源，从而拓展了大学生的视野。

2. 数据信息突破空间限制

传统的思政教育以固定的学校班级授课为主，大数据时代将班级授课和网上学习相结合，形成线上与线下的联动效应。课堂将不是大学生接受思政教育的唯一阵地，可以通过网络信息数据共享将大数据挖掘信息功能引入课堂之中，将传统课堂转移至网络互动平台。大数据技术增加了大学生思政教育信息，拓展了大学生眼界，更有利于通过线上线下的结合教育，让大学生对思政教育内容掌握更深刻。

除此之外，数据信息的收集不仅仅停留在国内，还包括国外的许多先进知识与经验等，足不出户就可以获取详细信息，丰富了大学生的知识储备，有利于活跃大学生的思维。网络的发展，大量有价值的数据信息出现在我们面前，为思政教育工作提供了很多便利，不仅使大学生牢固地掌握自己的专业理论知识，还拓展了其各种能力，更使大学生向全面的素质人才方向发展。

（三）增强高校思政教育的针对性和时效性

首先是使得高校思政教育的内容大为扩展，这主要表现在以下几方面。

一是网络平台上承载的海量信息，更加全面地丰富了思政教育的内容，既使思政教育工作者在实施教育时具有更多的选择，也使学生在获得知识的过程中发挥自主选择性；二是网络在现代网络与通信技术中将信息变成全球共享，这对于克服以往思政教育中知识信息量少而言具有关键意义，同时由于网络空间的无限延展性，教育覆盖面也随之大大增加；三是网络传播信息的即时性特点，使得丰富的教育资源和信息能够得到实时更新，思政教育工作者可以在较短时间内掌握新鲜、及时的信息，克服其他传统途径获取信息滞后性的缺点，同时也能及时地掌握学生的思想动态，充分体现了思政教育的时代性要求；四是网络多种多样的信息传播方式，能将教育内容以多样化、立体化、动态化、可视化等效果加以展示，使得原本抽象单调的教育内容以多种形式展示出来，增强了思政教育的表现方式。毕竟，人们对于信息的接受绝大部分是依靠感官视觉来实现的，网络有助于教育内容形成强烈的视觉冲击，给人留下深刻的印象。

在网络构建的虚拟空间中，真实世界与虚拟世界的边界变得模糊，人们的社会交往掩盖了性别、职业、年龄、身份等基本特征，出现一种平面化的自由平等交往方式。这样，人们彼此之间减少了心理顾虑，拉近相互的心理距离。更重要的是，网络空间的虚拟化、符号化能降低人的防范意识，使大学生能够在其中倾吐自己的烦闷、苦恼、困惑与迷茫。利用网络平台，思政教育活动的双方可以进行真实的心灵交流，刺激学生大胆地畅所欲言，教育者就能及时全面地掌握大学生的真实想法，并采取具有针对性的辅导措施，势必会收到一般思政教育方式难以取得的时效。

（四）增强高校思政教育的亲和力

1．网络技术为高校网络思政教育搭建更具亲近感的平台

承载于网络之上的高校网络思政教育可以通过 QQ、微信等即时通信工具实现即时传播和交流互动，进行思想和情感的交流；也能够通过快手、抖音、钉钉等平台实现远距离网课直播，突破传统上课方式的时空限制和教师"单向输入"的枯燥无趣，学生主体地位能够得到一定程度的彰显，从而形成亲近、和谐的师生关系；通过网络进行信息传播能够营造一种轻松、自由的环境，高校在网络环境中开展思政教育，能够吸引学生的注意力，提高点击率，推动高校网络思政教育的生活化、亲民化，增强亲和力。

2．大数据分析为高校网络思政教育提供更具精准化的推送

大数据如今是众人瞩目的焦点。高校网络思政教育在每一次网络教育实践过程中都可以收集到每一个教育对象在上课、作业、教学互动等过程中的数据信息，也可以捕捉到学生通过网络进行自我教育的过程所浏览的教育内容、媒介形式、网站、客户端等微观数据信息，还能够了解不同性别、不同年级、不同学历学生在接受教育过程中的个体差异的信息数据，通过对这些数据信息进行整理、采编、整理、统计和分析，可以相应地革新教师教育模式，优化教育内容，有针对性地选择教育网站、媒介形式等，从而为学生提供个性化的思政教育服务。个性化的高校网络思政教育能够更准确地把握教育对象的真实需求，实施精准思政，从而增加高校学生在接受网络思政教育过程中的悦纳感、满足感。

3．网络技术为高校网络思政教育提供更具人情味的互动

网络打破了传统思政教育面对面实践的时空限制，也打破了面对面教育过程中相对僵硬、死板的教育氛围。在网络技术的支撑下，教育者与教育对象不必直接面对面交流，甚至由于网络具有匿名性，教育双方彼此作为"陌生人"而存在，这种状态下教育双方的互动更具平等性、自由性和开放性，能够有效降低教育对象的恐惧、紧张和抵触心理，增强教育双方的情感互动，从而形成良性的更具人情味的师生互动关系。

4．网络流行文化为高校网络思政教育营造更具温情化的情境

网络流行文化是在网络中盛行的，为广大网民所推崇的思想观念、生活理念、情感态

度与价值观等，其中不乏与社会主流价值观相一致、积极向上的观念、观点，它具有趣味性、娱乐性、虚拟性、开放性、多元性、知识性、更新快等特征，其所指向的意义是基本确定的，它代表着时尚、年轻、潮流。而当代大学生对网络流行文化的产生、发展等起着重要作用，且是网络流行文化的积极践行者。高校网络思政教育以网络为载体，在这一过程中可以借助积极向上的网络流行文化开展思政教育，将教育对象备受推崇的思想观念、生活理念情感态度与价值观等与社会主义核心价值观、社会主流思想相一致的网络流行文化纳入教育内容体系，将喜闻乐见的有正向引领意义的网络表情包、网络流行词、网络游戏、网络歌曲等恰当地融入思政教育中，让学生想学、爱学、乐学，在愉悦、舒适的网络环境中自觉接受思政教育。

5. 高校思政教育者的"亲和力意识"与日俱增

这里的亲和力意识即思政教育者在开展教育活动的过程中主动营造具有亲和力的教育氛围，以吸引受教育者积极参与教育互动、接纳教育信息和感染受教育者的意识。思政教育者逐步意识到增强思政教育亲和力问题的重要性，并在理论研究和实践探索两方面均取得了一定的成效。在此基础上，高校思政教育者从政治素质、人格素质、理论素质、内容安排、平台创设等诸多方面同时发力，为高校网络思政教育亲和力提升工作奠定了良好的基础。

（五）充实高校思政教育的内容

提到传统的思政教育，人们首先可能就会联想到枯燥的理论知识，而网络时代赋予思政教育的内容鲜活的"生命"，使其更加细微更加生动。网络传播是一个高度开放化、自由化的传播系统，我们可以随时随地地接收来自世界各地的信息。这些信息既可以原创又可以转载，几句简短的话语、一张图片、一段视频都可能成为思政教育的素材。我们身边处处是课堂，互联网的兴起极大地丰富了人们的信息来源，为思政教育注入生机与活力。

1. 网络新闻充实了思政教育的内容

简单来说，所谓网络新闻是指在互联网上发布与传播的各类新闻信息的总称。网络新闻因为互联网巨大的容纳与存储功能，它可以从横向与纵向两个维度集纳信息，使其报道内容极其广泛和丰富。首先，网络新闻可以横向集纳信息。在同一时间点上，网络可以不断提供来自世界各地的信息，形成一个庞大的信息源，为受众提供最丰富、最广泛的瞬时信息。其次，网络新闻可以纵向集纳信息。随着时间的推移，新闻会失去时效性而成为历史，互联网可以方便信息的分类、归纳和整理，将信息保留和存储，以便日后检索和查询。目前，手机互联网的发展势头强劲，很多高校都在自己的手机里下载新闻客户端

（APP）。

2. 网络出版物充实了思政教育的内容

20 世纪末到 21 世纪初，随着互联网的迅速发展，信息的发布形式逐渐发生变化，新的传播方式浮出水面。网络出版是随着互联网的普及而产生的一种全新的信息传播方式，其信息的收集、整理、传输方便快捷，数据库资源丰富，与传统的出版形式相比，具有显而易见的优势。传播者可以借助网络传播的便利条件，在网上发掘更为广阔的稿源，同时可以缩短出版的时间。在网络出版物上，图文、声像与动画俱全，能给受众提供全方位、多层次、立体化的信息，传播的效果也更加生动逼真。这些网络出版物涉及的领域方方面面，是虚拟的、没有围墙的图书馆，可以为思政教育提供丰富的素材，不断充实思政教育的内容，使思政教育工作能够更好地开展。

3. 网络教育充实了思政教育的内容

网络时代，教育资源可以短时间内迅速汇集，内容极其丰富。除此之外，传统教育本着尽量使"一个尺寸适应所有人"，而互联网可以满足我们个性化需求，我们通过对大数据的分析，使个性化定制学习成为可能。网络时代我们通过慕课（MOOC 大规模开放在线课程）打破地域的限制，获取自己所感兴趣的课程资源，同时在网络时代思政教育者可以分析学生电子作业，通过数据的整合，了解学生的学习状况。通过学生对网页浏览记录和网上参与的活动进行分析总结，能更好地掌握学生的动态，了解他们的日常生活，对其进行更具针对性的教育。

四、网络背景下高校思政教育发展的挑战

（一）冲击大学生的价值观

大学生是思维活跃、朝气蓬勃的一个社会群体，他们对时代具有敏锐的感知能力。尤其现今"00 后"的大学生，具有一定的批判意识和反叛性格，导致传统的大学生思政教育难以满足他们的需求。在网络时代，大学生思政教育工作的首要挑战是大学生的价值观问题。

大学生需要丰富多样的正面信息，以帮助其树立正确的价值观，同样也需要有一定负面信息的存在，使其对现实社会具有全面的认知。在网络时代，网络上存在的大量负面信息呈现出传播迅速、影响广泛、难以控制等态势，给大学生思政教育带来严峻考验。各种负面新闻、片面报道充斥网络空间，时刻在挑战大学生的道德标准，同时也在削弱大学生思政教育的效果。不得不承认，近年来社会上出现的负面报道越来越多，而网络技术的

出现更使得此类信息的传播畅通无阻。2023 年，里约奥运会期间热议的某明星离婚事件，原本纯属复杂娱乐圈的常见现象，但却成功引起了包括大学生在内的社会广泛关注，其风头甚至盖过了中国女排夺冠这样振奋人心、充满正能量的事件。所以，网络的传播力量带动良莠不齐的海量信息，造成了人们思想观念的混乱。因此，当思政教育活动正在对大学生进行三观引导的时候，不能忽视网络传播信息的影响力，这无疑给大学生思政教育的舆论引导增加了难度，为改进和提升思政教育的实效敲响了警钟。

（二）冲击思政教育内容的权威性

网络环境下，思政教育内容的传播方式更具多样性、内容更具海量性、传播速度更具快捷性，而媒体作为我国思政教育工作的重要"发声器"，在整个高校思政教育活动中发挥着重要作用，为此借助媒体融合优势来推动思政教育内容传播更是势在必行。但是，当前随着"泛信息化"现象的出现，各种非主流意识形态充斥校园，社会主义意识形态话语体系和阵地建设面临多重压力，思政教育内容的权威性不断受到挑战。其主要体现在以下两方面：一方面，媒体融合发展所实现的"一次采集，多元生成"的信息生产方式虽拓展了思政教育内容的传播场域和传播平台，但也增加了信息管控的难度。不免使得"低幼化""娱乐化"等不良思想观念通过媒体平台生产、下载、共享涌入高校，加剧了不良信息的影响。加之大学生目前尚处于世界观、人生观和价值观形成和稳定时期，对于一些非主流价值观的识别能力较弱，容易在纷繁复杂的网络世界中迷失自我，受到不良价值观念的影响，弱化正确的思政教育内容的影响。另一方面，媒体融合发展事关我国意识形态安全。中西方意识形态之间的斗争从未停止，媒体融合发展使得信息传播形态更具多样性，这也为西方国家意识形态渗透提供了可乘之机，无疑增加了信息的不可控性，如不加防范，必将影响大学生对思政教育内容的认同度，对意识形态安全构成威胁。

（三）削弱思政教育的实效性

首先，网络环境为人的实践活动提供了一个全新的虚拟空间，丰富了人类的活动内容，拓展了人类的活动空间。虚拟网络社区中的人际交往呈现出从公共领域转向私人领域的趋势。匿名性的虚拟网络交往可以促生隐蔽的人际交往。而人际交往的隐蔽性则容易诱发现实中以身份为依托的交往过程中形成的责任和道德规范在虚拟网络环境中的失效，网络行为方式失去有效的规范和制约，又会催生人的自然本性，引发更多的关联性个人或社会问题。网络的虚拟性、开放性和交互性扩展了大学生的人际沟通渠道，改变了青少年的娱乐方式，电子交往和电子娱乐也对人的自制与自律品质提出更高要求。虚拟环境作为新生事物，为人们放纵自我提供了可能。例如，在高校大学生中普遍存在的沉迷网络游戏的现象就是如此。部分高校大学生沉迷于虚拟世界或网络游戏，在荒废了学业的同时也荒废了自我能力的提升，荒废了自我心灵的完善。然而，人是现实的客观存在，不可能离开现实世界而虚拟存在，依然会受到现实中社会规则的约束。当虚拟环境所形成的人格特征与现实环境中的社会规则产生矛盾时，高校大学生很容易因此而产生逃避现实或反现实的错误心理和行为。

其次，由于网络的隐匿性特征，网络环境中人的姓名、年龄、性别、地位、种族等都被隐藏起来，使人们具有安全感，可以减少不必要的麻烦和担心，使得人与人之间的交往更加肆无忌惮。在这里，没有权威和平民，没有领导者和被领导者，没有监督与被监督，只有倾诉者和倾听者，现实生活中的各种情绪，都可以在网络中毫无限制地释放，尤其是一些现实生活中无法宣泄的情绪得以倾诉，充斥于网络环境的各种信息之中，带有强烈的个人价值判断色彩。更有甚者，出于经济利益、情绪发泄、价值观差异等各种千奇百怪的原因，刻意制造各种虚假信息在网络中散布，唯恐天下不乱。这不但危害网络中的个人，也危害整体的社会稳定和谐。

网络环境中的各类不良信息很容易被高校大学生获得，对其思想观念产生负面影响。当网络环境中的信息与思政教育所需要的信息在性质和价值观念上保持一致或互补时，思政教育的效果就可以得到强化；反之，思政教育的效果就可能被弱化。网络空间已经成为青少年成长中密不可分的一部分，如果马克思主义不去占领，各种非马克思主义、反马克思主义的东西就会占领。因此，我们要主动出击，积极抢占这个平台，抢占这个阵地，牢牢把握正确导向，使网络环境成为开展思政教育的一个新平台、新阵地。

（四）要求更完善的网络监管机制

1. 教育对象隐私保护不严密

大数据时代的到来将我们带入信息网络世界，数据将我们包围，我们的基本信息也都可以以量化数字的形式出现，以更加直观的形式出现在网络之中，进入大众视野。大数据时代思政教育想要创新，离不开大数据技术的使用，而在使用的过程中需要收集学生的大量数据，其中包括个人基本信息、个人喜好等，但是一旦管理不严格出现问题就会造成数据的泄露，而这会为学生带来严重的身心伤害，损失不可预估。近些年来大学生信息泄露事件频发，2018年9月，位于江苏靖江的常州大学怀德学院发生大规模学生信息泄漏事件，是被企业用于偷逃税款。被不法企业非法盗用信息的学生人数超过2600名，信息被企业非法利用，江苏宏鑫公司自证没有通过黑客手段攻击学校网络获取学院内部信息，拒绝回答数据的具体来源。就此事件不难看出个人的基本信息泄露，被有意图的人利用，则会影响个人日后发展。

类似这种事件还有很多，随着网络科技的不断进步，利用网络恶意非法攻击和非法获取他人信息已经成为我们必须要面对的新问题。校园中学生日常用得最多的就是校园卡，其中记载着学生的基本信息、出入校园记录、图书馆借阅记录、日常饮食消费记录等，便于教师全面了解学生，及时发现学生问题，并且帮助学生解决问题。但如果对数据管控不严，学生隐私被窃取将会产生严重的后果，其中出现信息泄露的原因包括对大数据技术的不熟练，以及针对大数据运用过程的管控不严格。还有可能是学校对学生数据的不重视甚至是教师素养不过关，都会导致学生数据信息泄露，出现隐私泄露问题，从而引起学生恐慌。此外，学生为避免被人窥探，会发布一些虚假信息，但这样一来使得面对海量信息本就难以筛选的工作又增添了不小的工作量。甚至会使教育者根据错误信息对学生作出误判，错误的引导教师教育教学工作。

2. 网络隐私监管机制不健全

信息化时代的迅速发展，使我们每一个个体都能成为传播的主体，其中真假信息相互掺杂，拓宽了信息传播的途径，同时也加大了信息的碎片化。致使数据处理难度较大，机制体制跟不上，也就会出现数据泄露和技术困难等问题，而我国对网络大数据方面法律还不够健全，对数据的挖掘和处理边界不清晰，致使非法利用隐私现象严重，教育工作者的研究范畴和权限不明确，损耗了教育者的信息化积极性。思政教育利用网络大数据陷入伦理之争。由于各个部门权限不明确，造成学生信息丢失和滥用，成为思政教育现代化的阻碍，缺乏对数据信息的管控，没有将学生信息合理地进行系统化管理，教育资源与数据资源整合迟缓，缺乏对数据的有效利用，长此以往阻碍思政教育的信息化，教育主体应用有效数据成为困难，容易陷入"唯数据"的错误方向。也会因为数据的管理交叉边界不明朗和数据开发过程不严密导致数据泄漏，学生隐私被盗取，不利于学生的价值观教育，甚至会影响学生的身心健康，同时也增加了教育者的工作量。一系列的管理问题都会给思政教育带来诸多困境，因此国家应完善有关网络数据保护的法律法规，学校需要建立一支专业化的团队和一套严密的制度体系，避免管理上存在漏洞导致数据泄漏、丢失等问题出现。

3. 相关教育网络大数据规划制度不完善

一个新兴事物的出现都会伴随着相关法律和制度的建立，网络大数据的问世出现关于隐私话题的讨论，因此急需加强网络安全和出台相关法律，大数据一经出现立刻进入各个行业，推动各个行业打造自己的核心竞争力，但相关法律的制定相对滞后。大数据逐渐引入教育当中，但相关制度没有建立起来，很多权责也就不明晰，界限不清楚。教育的内容和大数据的资源整合不到位，同时也会出现因监管不严导致学生隐私被泄露的风险。"数据买卖"成为大数据管控的一项重要任务，国内曾出现过公司向学校购买学生信息以便自已逃税漏税，也是因当时各项监管机制不到位让不法分子钻了空子。网络大数据要运用到思政教育当中势必会贯穿到学生生活的各个领域当中。

例如，学生的网页浏览、支付记录等都会成为大数据的调查对象，这些也涉及学生的部分隐私，相关制度规章的不健全就会使网络数据信息的管控权责不明，进而造成数据泄露。此外，网络时代的到来对于教育而言是一个非常难得的机遇，有利于思政教育在大数据的技术支撑下实现创新。网络大数据运用到教育当中也是非常长的一个流程，从数据的采集到数据的整理，再到数据分析和预测，每一个环节都需要严格把控，否则就会使数据丧失效用。在将教育资源与网络大数据相结合的过程中，各个环节都需要相关制度的管控，否则会出现信息处理滞后，数据丧失价值的情况。

（五）挑战思政教育者综合能力

1. 对思政教育者政治素养的挑战

思政教育者在共享信息时，面临着良莠不齐的信息，需要作出正确的判断和选择。网络带给人们极大便利的同时，出现的种种问题对思想教育工作者的素养提出挑战。在信息的快速更新和快餐文化的浸染中，很多思政教育者变得浮躁。有些教育者认为思政教育是务虚的学问，既没有什么实际的价值，也没有实际效用。因此，一部分人抱着应付的态度对待本职工作，不思进取，缺乏使命感和责任感。

思政教育者应该时刻保持清醒，不能拿一时一事的得失来判断思政教育工作的价值。思政教育者更不能因网络传播带来一些负面问题而否定思政教育的积极作用。教育工作者应坚持正确的立场和方向，坚定共产主义的理想和信仰，时刻保持良好的政治品质和踏实的工作作风。

2. 对思政教育者媒介素养的挑战

在高校思政教育的创新发展过程中，部分高校的思政教育者存在对媒介理论知识与不同媒介的不同特点掌握不到位的问题，更没有对依托全媒体开展隐性教育的能力。部分年龄偏大的教育者，在思政教育活动过程中仍然采取传统的授课模式，甚至有部分教育者存在教育理念落后、授课内容过时的现象，更不必说将优质内容与新媒体技术相结合，将传统教育模式与当前先进教育模式相融合，实现教育模式的兼容并蓄，共同发展。同时，随着全媒体时代的到来，更多教育者拥有知识、信息的优势地位明显下降，当他们在面对受教育者已经知道或了解到的知识，时常出现自己浑然不知或尚未了解的尴尬局面；又或者对当下大学生网络术语以及思维模式的不够了解而使自己逐渐被边缘化，这也无形中削弱了思政教育者的话语权威和主导作用，思政教育传统育人功能也因此受到巨大挑战。虽然，部分教育者在思政教育过程中也存在使用媒介技术的现象，但大部分教育者也仅仅是将媒介的多样化传播手段视为思政教育工作的一种工具，并没有将媒介素养本身视作一种素质教育，进而更好地提升自身的综合素养。而教育者之所以出现媒介素养意识薄弱与媒介素养能力较低的问题，主要原因有以下几点。

第一，教育者媒介素养的内容体系缺乏针对性。在信息爆炸式传播的全媒体时代，部分教育者对媒介专业知识与相关理论的学习与研究不够深入，对媒介缺乏一定的关注度与敏感度，对信息内容的了解相对缺乏，媒介应用能力相对较弱，教育者更多的只是被动地接受与传播，并未将自己的教育工作与媒介素养教育有效结合，形成统一的整体。

第二，媒介素养教育的管理与协调机制不完善。教育者的媒介素养提升与学校以及教育部等相关部门的支持与合作是密不可分的，学校、社会以及相关教育机构、部门都是教育者媒介素养提升的重要因素，对教育者的媒介素养的培育与整体发展都具有重要的作用，部分高校与管理者在媒介素养教育体系建设中，缺乏切实可行的文件与方案，在实施教学过程中缺乏有效的指导，并且在组织课程教学与课后反馈评价体系中，关于媒介素养的内容有一定空缺，关于媒介素养的课程规划与治理体系也存在不足。

第三，一部分高校虽然在媒介硬件设施的完善上做了很大努力，但在资源的合理化配置以及与校外有效资源的应用上都相对较弱。因此，学校有关部门要加强部门之间的协调与配合，加强资源的合理化配置与应用，出台相关政策，做到精细化管理，完善教育培养体系。

3．对思政教育者知识素养的挑战

知识是人们在实践中认识客观世界的成果。每个人的知识不是单一的，而是由多个方面组成。教育主体所具备的知识水平影响对相关信息的理解和把握程度。一般来说，知识丰富和知识结构合理的传播者对信息的把握相对比较到位，能对信息进行科学的判断、解读，把关的过程也更加严谨、高效。这样传播的内容更容易被受众所认可，进而有利于内容的贯彻执行，达到预期的效果。而知识水平较低和知识结构不合理的思政教育传播者，往往面对纷繁复杂的信息感到束手无策，无法准确地把握信息，传播的信息的典型性、生动性不足。若思政教育者知识水平不足，往往传播的信息容易受到受众的质疑。这种不信任所带来的传播效果无疑是不会令人满意的。

网络时代，我们要求思政教育者的知识结构不仅"广博"而且"精深"。首先，当今社会信息无处不在，这要求思政教育者对各方面信息都有所了解，例如，音乐、体育、美术、电影、文学等。拥有广博的知识有利于我们在与受众交流的过程中找到更多的共同语言，拉近彼此的距离。拥有广博的知识便于把教育工作寓于各项活动里，避免了理论的枯燥乏味，从而使教育对象在汲取知识的同时，其思想得到升华。其次，网络时代，思政教育者需要利用互联网获取相关信息并对信息进行筛选，通过多种形式传递给受教育者。完成这项工作的前提是教育者应熟练掌握互联网相关技术。我们的教学方式因互联网的发展而变化，通过网络媒介融合多种媒体的优势传播思政教育的内容。但网络时代我们还应清醒地认识到，网络仅是一种手段，手段是为了获得更好的效果。网络时代，知识因"广博"而更应"精深"，这对教育者的专业知识扎实程度提出更高的要求。

4．对教育者教育信息化能力的挑战

在这个信息化的时代，网络也越来越成为教学当中必不可少的工具，为教育教学改革创新提供了机遇，有利于增添课程吸引力，提升教学质量。大数据时代各行各业都争先恐后的应用研究大数据技术，致力于提升自己的核心竞争力。与此同时，高校的思政教育也在逐渐引入大数据技术，提升思政教育的实效性。网络教学资源具有复杂性、多样性等特点，对于教育者的要求比较高，需要教育者对于大数据技术有一定程度的掌握，能够甄别真假数据信息，处理学生数据，并且通过对数据的分析全面了解学生，针对学生思想行为状况提出有针对性的教学方案。教育者也要学习智能化设备，高校学生思想比较活跃，接受事物速度快，但缺乏系统性，需要教育者利用学生碎片化时间进行稳定教育，让学生在网络中潜移默化地接受教育。例如，利用微信群组推荐学习信息和重大新闻事件，建立公众号实时推送学习资讯，形成线上线下相结合的教育模式。

目前来说，大数据在思政教育当中的运用状况并不乐观，我国大多数的高校思政教育工作者还没有意识到将信息化引入教育当中的重要性。思政教育是一种人文关怀较为浓郁的学科，研究方法很多都是对学生的调查，然而现在思政工作者大部分还是采取较为传统的调查方法，比如，采取调查问卷、访谈法、观察法等针对学生心理、思想和行为进行了解。但这些传统方法具有一定的局限性，对部分样本的调查不如利用大数据能够展示全部学生的信息。大数据分析更能便于研究者从整体的角度出发，全面地了解学生，不仅提升了思政工作者的研究效率，更好地应用于实践，还能利用生动形象的数字图表辅助枯燥的理论知识，帮助学生提高学习兴趣，减轻思政工作者负担。因此，实现思政教育现代化发展需要教育者转变教育观念向信息化迈进，努力提升自己的信息化能力和水平，为思政教育增添教育资源，提升思政教育实效。

（六）要求高校完善媒介素养教育

当前我国部分大学生群体因为缺乏对西方媒体性质的正确认识以及受到西方某些不良价值理念的渲染与蛊惑，从而片面认为西方所宣扬的"普世价值"就是客观、正确的，甚

至出现盲目崇拜、大肆宣扬的现象。缺乏媒介认识与信息辨别能力的大学生在长期接触此类消极负面价值观念的媒介信息时，他们的政治信仰、道德观念以及法制观念都会受到潜移默化地侵蚀，在这种情况下，他们的精神家园会逐渐崩塌，会出现迷失自我、盲目跟从，甚至走上犯罪的道路。同时，我们也要看到，在对外开放与市场经济发展迅速的背景之下，在媒介多样化、自由化的状态之下，一些大学生存在社会责任感缺失、价值取向偏离以及心理状态扭曲等严重问题，需要对其进行正确的指导与教育，高校思政教育亟待进一步加强与规范。此外，大学生在复杂的传播环境中，受这种交往环境的影响，内在心理需求会发生相应变化，并通过网络这种虚拟空间去满足他们的心理需求，这也就导致了他们在这一过程中产生复杂的心理矛盾，从而出现一些心理问题或患上部分心理疾病。例如，大学生因为对外部世界充满好奇与渴望，希望通过一定的方法来获得希望与力量，获得认同，释放自己现实成长环境中的压力。而网络这个虚拟世界就可以为大学生提供这样一个满足自身需求的平台，他们可以在这里畅所欲言，不必担心自己的言论与世俗的偏见，或沉迷于网络游戏这个精神避难所，享受网络聊天带来的满足感。网络也可以满足大学生的好奇心，他们在网络世界漫无目的地游走，刷一条新闻看一会儿直播，满足自己的猎奇心理；当然，也有一些大学生因为在现实生活中很难找到自己的价值，很难获得他人的认同，会选择网上冲浪的方式来获得一时的满足与自由。这些都是大学生客观存在的心理需求，我们在看到媒介带给他们满足感的同时，更要思考这种需求是否正确，是否合理，是不是健康积极的心理需求。大学生之所以出现上述现象与问题，主要是因为自身媒介素养薄弱，缺乏有效的媒介素养教育，具体原因包括以下几点。

1．部分高校或教育者不重视大学生媒介素养教育

高校教育者对自身主体的认识，是媒介素养提升的前提，而在部分教育者心中对媒介素养的认识仅停留在一些教学过程中PPT的使用，视频、音频的播放，甚至有些年长的教育者的教育理念更加落后，依然使用"我讲你听""满堂灌"的形式，并没有真正去认识媒介素养的重要性。面对多元化的媒介技术、传播渠道以及内容与方式的变化，采取避而不见的方式或者消极应对；长此以往，教育者对待媒介的态度就愈加消极，进而影响到大学生对媒介素养教育的态度与认知，他们可能会产生消极的、厌烦的情绪，而不是端正态度，积极主动去认识、了解、学习媒介素养知识，关注相关信息，参与和媒介素养教育有关的实践活动。

2．缺乏有效的媒介素养系列课程与平台

当前，就媒介素养教育的具体实践而言，很多高校的媒介素养教育基本处于摸索阶段，尤其在媒介素养教育的课程设置方面，除了一些诸如传媒学院开设的传媒信息教育、

现代教育技术等相关课程有一些涉及，大部分高校还未形成较为完整的学科体系或课程体系。因此，它的基本受众较为局限，尤其媒介素养教育课程的设置与应用范围依然是较为保守的，这就导致了部分大学生的媒介素养意识并不高，对媒介素养的认识也是较为浅薄的。所以，在全媒体时代高校思政教育创新发展过程中，更应该将媒介素养教育融合进思政教育的理论课堂学习内容中去。

媒介素养教育需要实践交流的平台，而部分学校对媒介素养教育平台的搭建，缺乏针对性与创新性，平台形式单一，以活动组织交流居多，学习效果并不明显。同时，部分学校的媒介素养教育内容与资源并未积极利用全媒体传播平台优势，进行有效的传播，也未形成多样化的媒介素养资源的分享平台，不利于全方位的交流与学习。

（七）挑战高校数据信息采集与整合能力

大数据越来越成为社会各界研究和应用的热点，对于高校教育而言也提供了一个全新的机遇，而对于思政教育这个人文关怀浓厚的学科来说，与数字化结合无疑是个很大的挑战。由于这种非理性向理性的转变，很容易陷入"唯数据"的错误理念当中；换句话说，也就是在思政教育当中，盲目地、完全地依靠数据会丧失思政学科本身的亲和力，不利于思政教育创新。

在思政教育与大数据结合的初期必然会存在很多问题，盲目地利用数据对大学生进行教育，不利于教育效果的实现。大数据的数据体量巨大，信息包罗万象，真假信息极难分辨，在庞大的数据中价值密度低，如果教育数据技术不过关，很难选取有价值的信息，这对教育者的数据甄别能力有所要求，选取何种信息关系教育的实效。其中会有部分学生发布、传播虚假信息，比如，一些不愿意袒露心声的学生，会在网上留下一些虚假信息来掩盖自己的真实信息，还有一些个性较为张扬的学生会为了寻求关注，发表一些不符合自己实际的虚假信息。甚至是学生的某一阶段的思想变化使得信息数据发生异常变化，例如，大数据会根据大学生的消费情况来了解学生的日常生活实际，某学生由于减肥而不吃晚饭，大数据可能会对学生造成错误预判，认为学生生活出现困难需要师生帮助，在这种情况下，教育者无法对信息数据进行甄别充分挖掘数据背后的价值，从而根据数据作出正确的判断。

大数据的应用让我们可以全方位地了解学生，对学生行为进行预判，根据预测数据得出教育方案，提升思政教育效果，但如果管理者过分注重数据，利用数据的表象来了解学生，则会陷入误区，丢失传统思政教育的亲和力，使教育与数据结合过于生硬，出现二者融合程度不够现象。

将大数据技术引入思政教育当中，对教育教学以及学生的数据收集是基础性工作，只有及时收集较多的有效数据，并且进行处理才能够实现数据的价值，更好地辅助教育，一旦数据的即时性不能保证，信息收集和处理都存在滞后，数据则毫无价值，直接影响到思政教学效果，主要原因如下。

1．教育信息采集和处理滞后

（1）高校学科教育缺乏系统性

专业的不断细化，使学科之间交叉模糊，各个学科与思政课结合较少，出现分裂化现象，我国高等教育模式与大数据集中整合分析技术中间差距较大，这种分块化的教学模式影响了对学生数据的集中收集，也影响着思政教育的效果。将各个学科数据进行收集会耗费大量时间，程序相对复杂，再把收集到的数据统一处理分析，往往会因时间的延误导致数据失去价值。

（2）基础数据收集和授权困难

我国高校学生对于定量化分析思维不够，除专业学生以外，大部分学生对数据分析相关学科的学习大多停留在理论层面，学生在实践方面涉及不多，基础数据的收集比较困难，影响着对学生学习数据的获取和收集。其次是在收集数据过程中的授权问题，目前我国对于数据库的使用也有较大争议，一些重要的数据库都需要权限，且费用较高，学生独立获取权限很难，使得大数据与思政教育联合困难，需要国家的政策干预。

（3）大数据技术没有完全引入高校

大数据技术不够成熟，学生信息较为零散，数据信息收集起来相对困难，缺乏系统化的管理，由于团队建设不够完善，学生的数据收集呈现碎片化状态，将零散的数据进行整合需要很长时间，从中提炼出有用的价值信息应用到教育教学当中常常会出现滞后状态，影响思政教育效果。

2．教育内容与大数据资源整合不到位

高校思政教育工作存在的最大问题就是实效性不强的问题，在感染力和教学效果上来讲需要提高，应该在思政教育整体的内容上出发，将所有教育资源都进行一个整合，再加入现代信息技术，实现对传统教育瓶颈的突破。

将教育内容切实与大数据资源整合起来，首先就要做到学校教育资源和家庭教育资源整合，让家长通过手机客户端等共享家庭教育信息，教育者利用课余零散时间与家长进行定时沟通，但这无疑是增添了家长和教育者的工作量，也会存在许多重复无效的数据，导致资源整合的实用性不强，也会浪费大量的人力物力。其次就是院系内部的资源整合，想要收集学生的数据信息就需要将学生各个学科的学习信息都收集在一起，许多高校内部院校师资配比不统一，教师资源不一致，很多专业设置比例不协调，这都会影响院系的教育资源整合。学生在上除专业课以外的其他课程时缺失数据统计，与大数据技术融合不够，使得大数据在思政教育中无的放矢。除此之外，我国"校校通"已经进入实施阶段，但实际中还不够完善，只是在中小学中实施教学的资源共享，其目标就是让学校以较低的成本获得优秀的教学资源和教学课程，实现校与校之间的资源共享。现在大学间的校际合作还并没有完全实现，无法实现资源共享，原因是一些学校之间教学资源差异较大，硬件设备不统一，平台对接存在困难，加之各校学生需求不同，对于数据挖掘的目标也不一致，合作起来确实存在较大困难，院校之间差距较大，存在标准和研究方向不一致的现象。层次较高的院校不愿将教育和学生资源进行共享，水平相对较低的院校则会出现无资源可用的现象，二者相结合是思政教育资源整合的困境。

第二节　全媒体环境下高校思政课探究

一、全媒体环境下高校思政教育接受改革

全媒体时代的到来给高校思政教育工作带来了机遇和挑战，传统媒体和新兴媒体的融合发展、优势互补为高校思政教育接受效果的进一步提升拓展了新的空间。在借助全媒体开展育人工作的过程中，全媒体融入大思政育人格局的顶层设计、接受主体的主观能动性、教育者的全媒体素养都将在直面挑战中得到提升，从而进一步改善思政教育接受效果。

伴随着信息社会的不断发展，新兴媒体的影响越来越大。新兴媒体和传统媒体的碰撞催生了全媒体时代的机遇和挑战。新时代赋予高校思政教育新使命，全媒体背景下高校思政教育接受如何更好地提升效果，更好地服务于立德树人中心环节和培养德智体美劳全面发展的社会主义建设者和接班人的根本任务，是高校思政教育工作者面临的新考验。

（一）高校思政教育进入全媒体时代

1. 全媒体的含义

全媒体是"综合运用多种媒介表现形式，如运用文、图、声、光、电来全方位、立体化地展示传播内容，同时通过文字、声像、网络、通信等传播手段来传输的一种新的传播形态"。

全媒体包含了传统媒体和新兴媒体，在全媒体时代，"传统媒体和新兴媒体不是取代关系，而是迭代关系；不是谁主谁次，而是此长彼长；不是谁强谁弱，而是优势互补"。全媒体之"全"既表现在它将传统媒体和新兴媒体融合在一起，吸收了传统媒体运用权威性强、真实性高的优势和新兴媒体传播速度快、覆盖面广的优势，也表现在它是全程媒体、全息媒体、全员媒体、全效媒体之综合，其传播的信息可谓无处不在、无所不及、无人不用。

2. 全媒体融入高校思政教育的必要性

目前，我国网民超过 8 亿，其中手机网民占比超过 98%，而大学生是其中的重要组成部分，大学生利用手机获取信息、发表观点更是极为普遍。这些爆炸式发布的信息良莠不齐、真假混杂，其鉴别和选择对价值观尚未成型、人生阅历尚浅的大学生来说本身就有一定难度，再加上西方一些国家别有用心地通过文化输出等方式宣扬他们那一套价值观，更容易造成大学生价值观的迷茫，进而影响党和国家培养社会主义建设者和接班人的伟大事业。因此，在全媒体时代，持续运用传统媒体的育人优势，充分发掘新媒体的育人功能，主动占领全媒体的舆论高地，全面开展思政教育工作具有重要意义。要运用新媒体新技术使工作活起来，推动思政工作传统优势同信息技术高度融合，增强时代感和吸引力。就是要求思政教育工作者主动抓住全媒体时代的新课题，准确识变、善于应变、主动求变。

3. 全媒体融入高校思政教育的可行性

随着 5G、大数据、云计算、物联网、人工智能等技术的不断发展，移动媒体进入了加速发展的新阶段，这为全媒体助力思政教育接受奠定了技术支撑。此外，高校思政教育工作者的全媒体素养也在不断提升，除了本身就对全媒体技术有较好掌握的年轻教育者的加入，老一辈教育者也在年轻人的带动下，同时也在一些突发事件比如这次新冠肺炎疫情的倒逼下，逐步适应全媒体时代的挑战，这是全媒体助力思政教育接受的人员基础。与此同时，全媒体融合发展受到了党中央的高度关心和支持。

（二）全媒体对高校思政教育接受的影响

1. 增强思政教育吸引力

研究结果显示，视觉、听觉、触觉等多重感官的刺激更容易吸引人们的持续关注，从而提升接受效果。传统的思政教育以课堂教学为主，教师讲课、学生听课，形式比较单一，对学生的吸引力有限，学生在课堂上睡觉、玩手机、聊天的情况时有发生，思政教育接受效果受到影响；随着全媒体的发展，不仅以思政课为主的第一课堂开始引入视频、音频等多种教学载体，包括校园文化活动、社会实践等在内的第二课堂也给了全媒体广阔的发挥空间，文字、声像、网络各显其能发挥育人载体功能，在很大程度上增强了对学生的吸引力，有利于思政教育接受效果的提升。

2．提升思政教育亲和力

传统的思政教育以教育者为主体，以受教育者为客体，权威有余而亲和力不足。全媒体的融入为提升思政教育亲和力带来了新的机遇。和传统的课堂教学中学生被动接受教育内容相比，全媒体时代的思政教育更有点学校育人和学生自育相结合的味道。学生有更多的自主权，不仅体现在接受方式的多样化，也体现在学生可以通过刷弹幕、写留言等形式更多地参与育人过程。全媒体时代，多元的选择和较强的互动性都提高了思政教育的亲和力，有助于提升思政教育接受效果。

3．提升思政教育感召力

传统思政教育对学生的影响主要通过教师、教材和考试，形式相对单一，存在学生上完课就把教材束之高阁，直到考前再临时突击应付考试的情况。而在全媒体时代，面对相同的教育主题，可以同时启用微信公众号、视频音频软件等全媒体资源，各类平台在统筹安排下各显其能，充分发挥自身优势，协作宣传、同向同行、形成合力。学生置身全方位的"育人磁场"受到熏陶，达到"随风潜入夜，润物细无声"的效果，提升了思政教育的感召力。全媒体的介入可以照顾到学生接受教育渠道偏好的差异性，当他们通过任意一种渠道接触到了某个兴趣点，再通过课堂上和老师的讨论对教育内容予以强化，这样的接受将更为深刻。

全媒体的介入增强了思政教育的吸引力、亲和力和感召力，提升了思政教育接受效果。总的来说，符合党和国家对新时代高校思政教育工作的要求和期待。当然全媒体本身还处于发展融合阶段，自身的不完善和它与高校思政教育融合度的不完备，也在一定程度上给育人工作带来了挑战。

（三）全媒体时代高校思政教育接受的挑战

1．全媒体融合管理有待进一步提升

随着全媒体的发展，各高校其实不缺全媒体平台，缺的是对数量庞杂的平台的有效管理以及传统媒体、新媒体之间的有机融合。从学校、院系，到班级、社团，都有诸如微信公众号这样的平台，很多平台并未上报登记，这就给内容审核造成了困难；此外，随着新媒体技术的发展，B站、M站等视频、音频播放平台也越来越多地受到大学生的欢迎，平

台种类的多样化进一步增加了管理难度。除了平台数量繁多不易管理之外，新旧媒体的融合不足也是一个问题。传统媒体有着成熟的信息审核机制，其传播的内容一般来说符合主旋律、传播正能量，但是存在传播渠道比较单一、传播速度较慢、对大学生吸引力欠缺的不足；与之相反，新媒体有着受众广、传播快的优势，但是由于其审核机制不够成熟，传播的内容有时缺乏准确性、权威性，甚至可能出现违背社会主义核心价值观的情况。传统媒体和新媒体的融合不够紧密，就会影响思政教育合力的形成，给受众带来思想和行动上的困扰，进而影响思政教育接受效果。

2. 接受主体的主观能动性有待进一步激发

随着思政教育范式的转变，教育者和受教育者之间的关系由主客体关系向双主体关系转变。而在思政教育接受中，更是将受教育者置于主体的地位，要求充分尊重其主观能动性。目前高校的思政教育工作在尊重学生主体性方面取得了很大进展，还可以借助全媒体的力量进一步完善。从思政教育内容来说，校报、校广播台等高校传统媒体作为意识形态宣传的主要阵地，起到了唱响主旋律的作用，但是其内容有时和学生的日常生活，学生真正关心的热点、痛点有一定差距，缺乏亲和力和感召力；而新媒体平台所传播的内容则能够较快地捕捉到学生的关切问题，但是在主旋律、正能量引导上有疲软之势，在引导学生将个人理想融入国家发展方面还做得不够，无法较好地满足学生成长成才的要求。从思政教育形式来说，目前主要是通过教师引导、学生干部团队执行的形式利用全媒体平台开展工作，作为思政教育接受主体的广大学生参与的程度还是比较低的，如何更好地发挥学生干部团队的创造力、激发广大学生参与互动交流的热情，是下一阶段需要进一步思考的命题。

3. 教师全媒体素养有待进一步增强

思政教育工作队伍的全媒体素养虽说总体而言和过去相比有了进步，但仍有继续提升的空间。有的教师满足于会用全媒体平台了解掌握学生的思想状况即可，缺乏利用全媒体技术主动影响学生的精神世界、开展思政教育工作的意识；有的教师有这样的意识，但是缺乏实操技能，工作效率较低，影响思政教育效果；有的教师还没有转变传统的思政教育观念，觉得守好课堂教学主渠道就够了，认为全媒体介入教育不过是锦上添花、可有可无，和思政教育范式转型的大趋势背道而行。凡此种种都是思政教育工作者全媒体素养需要进一步提升的表现，教育者如果不能把握全媒体时代的机遇和挑战，不能与时俱进地创新工作方式，就不能和朝气蓬勃、与时俱进的"90后""00后"大学生建立平等互动的关系，更无从高屋建瓴地为处于"拔节孕穗期"的学生"扣好人生第一粒扣子"，引导他们成为堪当民族复兴大任的时代新人。

（四）全媒体时代高校思政教育接受的提升路径

1. 加强全媒体顶层设计，打造互融互通大思政格局

一是加强全媒体平台库建设。全媒体平台实行备案登记、成效追踪和统一管理，对发挥思政教育功能显著的平台予以奖励，对还在摸索阶段且有潜力的平台予以帮扶，对"僵尸平台"予以清退，对传播不实信息的平台予以警告，严重者可予以撤销。通过平台库的建设，将全媒体平台纳入有序管理，做到多而不杂、各美其美。二是加强全媒体融合发展，使传统媒体和新兴媒体优势互补、互融互通，形成思政教育合力，让党的声音传得更开、传得更广、传得更深入。三是建立全媒体"一把手"责任制，包保到人、守土尽责。全校层面的平台由校党委统一管理，院系及以下层面的平台由院系党委统一管理，同时充分运用辅导员、学生骨干队伍，形成高效可靠的管理梯队。

2. 尊重接受主体的主观能动性，引导学生在参与中成长成才

全媒体时代，要想思政教育接受效果好，必须充分尊重学生的主体性，发挥学生参与全媒体建设的主观能动性。就全媒体传播的内容而言，既要符合党和国家对青年学子的要求，又要满足学生自身成长的需要，要及时回应学生关心、困惑的问题；既解决实际问题又解决思想问题，更好地发挥强信心、暖人心、筑同心的作用。就学生参与学校全媒体思政建设的形式而言：要充分调动学生群体对全媒体有热情、有技术、有创意的优势，打造好全媒体运营学生骨干团队；建立全媒体学习师生互助小组，教师引导学生更好地选取和理解全媒体平台上传播的思政教育内容，而学生可以帮助老师更好地掌握全媒体使用技能。通过问卷、评比等形式在更广泛的学生群体中搜集热点选题，增强学生的主人翁意识，形成全媒体建设人人有责的良好氛围，有助于高校思政教育和学生的"自我教育"相结合，有利于提升思政教育接受效果。

3. 加强教师全媒体素质培养，建设新时代能打胜仗的育人队伍

一是加强教师理想信念教育，增强其主动用好全媒体资源开展思政教育工作的担当意识。思政教育工作者应该有强烈的危机意识和责任意识，警惕全媒体时代不良信息对学生思想的裹挟，利用全媒体平台主动出击、勇于作为，以习近平新时代中国特色社会主义思想武装学生头脑，占领高校思想阵地。二是加强教师技能培训，增强其善于利用全媒体平台开展思政教育工作的能力和信心。建立市区校三级联动培训机制，鼓励教师修满一定课时的全媒体技能课程，边学习边实践，逐步适应信息化要求、强化互联网思维、提升全媒体实操技能。三是建立考核制度，把教师运用全媒体开展育人工作的成效纳入考核指标体

系。为了推进高校思政教育由传统向现代转型，鼓励教师与时俱进地使用全媒体新技术开展工作，可实行课堂教学、传统媒介与网络新媒体的全方位考核，确保多条育人渠道同向同行、形成合力。

一代人有一代人的际遇，一代人有一代人的长征路。全媒体时代，高校思政教育工作者的使命就是通过不断的学习和实践，全面客观地看待全媒体带给育人工作的机遇和挑战，充分掌握全媒体运营的规律、利用全媒体开展教育教学的规律、学生成长成才的规律，因事而化、因时而进、因势而新，推动思政工作传统优势同新技术高度融合，努力答好时代答卷，为培养堪当民族复兴大任的时代新人而不懈努力。

21世纪以来，媒体形式不断变化和创新，出现了新旧媒体并存且快速发展的全媒体新格局。而在全媒体环境下，高校思政教育正迎来一系列新的变化、机遇和挑战，为了更好地应对全媒体环境下高校思政教育工作的新挑战，高校及教师需要对高校思政教育的理论发展与实践探索展开进一步的研究。由秦世成编著的《全媒体传播环境与高校思政教育》（2018年9月首都师范大学出版社出版）系统地探究了全媒体传播语境下高校思政教育的变革趋势及其发展策略，分析并总结了全媒体传播环境下高校思政教育工作开展的有效方法与对策，对推进高校思政教育与时俱进发展具有重要的指导和借鉴意义。

（五）全媒体传播环境下高校思政教育工作的媒体建设

伴随着全媒体传播环境的形成与发展，媒体建设正在成为当下高校教育教学改革与思政教育深化进程中的重要组成部分，在高校大学生思政教育的教学活动、管理活动和服务项目中，媒体的参与日益频繁且深入。为了更好地推动高校思政教育的媒体化发展，也为了高校思政教育工作更好地适应全媒体传播的语境，高校及教师应当加快高校思政教育全媒体矩阵的建设，掌握高校思政教育在全媒体传播语境中的权威话语权，并借助全媒体传播的手段、渠道和平台，提高高校思政教育教学的影响力。

具体来说，要想做好高校思政教育全媒体矩阵的建设，应当做好以下两方面工作。

一方面，全媒体环境下的高校思政教育工作应当加快以高校为主体的思政教育传播平台的搭建，丰富高校思政教育工作开展的内容、方式、渠道和平台，拓宽思政教育教学的传播范围，增强思政教育教学的传播影响力，为高校思政教育工作的系统实施和规范开展奠定良好的媒体传播基础，让高校在全媒体传播语境下掌握主动权，积极主动地发出自己的声音。面对来势汹汹的全媒体时代，以及线上和线下各类信息及观点的相互碰撞和冲击，高校、教师和学生不应该就此沦为全媒体时代信息舆论的被动接收者，而应该以高校为主体，搭建属于高校思政教育工作本身的媒体传播平台，主动融入全媒体时代，发出高校思政教育工作自己的声音，掌握全媒体时代信息传播共享的主动权，树立高校思政教育的信息权威，为全媒体时代高校思政教育的健康长效开展打下坚实的基础。

另一方面，全媒体环境下的高校思政教育工作应当与其他媒介主体形成交流与合作，站在思政教育宣传与指导的角度，对全媒体渠道和平台中的各项信息进行整体的梳理、选择、传播和控制，让大学生在高校思政教育教学的正确引导下选择性地接受有效的媒体信息，减少全媒体传播在高校校内思政教育和文化建设中的负面影响，增强全媒体传播在高校校内思政教育和文化建设中的正面影响。

（六）全媒体传播环境下高校思政教育的管理优化

相对于传统的高校意识形态建设环境，全媒体环境下高校思政教育工作正变得越来越错综复杂，要想推进高校思政教育工作，高校需要在思政教育工作管理机制与策略上进一步优化升级，采取多样化的管理手段，探索全媒体环境下思政教育工作开展的有效方法，切实提高高校思政教育工作的成效。

第一，全媒体传播环境下高校思政教育工作需要明确管理的目标、任务和关键点，面对海量的全媒体网络信息和错综复杂的思政教育工作，高校思政教育应当始终坚持高校思政教育工作的核心重点，引导学生树立正确的人生观、世界观、价值观，并在积极进取的社会主义意识形态建设中，正确看待新形势下国内外的发展格局，促进学生思想认识的有效提高。第二，全媒体传播环境下高校思政教育工作需要引进创新性的教学手段与模式，包括网络媒体传播的手段和设备等，革新思政教育的内容，优化思政教育的形式，让思政教育更好地融入全媒体传播语境中，提高学生对高校思政教育的接受程度和理解程度。第三，全媒体传播环境下高校思政教育工作应当切实促进高校思政教育教学队伍和管理队伍的媒介能力及媒介素养的培养与提升，让高校思政教育的教职工队伍更专业规范地推进思政教育的改革创新工作，提升全媒体环境下高校思政教育工作各措施的切实落地，全面保障高校思政教育管理的优化效果。

总而言之，在全媒体环境下，要想保证高校思政教育工作的顺利展开，要想应对全媒体环境下思政教育工作的诸多障碍与挑战，高校思政教育工作者需要准确把握思政教育宣传工作的方向，重新梳理和架构高校校内与校外的思想意识形态格局，借助全媒体传播渠道和平台深入学生的学习和生活，优化思政教育宣传工作的内容资源和方式方法，总结有效的思政教育经验，并协同发展思政教育一线教职工队伍的媒介素养和媒介能力，进而全方位保证高校思政教育教学与传播水平的快速提升。

（七）全媒体传播环境下高校思政教育的学生主体性角色

在传统的高校思政教育工作中，思政教育教学的管理者和教学者往往有着绝对的权威，学生则是被动接受的角色，学生的参与热情不高，学习主动性和积极性逐渐减弱，高校思政教育工作的开展未能取得预期的效果。而在全媒体传播环境下，高校思政教育工作正在通过全媒体的手段、渠道和平台，积极转变教育管理者和学生之间的不平等关系，突出学生在高校思政教育工作中的主体性角色。不仅如此，全媒体传播环境下，高校思政教育工作的开展正通过全媒体矩阵的搭建，深入渗透到学生的学习、生活和社会实践当中，全面了解学生的信息接收需求、习惯和特征，进而逐步推进思政教育工作的优化设计，切实促进高校思政教育中师生的互动与交流，提高高校思政教育工作的人性化特征和有效性结果。就全媒体传播环境下高校思政教育的学生主体性角色而言，高校及教师需要关注以下思政教育工作的挑战及应对措施。

第一，全媒体传播环境下学生的主体性角色被强化，学生的需求和感受有了更多的渠道反馈到高校思政教育工作当中，对此，高校思政教育的教学者和工作者应当高度重视学生的心声，了解学生在思政教育教学活动中的需求和体验，切实优化高校思政教育工作的开展、管理和服务，让高校思政教育工作真正做到以学生为本、为学生服务。在传统的高校思政教育中，学生与教师的沟通渠道少，因为一些客观原因，学生不太愿意主动找教师倾诉，因此很容易将自身的问题与疑惑闷在心里，任其发酵，最终导致有些思政教育方面的困惑和问题得不到及时解决，衍生出不好的结果。但是在全媒体传播时代，学生和教师之间的沟通渠道变得开放、多元且具有一定的隐蔽性。

具体来说，在全媒体网络的媒介传播中，学生可以采用匿名的方式与教师进行沟通，方便学生主动将自己的问题和感受真切地表达出来，让教师真正地走近学生，了解学生的真实状态，收集更真实化的思政教育反馈数据，进而有针对性地调整思政教育的教学内容和方式，以学生感兴趣、对学生有指导价值的教学方式和工作方式对学生产生积极有效的影响。

第二，在全媒体环境下，高校思政教育工作面临着外界各项信息与思想观点的冲击，学生不再成为信息的被动接收者。相反，如果高校和教师未能就思政教育教学给出有效的、有用的信息，学生很可能会将目光转移到校外，接受校外的信息资讯，进而弱化高校思政教育的引导性作用。长期来看，这样的后果显然不利于高校思政教育工作的顺利开展。有鉴于此，高校与教师应当加快构建师生的平等交互关系，以平等的互动交流方式开展思政教育教学的相关互动，提高思政教育教学内容与形式的专业性、丰富性和趣味性，主动吸引学生的关注与认同，进而切实增强思政教育教学工作对学生产生的影响。

综上所述，全媒体环境下高校思政教育工作的开展需要充分了解全媒体教育环境的特征与需求，以学生为本，重视学生在全媒体思政教育中的主体性地位，有规划地推进高校思政教育在媒体平台搭建、教育教学管理和学生服务等方面的工作，切实解决高校大学生思政教育工作中的新问题，提升高校大学生思政教育工作的媒介化水平、信息化水平和现代化水平，让高校思政教育工作的效率、质量和有效性得到显著提高，真正促进学生在思政教育方面的成长与发展。

二、全媒体环境下高校思政教育维度改革

全媒体不断发展，出现了全程媒体、全息媒体、全员媒体、全效媒体，即"四全"媒体。全媒体时代高校思政教育工作创新发展要以"四全"媒体为依托，深刻把握以下四个维度：一是依托全程媒体，助力构建"大思政"教育格局；二是依托全息媒体，充分发挥思政课的主渠道作用；三是依托全员媒体，扎实推进全员育人；四是依托全效媒体，构建高校思政教育传播矩阵。全媒体时代需要将"四全"媒体融入高校思政教育改革与创新之中，切实提升高校思政教育工作的针对性和实效性。

全媒体时代，信息生产、传播方式不断变化，媒体格局发生巨大变革，全媒体发展过程中出现的"四全"媒体，即全程媒体、全息媒体、全员媒体、全效媒体，正以一种全新的互动性、服务性和体验性等特征融入社会生活的各个领域。全媒体作为高校思政教育传播的重要载体，具有鲜明的时代特征，贯穿于高校思政教育工作的全过程，为思政教育的创新发展创造了重要条件。因此，高校思政教育工作要适应全媒体发展所带来的传播技术变革新环境，依托"四全"媒体，推进思政教育传统优势同信息技术高度融合，构建"大思政"教育格局，充分发挥思政课主渠道作用和师生主体作用，构建全方位的思政教育传播矩阵，切实增强高校思政教育工作的时代感和吸引力。

（一）依托全程媒体，助力构建"大思政"教育格局

所谓全程媒体，指的是一个事件从开始到结束，媒体都对其进行跟进，使得事件的每一步进展消息都能即时向公众发布。要坚持把立德树人作为中心环节，把思政工作贯穿教育教学全过程，要构建高校"大思政"工作机制。"大思政"的教育理念需要以全程媒体作为思政教育资源传播的主要技术载体，有效融合全程媒体的记录和传播功能与思政教育资源，发挥思政课的主渠道作用，深入挖掘课程思政、校园文化等隐性思政教育资源，以信息化形式将思政教育融入教学科研、校园文化、社会实践、学生工作之中，助力高校构建"大思政"教育格局。

推进高校校园媒体融合发展。全媒体时代，媒体融合是大势所趋，构建"大思政"教

育格局，首先要推进校园传统媒体和新兴媒体融合发展。高校校园媒体是联系师生的纽带，是高校基层党组织做好宣传教育、舆论引导工作的主要媒介。推进高校校园媒体融合，高校党委要明确校园媒体融合的目标和要求，坚持一体化发展方向，推进校园传统媒体与新兴媒体从相加阶段迈向相融阶段。结合高校思政教育工作特点，运用互联网思维重新理清校园媒体融合的思路，形成科学、长效的校园媒体传播管理机制。确立"互联网＋"思维，推进校园内各种教育资源的整合利用，促进教学育人、管理育人、服务育人、科研育人、实践育人，实现全员、全过程、全方位的舆论引导，构建"大思政"模式下协同联动的舆论引导机制。坚持党管媒体的原则，坚持管建同步、管建并举，把阵地和人员都管起来。无论是传统媒体还是新兴媒体，都要坚持一个标准、一体管理，借助全程媒体，营造良好的舆论氛围，优化思政教育舆论环境，维护高校意识形态安全。要整合校园媒体平台和各类思政教育资源，进行统一管理。

第一，整合校园媒体平台。目前，高校各部门、各单位，甚至一些教师都有自己的媒体平台，如校园网、微博、公众号等，但由于力量分散，难以形成合力。因此，高校要以党委宣传部为核心，将校园网、校报、校园广播台、校园电视台、官方微博、微信、客户端等校级、院级及教师个人的媒体平台整合到一起，不仅可以发挥所有平台的教育导向作用，而且可以监督平台的有效运营，也便于学生获取信息，使学生的所有问题都能在这个平台上得到一站式解决。

第二，整合全媒体技术和思政教育人才资源。组织计算机和多媒体专业教师、网络信息部门、宣传部等技术人员，组成全媒体技术人才资源库；整合马克思主义学院专业教师、学生处、辅导员队伍等思政教育工作者，组成思政教育人才资源库。汇聚以上两个人才资源库的资源，利用全程媒体的记录、存储和传播优势，充分发挥其覆盖面广、针对性强、信息获取便利的特点，打破时空的限制，使学校、家庭、社会的思政教育力量在全媒体平台中得到有效整合，共同打造全媒体背景下的高校思政教育传播中心。

坚持"内容为王"的原则。依托全媒体构建"大思政"工作格局，主要是运用全媒体的传播功能和技术手段，有效转化思政教育的内容，提升思政教育工作的趣味性和感染力。由于全媒体传播注重受众的参与性和交互性，发布者和受众之间的角色实际上是相互转换的，他们在同一个平台相互讨论、阐述观点、发表意见，受众更希望把有限的时间放在对自己有用的信息上，对阅读的内容和质量都有更高的要求。因此，"内容为王"在全媒体传播中受到越来越多的重视。

第一，必须坚定正确的政治方向。高校的根本任务是立德树人，高校思政教育工作要贯彻党的教育方针，解决好培养什么人、怎样培养人、为谁培养人这个首要问题。因此，高校思政教育必须始终围绕马克思主义基本原理和中国特色社会主义理论，将马克思主义的立场、观点、方法和习近平新时代中国特色社会主义思想贯穿于教育教学全过程，针对青年学生的特点，对教育的内容进行深入解读和凝练，形成容易被学生接受的知识体系、内容形式和展示风格。同时，深入挖掘政治教育、思想教育、道德教育、心理教育等思政教育资源，融入中华优秀传统文化成果，深耕校园文化，形成内容丰富、形式多样的思政教育教学体系。依托全程媒体技术，转化思政教育资源内容的供给形式，增加主题视频和实践课堂产出量，以寓教于乐的形式传递社会正能量，激励学生树立远大理想，勇担时代责任。

第二，思政工作要做到以理服人，内容上必须紧密联系大学生的思想实际。思政教育的对象是青年学生，他们在学习生活中的思想困惑是什么、理论期待是什么，这些问题都需要思政教育工作者深入思考。思政教育就是要解决好学生的思想问题。要解决好思想问题，就必须了解学生的思想实际，从他们关切的问题和生活中所遇到的困惑入手，对具有时代性和专业性的思政教育内容进行划分、整合，采用专题教学等方式开展有针对性的教育。同时，要加强教育引导，在教育过程中，议题设置后，如果没有深入的分析和解读，没有明确的观点引导，就可能引起学生产生更大的困惑。因此，在教育教学过程中，要与学生做深入的情感交流和互动，调动起学生主动参与的积极性，让学生听得懂、听得进去。

（二）依托全息媒体，充分发挥思政课的主渠道作用

全息媒体包含两方面含义：一方面，当前的媒体信息已经突破传统的物理状态，所有信息的形成、传播、存储等均表现为数据流动；另一方面，全息媒体又表现为新技术的广泛应用，AR、VR、MR 等具有较强表现力的新兴技术手段在媒介产品中应用广泛，从而加速了传统媒体与新兴媒体融合的趋势。思政课是落实立德树人根本任务的关键课程，全面贯彻党的教育方针，就要充分发挥思政课的主渠道作用。全媒体时代高校思政课以文本语言为主的单一教育模式受到了极大挑战，随着全息媒体技术的快速发展，高校思政课教学模式的改革创新迫在眉睫。因此，高校思政课既要因势而谋，又要因势而动。运用全息媒体技术推进教学模式改革、课程内容革新与学习方式变革，增强思政课话语体系的解释能力和转换能力，让思政课既有润物无声的效果，也有惊涛拍岸的声势。以信息技术为助手，创设学生真心喜欢、终身受益的思政课。

找准全息媒体技术体验性与传统思政课堂的契合点。全息媒体为传统的思政课堂提供强大的超时空、跨终端、互动性和体验性等技术支撑，突破了传统教育方式的时空限制。比如，利用 AR、VR 开展场景式教学，让学生有身临其境的体验感。5G 技术正在走进我

们的生活当中，其作为基础通信技术，将为全息媒体的发展提供更高的网速，使受制于网速限制的直播、AR、VR 等媒体形式大放异彩。全息媒体技术带来的不是单向式的传达而是交互式的传播，通过立体化、多方位、多渠道的展示，内容更生动、形象更直观，在给学生带来强烈的视觉、听觉冲击的同时，更能激发学生的参与性和互动性，有助于思政课教师把具有明显时代特征和深刻内涵的思政教育内容、观点借助一些鲜活元素表达出来，赋予思政课新意与活力、情感与温度，达到促进互动、建构共识、引起共鸣的"融入式"教学效果。例如，北京理工大学已经建成"重走长征路""青年马克思演说""人类命运共同体"三个虚拟仿真 VR 思政课堂。运用全息媒体把思政课变成舞台剧。国内首部以思政课为主题的大型原创励志音乐剧《追梦·青春》在人民大会堂公演，辽宁省各高校师生通过网络媒体观看了整个剧目的直播，深受感染。《追梦·青春》以大学思政课社会实践为情节线索，以展现青春理想为主题，通过四个故事展现工匠精神、延安精神、塞罕坝精神、"两弹一星"精神，完成了一场既有感染力又有引导作用的思政教育。参与创作与演出的有近千名师生，从创作、排练到演出通过网站、视频、微博等媒体进行传播和宣传，这本身就是一堂生动的思政课。

找准全息媒体技术与思政教师队伍建设的契合点。办好思政课关键在教师，关键在发挥教师的积极性、主动性、创造性。全息媒体环境下，思政教师作为思政课的教育主体，要适应信息技术的发展变化给思政课教学模式带来的影响与挑战，并以积极的心态学习和掌握全媒体技术，主动融入学生的网络世界，了解网络文化以及学生所处的网络环境、网络舆情的特征和潜在的网络风险等，从而开展更具针对性的思政教育教学活动。思政教师要提升掌握和运用全息媒体技术的能力。高校既要做好顶层设计，又要抓好基层建设，组织思政教师开展全媒体和信息化专业培训，在政策上和硬件设备上给予大力支持。积极组织思政教师开展以"微课""慕课"等形式为代表的网络思政课堂教学，促进"线上""线下"融合，实现"线上"观看教学视频、扩充课堂知识，"线下"细致讲解与充分互动、研讨相结合。着力打造一批名师在线课程，拓展网络思政课的教学渠道、影响力和覆盖面，推动学生从被灌输到主动学习的转变。通过移动通信和数字媒体形成以"弹幕""点赞"等为代表的新型网络话语，实现全员同步互动，让思政课堂"活起来"，有效激发学生的学习热情，拉近师生距离，达到引导学生主动学习思政教育知识体系、掌握马克思主义科学理论内在逻辑的目的。

（三）依托全员媒体，扎实推进全员育人

所谓全员媒体，是从传播范围的角度来说的，指的是发挥全社会力量参与，同时积极发动内部全员参与。具体来说，在当前先进的媒介技术生态环境下，每个人都有麦克

风，每个人都可以是自媒体。尤其需要说明的是，用户在新闻选择中掌握着越来越大的主动权，这就要求媒体既要利用众包的力量，积极动员更多的用户为媒体做贡献，同时又要积极发动内部员工实现全员参与传播。全媒体时代的思政教育工作，教育者和教育对象都可以自主获取大量思政教育资源，通过快捷分享和点评、交流，分享彼此的经验、观点，表达个人的想法，消除了传统教育模式中灌输和说理教育的弊端。这就意味着高校的每一位教师和学生都可能成为思政教育的主体，通过网络、微博、微信、客户端、自媒体等媒介弘扬中华优秀传统文化、传递社会正能量。在全员媒体环境下，着力提升思政教育的工作质量，扎实推进全员育人，要充分发挥专业教师、辅导员和学生干部、学生党员的主体作用。

充分发挥专业教师和辅导员等思政教育工作队伍的主体作用。要打造一批具有全媒体素养的高校思政教育工作队伍。全员媒体要求教育者首先适应全媒体的环境变化，主动接触和学习，逐步掌握全媒体平台的运用技巧和传播特点。一方面要抓专业教师队伍建设。专业教师要结合专业课特点将其与思政教育内容有效地融合，将习近平新时代中国特色社会主义思想和社会主义核心价值观教育融入日常教学中，强化自身在课上和课下积极开展"课程思政"的意识，提升熟练运用全媒体开展丰富多彩的思政教育活动的能力。另一方面要抓辅导员队伍建设。辅导员始终工作在高校思政教育工作的第一线，与学生接触最为密切，他们时刻关注着每一位学生的思想动态，对学生最了解也最熟悉。其工作是否到位，直接影响学生的成长和发展。而学生的全媒体"圈子"往往带有隐匿性，存在的问题容易被忽视。因此，辅导员要熟悉运用全媒体开展工作的方式方法，主动融入学生的全媒体"圈子"中，准确把握学生在网络世界的精神状态和思想动向，平等地与学生开展对话，充分尊重学生，对发现的问题及时采取措施，对学生进行正确的教育引导，同时也起到监督管理的作用。

充分发挥学生干部和学生党员的主体作用。高校学生干部和学生党员与普通学生共同生活、学习，熟悉身边学生平时的思想状况和精神状态；同时，作为各项活动的积极参与者，学生干部和学生党员也是对普通学生影响最大的群体之一。因此，发挥全员媒体的育人作用，离不开学生干部和学生党员这一"关键少数"。第一，加强对学生干部和学生党员政治素养和价值观的培养。切实提升他们的道德品质和内在涵养，使其发挥示范引领作用。学校及各学院要定期组织学生干部和学生党员开展提升党性修养、增强服务意识、树立社会主义核心价值观等学习教育以及志愿服务、社会实践等活动，使学生干部和学生党员不断提升自身的思政水平，培养良好的道德情操，充分发挥自身在年级、班级、社团、寝室、网络中的"朋辈优势"。第二，加强对学生干部和学生党员的媒介素养教育。媒介素养教育就是培养学生对各种媒介信息的解读、批判能力以及在个人生活、学习中正确使用媒介信息的能力的过程。媒介素养是大学生认识媒体、理解媒体、运用媒体能力的体现，也是大学生形成良好的网络行为习惯的重要组成部分。大学生的媒介素养是衡量高校思政教育效果的重要指标之一。加强学生干部和学生党员媒介素养教育应做到如下几点：一是要将媒介素养教育和网络行为规范融入日常教育教学。增强学生干部和学生党员的网络分辨能力，强化其政治意识和法律意识，使其能够正确对待网络舆情，不妄加评论、不煽风点火，真正认识到网络并非法外之地，同样要受法律约束。二是引导学生干部和学生党员关注主流媒体。主流媒体承担着重要的宣传任务，其覆盖面广、品牌性强、影响力大。要以学生干部和学生党员为主体，加强对主流媒体内容的宣传和舆论引导，不断扩大主流媒体的受众范围。如，通过关注"学习强国"、《人民日报》、新华社、中央电视台、《求是》杂志等代表党和国家喉舌的主流媒体，让学生干部和学生党员养成了解国内国际时事政治和党的方针政策的习惯，主动接受先进人物的先进事迹熏陶，在网络中正确发声，传递社会正能量，从而达到自我教育、自我提升的目的。

（四）依托全效媒体，构建高校思政教育传播矩阵

全效媒体的内涵如下：一是媒体实现"功能转型"，具有信息传播、社交服务、金融理财、娱乐休闲等功能，"媒体服务"的内涵与外延得到巨大扩展；二是媒体的"传播效果"成为一个综合指数，既包含经济效益又包含社会效益，既注重用户服务又体现思想价值引领，媒体"传播效果"进入追求全面效果的新时代。全媒体时代信息传播不断呈分化发展趋势，用户画像越来越清晰，场景匹配越来越精准。受众的差异化需求也可以利用大数据进行全面掌控。全效媒体使思政教育的传播更趋精准化，受众群体更清晰，反馈更迅速，师生互动更频繁。同时利用大数据的系统分析功能，使思政教育评价模式更加科学化、人性化。

加强思政教育平台和阵地建设。高校思政教育工作一贯强调阵地意识和平台建设，全效媒体的不断发展为思政课教学平台建设带来了新的变革，网络和移动端的思政教育阵地建设也进入一个崭新时代。

第一，建设思政课教学新平台和立体化传播矩阵。近年来，以全媒体发展为契机，各高校积极探索思政课教学平台建设，打造出一批内容鲜活、资源丰富、形式多样的教育教学平台和特色教学模式。依托全效媒体可以有效地推进各高校思政教育资源信息共建共享，发挥全效媒体的技术优势和高校思政课教育教学的人才优势和资源优势，建设一个具有综合性功能的思政课教学平台。例如，由北京市委教育工委、市教委支持成立的北京高校思政课高精尖创新中心，通过建设马克思主义理论研究和文献支撑平台、思政课教学资

源共享平台、思政课数字化教学平台、高校思政教育质量评估平台和大学生思想动态调查分析平台，为高校思政课教育教学提供全方位、立体化服务。通过凝聚国内外马克思主义理论学科顶尖学者，培养优秀的学生和优质的师资，发挥汇聚和培养马克思主义理论研究和教学人才的集装箱和孵化器的功能。

第二，在网络端和移动端共同打造具有广泛影响力的立体化思政教育传播矩阵。全效媒体使信息传播更加精准化，高校党建网站和思政教育工作平台作为高校宣传党的方针政策、高校党建动态和社会主义核心价值观的主要媒介，要以主流媒体为导向，结合高校党建和思政教育工作实际，与时俱进，发挥高校媒体的教育引领作用，坚持社会主义办学方向。要积极建设移动端思政教育阵地，以"两微一端"为代表的移动媒体平台已经成为现代青年学生获取信息的主要渠道，做好大学生思政工作，高校要适应移动信息发展的新环境，主动占领移动思政教育阵地，将丰富的思政教育资源通过移动端媒体进行分众传播，做到精准施教。

改革思政课教育评价体系。大数据的分析与挖掘功能及云计算、人工智能等技术，通过对海量信息进行收集分析，可以实现教育精准化，了解学生对思政教育内容和传播形式的接受程度，利用全效媒体的数据分析功能对思政教育的实际效果进行动态监测和客观评价，进一步优化思政教育评价体系和评价模式，提高思政育人的科学性。

第一，以全效媒体为手段，建立思政教育常态化评价体系。高校思政教育是一个常态化、系统化的教育过程，坚持常态化评价是促进思政教育效果提升的重要一环。因此，需要构建合理的评价方案和评价模型，利用大数据、智慧校园、思政教育平台等建设以学生个体和思想状况为因变量、以思政教育过程要素为自变量的评价模型，挖掘出对思政教育真正产生影响的、潜在的、尚未开发的相关因素指标，进一步优化现行的监测与评价指标体系，科学探寻数据背后的影响因素与作用效果。

第二，坚持以人为本的原则，优化思政教育评价模式。全效媒体下的思政教育评价方法不仅需要技术进行量化评价，还需要对思政教育主客体进行情感评价；既要对教育政策、教育内容、教育模式、教育环境、教育载体等进行研究，又要对主客体的行为特点进行纵向和横向比较分析。建立思政教育主客体意见反馈体系，最大限度地将思政教育的内容通过全效媒体终端呈现出来，通过思政教育工作平台进行教育教学实时记录与统计，通过大数据进行定量分析，对标找差，优化内容输送模式。同时，以人文关怀和人的因素作为评价的逻辑起点，关注和维护师生群体的切身利益、真实需求，尊重思政教育的客体特征与个体感受，融入思政教育主体的情感评价，凸显"人情味"，真正发挥思政育人的提升效应和集聚效应。

第三章
高校思政课混合式教学的理论基础

混合式教学模式需要在多个理论共同指导下建构，不应局限在一个理论视角，综合来看，混合式教学模式理论应包括人本主义理论、建构主义理论、认知主义理论、关联主义理论、掌握学习教学理论、教学交互理论、香农—施拉姆传播理论，这些理论为混合式教学的设计、建构、组织、实施提供了可借鉴的方法与依据。

第一节　人本主义理论

人本主义自20世纪五六十年代提出以来，与行为主义学派、精神分析学派并称为三大势力。它的代表人物是马斯洛、罗杰斯等，该理论认为，人的学习是一个个人潜能充分发展的过程，教育活动应该是一个有机的过程；因此，人本主义认为，教育应该关注的是如何持续不断地供给学习者有关学习的热情。罗杰斯认为，教学的过程就是促进学生发展的过程，要促进学生发展就要选用合适的教学方法，所谓合适的教学方法内涵广泛。第一，要选用合适的教材，这样的教材要与学生已有的知识体系和能力水平相匹配，以方便学生自主学习。第二，教师要会教学，他认为，教学是一项技术含量很高的工作，教师不仅要能教学更要会教学，要懂得如何因材施教。第三，要有意识地培养学生自主学习的能力，培养学生自主学习的习惯。社会的不断发展依赖的是人的能力的多样性以及他们蓬勃的激情、独立的个性。然而，社会快速的发展使人们关注的焦点越来越功利化，人们越来越多地关注成绩，却忽视了能力。人本主义学习理论认为，教师的任务不应当只是传道授业解惑，更主要的是，要能够为学生创造学习的环境和条件，为学生创设出自主学习的氛围，培养学生自主学习的能力，它倡导的是一种自由式的、以学生为中心的教学观。

SPOC课程在设计上，明显体现了以学生为中心、以提高学生的能力为目标的设计初衷。SPOC 的课程视频一般都是 3 ~ 7 分钟，每个视频将主题内容呈现出最集中的浓缩，有的甚至更短，是根据学生思想集中时间最长为 15 分钟的科学规律而设计的，智慧职教等平台现在都开发出了适应手机应用的 APP，在方便学生学习的同时也推进了泛在学习的发展。在课程中，每一小节的课程都会提供相应的背景材料，在学习材料中会说明，如果学生已经有这部分的知识背景，那么可以直接进行下一个视频内容的学习，并且还列出了任务学习单，学生可以根据任务学习单了解在该门课程中所需要完成的内容，以及需要掌握的知识点，将学习的主动权交到了学生的手上，提高了学习效率。同时，这些视频课程都是永久性开放的，学生不管何时学习都可以，遇到不会的知识、不理解的地方还可以进行反复学习，遇到自己感兴趣的地方也可以进行深入学习，这都取决于学生自己的意愿，这样的模式很大程度上确实实现了以学生为中心的教育理念。同时，SPOC 与传统教学最大的区别就是，学生的学习在空间上是一个独立完成的过程，不再是传统的师生处于同一空间中，教师作为教学的主体在讲台上进行知识的主动传输，学生在讲台之下被动接受的状态。SPOC 所创设的是一个个性化、自主化的学习环境，它将已有的技术资源、教育资源、商业资源进行重新整合，探索的是如何有效改进当前的教育状况。

混合式教学模式在教学的过程中实现了一个质的突破，它的特性决定了它有很强的包容性，从教材上说，凡是能够为学生学习服务的皆可以取之服务于学生。它也是一种开放的模式，从教师主体选择上说，同样的内容、不同的教师施教后也会取得不同的教学效果，混合式教学模式的开放性提供了广泛的选择性，可以通过科技的手段实现教师的空间流动，人尽其才。混合式教学模式也是一种灵活多变的教学模式，从培养学生能力方面来说，由于它没有固定的样式，环境的混合、资源的混合、教学方式的混合，都是建立在适应学生的自身发展的基础之上，目的都是为了促进学生知识的吸收以及能力的发展，力求能够实现真正地因材施教，它只有一个宗旨，即以学生为中心，为学生服务。

基于 SPOC 的混合式教学模式中更为深刻地体现和执行了人本主义思想，混合模式的使用，使得不管是教材还是教师都能够实现最大限度地适合学生，有利于学生。同时，这样的模式也能够充分实现学生能力的发展。SPOC 的融合实现了教学资源和教师的自由流动，并且，SPOC 的课程设计体现了以学生为中心的服务思想，将 SPOC 与混合式教学模式进行融合，则实现了效果的最大化；既可以充分发挥教师的引导作用，又能够让学生充分行使自己的自主权。SPOC 既可以作为课前预习的资源，也可以作为课前预习的平台，根据 SPOC 课程要求，进行任务单的设置，将自主学习与合作学习相结合，既培养了学生独立思考的能力，又锻炼了学生的团队协作能力，并且还实现了优质资源的共享与运用。课堂中根据学生课前的预习内容，以及预习情况，进行师生间互动活动的设计，教师担当引导者的角色，用问题引发学生的思考，根据学生课前预习反馈的情况进行深入的探究讨论，培养学生的发散性思维，以及深入探索能力，充分挖掘学生自身的学习潜力。课后利用SPOC平台以及相关平台进行拓展资源的提供，拓宽了学生学习的地理边界、时间边界、知识边界，培养学生自主探究的学习习惯，形成终身学习的性格特征，同时也减轻了教师的工作量。SPOC平台用后台系统监测，进行大数据分析，用科学的方法对学生学习情况进行有效的评测，实现针对学生的个人特点与个性特征的教学改进，这些特点无疑都是人本主义中以学生为中心，为学生服务理念的最好体现。

第二节　建构主义理论

最早提出建构主义思想的是维果斯基。他认为，每个个体的认知方式以及认知过程都是有区别的，因此，每个人的学习结果以及学习状态也是无法提前预测的。教学本身的任务不是控制学生的学习，而是促进学生的学习。随着网络在教育领域的应用和发展，关于建构主义的理论也在不断发展和完善，进行教学设计的时候重点并不是在教学目标上，而是在学生的发展上，要以学生为中心，构建能够促进学生进行知识内化的外部和内部环境，促进学生知识的吸收和能力的获得，在这个过程中，教师只是学生学习过程的辅助者和促进者。建构主义对于传统的统一式的课堂授课模式是不赞同的，它认为这样的教学方式不仅无法凸显学生的主体性与个体化，还会阻碍学生个性的发展与优势的发挥，它主张因材施教，充分发挥学生的主观能动性，每个学生都应当有与教师直接对话的机会，教师只是学生学习的引导者，不是主导者。

余胜泉认为，建构主义是培养学生创造能力的最好方式，它能够最大限度地激发学生的积极性和主动性，尤其对于学生理解复杂知识以及高级技能的习得方面更是有着得天独厚的优势。他认为，建构主义学习环境具有真实学习情境、合作学习、注重问题解决等特色，所有的学习环境都依赖于技术，以使环境易于操作，计算机以及相关技术在建构主义学习的实现过程中发挥着举足轻重的作用。

另外，建构主义理论认为学习需要发生在情境中，在社会交往以及与周围环境的交互过程中，在解决问题的同时获得技能，在这样的过程中，学生掌握着学习进程的主动权，实现构建好的学习目标。

从"教"的视角来说，传统的教学方式基本从教学设计到教学实施都是由一名教师全程执行，一个人的智慧毕竟是有限的，如何使自己设计的课程适合大部分学生，如何让课程调动学生的学习热情和积极性，这些一直是困扰大部分教师的问题。在SPOC中，每一门SPOC都是由一个团队倾情打造，团队之间的分工非常明确，负责搜集资料的、课程讲授的、测试内容答疑的以及后期制作的，各司其职，在共同协作之下完成一门课程的制作，这样的课程集结的是集体的智慧，从设计之初，它集结的就是最优秀的物质资源和人力资源，并且研究了各种学生的学习习惯、学习特性，依据科学规律设计课程，目的就是为了激发出学生学习的兴趣和热情，帮助学生形成自我构建，自主学习的能力。

从"学"的角度来说，SPOC的课程是开放的、免费的，任何人想要学习都可以直接获得学习资源，舒适的心理环境有利于促进学生对知识的吸收和消化，而SPOC的开放性正是为学生创建了舒适的心理学习状态，让学生以一种轻松的状态实现知识的获得和构建。学习的过程也是一个新知识取代旧知识的过程，这样的过程是思维不断转换的过程，教师的点拨，学生之间的交流往往有四两拨千斤之功效。SPOC非常重视学习者之间的合作，也很强调学习者在学习过程中的主动构建，彼此互动。

SPOC为大家提供了自由交流的场所，学生可以发表自己的任何疑问，不同的文化背景、学习背景也使得学生在交流的过程中碰撞出新的火花，学习者就在这样一个宽松、自由、活跃的集体氛围内，获得、构建进而内化所习得的知识，并且进行更高认知技能的学习。

混合式教学模式最大的特点就是凸显了学生的主体地位，混合性也即为多样性，学生的个体特征本就是多样的，传统的单一的教学模式显然无法适应所有人，根据学生的状态选用最适合他们的模式，从学习环境、学习内容、学习方式到学习评价依据学生的主体需要进行混合，课前通过学习任务单的设置为学生的自主预习提供引导和方向，从而培养学生独立思考的能力、独立学习的能力以及自我消化的能力，对于不理解的地方既可以在课前与教师进行一对一交流，也可以通过学生之间的讨论获得新的启发。在课堂中，由于学生已经预先构建了基础知识，教师也可以对于知识的深度及广度进行扩展，拓宽学生的思路；课后利用已经拥有的资源，让学生根据课前与课中的学习，进行课后的自我巩固和反思，真正实现知识的内化，在这样的过程中，教师扮演的是学生引路人的角色，这样的方法对于改变"高分低能"的教育现状有着明显的促进作用。

基于SPOC的混合式教学模式，不仅实现了一个空间内的师生之间，学生与学生之间的交流互动，而且还实现了跨越空间的，与不同国籍、不同文化背景的同伴之间的互动。SPOC是新技术发展的产物，从原先的只能在计算机上操作，到现在可以在手机上操作，将泛在学习的愿景逐步现实化。在基于SPOC的混合式教学模式的实施过程中,学生是学习的主体,学生可以根据教师提供的资源,选择自己感兴趣的内容进行深入学习,并且,教师提供资源的过程也是授之以渔的过程,将学习的途径教给学生比将学习的内容教给学生有着更为长期和远大的价值。而且SPOC课程,借助计算机技术,创设得如真实情景一般,学生的情感需求可以通过混合式课程模式在课堂中得到弥补,可以说,基于SPOC的混合式教学模式,是一种将SPOC与混合式教学模式两者完美融合,从而将建构主义教学理念优势最大化发挥的一种教学模式。

第三节　认知主义理论

认知主义源于格式塔心理学派。认知主义认为,世界是客观的,人们对客观事物在头脑中的反映形成了知识,而知识是可以迁移的,因此它可以通过教学的方式来获得,而教学的目的就是使用最有效的方式实现知识的迁移。认知主义也强调环境在学习者学习过程中的作用,但是它认为环境作用的实现必须通过学生的内部心理作用的过程,它认为生活处处皆知识,学习无处不在。

认知主义代表人物托尔曼认为,人的头脑中是有认知地图的,所谓认知地图,也就是学习不仅仅是一种单纯的知识获得,同时也要对学习目标、学习过程、学习途径以及学习手段有一个清晰的认知,也就是认知观念的形成,所以在学习过程之中,也需要对认知过程进行研究,强调学习的目的性和认知性。认知主义的另一个代表人物布鲁纳认为学习的实质是将学习内容进行符号化和表征化的过程以及将这些表征进行应用的过程。皮亚杰则认为知识的获得是通过内部心理活动实现的,包括内在的编码以及组织,它重视意识在学生学习过程中所承担的角色,认为在新的学习开始之前,学习者的心理已经存在一个心理结构,这原有的认知结构对于后续的学习有着重要的影响。学习者原有的学习策略、学习态度、知识经验以及情感、信念、价值观、态度等都是影响后续学习效果的重要因素。因此,他认为在教学的过程中既要重视学生的主体作用,又要重视教师的外部刺激作用;既要重视学生的内部心理过程,又要创设合适的条件来促进学习者的内部心理状态的发展。认知主义理论指导下的教学模式将学生的心理发展状态作为一个重要因素纳入了教学设计中,在教学策略和教学内容的选择上与学生原有的认知结构更为契合,学生的主动性和积极性也能够得到更好地发挥。

SPOC 中的每门课程都将"认知地图"的思想很好地体现出来，每次开课之前，都会大概给出一个课程的相关介绍，并且还将教学大纲以及总时长数都公布出来，每周的主题、主要内容、相关材料、课后作业、评分标准等也会通过邮件告知学生，这样方式的使用能够使学生预先建立"认知地图"，从而更好地投入到学习中。

SPOC 在课程设计中，在每一节视频中，都会嵌入 2 ~ 3 道测试题，如果对了，会直接显示正确答案。如果做错了，学生可以有多次选择的机会，而不会直接显示答案，这样的设计是源于学生的游戏心理，学生在玩游戏的过程中会有通关的设置，只有通过了基础的游戏关卡，才能升入到新的一级，SPOC 的设计借鉴了这一特点，依据学生的求胜心和好奇心在课程中嵌入测试，只有通过才能继续学习，这种设计一方面是对学生学习兴趣地刺激；另一方面也是对于学生学习效果的监督，每一步的测试即是对于之前学习内容以及学习情况的监督和检测，并且通过测试及时给予学生学习的反馈，学生也会知道自己是否理解课程所讲的内容，已经有实践证明，通过学习 SPOC 课程的学生取得的成绩要比通过参加传统课堂学习的学生的成绩好。

学习的主体应当是学生本身，然而传统的教学模式由于技术条件，人力条件等问题的限制，使得教师成为所有学习活动的中心，教师既是学习活动的发起者，又是执行者、监督者、检测者，多个角色集于一身，纵使有三头六臂也无法将所有角色都扮演好，何况，学生间又有着明显的个体差异性，在这种情况之下学生的个体差异性无法被顾及也是在所难免，这也是说中国教育就是一个复刻机的根源所在。混合式教学模式的发展是教育理论和科学技术不断发展的产物，它的理念即是在适当的时间，通过适当的技术，运用适当的风格，对适当的学习者传递适当的能力，从而取得最优化的教学效果，把传统教学效率高，师生间可以进行情感互动等方面的优势与网络教学自由、多变，共享方面的优势相结合，在知识迁移的过程中，既充分发挥教师的引导、启发和监督的作用，又将学生在学习过程中的积极性，主动性和创造性充分调动和发挥，用最简单的办法实现知识的有效迁移以及学生能力的获得。

关注学生内部心理发展也即为关注学生本身，基于 SPOC 的混合式教学模式的设计理念是以学生为中心，课前资料的提供及学习任务单的设计，出发点都是学生的接受程度、接受能力、已有的知识基础、关注的兴趣点等，在此基础上设计相应的问题，引发学生对所学习的内容的思考，激发学生深入探究的兴趣，同伴之间的合作既是一种彼此的促进也是一种彼此的监督，实现了纵向和横向监督并行的状态，课堂中已有教学资源的运用，既实现了物尽其用，又解放了老师，使得老师有更多的时间和精力投放到学生身上，关注学生的成长与发展。课后，交流平台的运用，延展了课堂的宽度和广度，使得课堂不再局限于仅有的课上时间，任何时候、任何地点、任何疑问都可以与教师实现无缝衔接交流。大数据技术的应用，用科学的手段分析学生的学习情况，进而进行科学性的改革和调试，使设计的活动更为适应学生的学习需求和发展需求，通过内部及外部条件的作用，实现学生能力的提升、情感的提升、态度的培养。

第四节　关联主义理论

关联主义又称连通主义、连接主义，是由乔治·西蒙斯提出的符合网络时代发展特征的理论。学习（被定义为动态的知识）可存在于我们自身之外（在一种组织或数据库的范围内）。学习发生在模糊不清的环境中，没有固定的要求和界限。关联主义理论是一种适用于数字时代的学习理论。

一、关联主义理论主要原理

（1）知识存在于节点之上，不同节点之间存在强弱连接。

（2）学习是将节点相互关联构建内部网络的过程。

（3）学习可以通过电子设备工具进行。

（4）持续学习的能力比当前知识的掌握更重要（即管道比内容更重要）。

（5）时刻建立或取消不同节点之间的关联，使其知识体系动态发展起来。

（6）提升搜寻有意义节点并建立连接的能力。

（7）学习的目的是为了促进知识的流通。

（8）决策也是一种学习。选择对自己有用的内容，并根据外界环境的变化调整结构。它发生在模糊不清的环境中，没有固定的要求和界限，可以选择对自己有用的内容，并根据外界环境的变化调整结构。

在知识观方面，关联主义认为学习活动就是为了促进知识流通。知识在一个交替流动的过程中得到不断更新，它是动态流动的。知识的流动循环（见图3-1）主要经由以下几方面：从某个人、群体或组织的共同创造开始，然后分发知识、传播重要思想、知识的个性化、实施再回到知识的创造这样一个循环的过程，从而使我们的知识经历得到个性化的解读、内化、创新。当知识流经人们的世界和工作时，不能把它看作保持不变的实体并以被动的方式来消费，应以原创者没想到的方法展现和接受他人的知识。

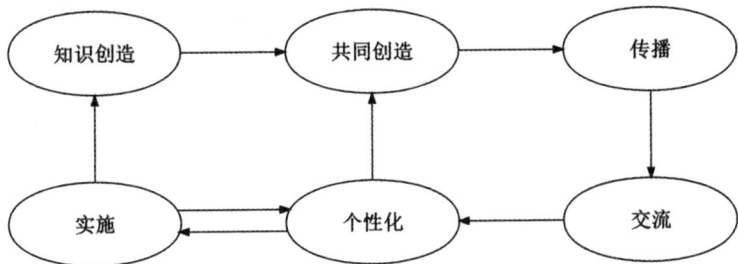

图 3-1　知识流动循环图

二、关联主义视角下的学习内容与学习过程

（一）学习内容的可变性

学习内容是指信息或知识。Siemens 注意到当学习者与学习内容（或信息）建立联系后，实际上创建了一个包括不同观点的网络，使学习者的个人观点通过范式确认获得新的意义。这就是说，连接改变了内容，位于网络中的内容被赋予了新的意义；或者更切切地说，当网络有了新的内容，便渗透了新的意义，这说明创建连接比内容更重要。当网络大到可以说明不同视角时，它创建了某个层次的意义，反映了各种个体元素的合成力量。因此，当内容创建加速后，人们与内容的关系便发生了变化，即人们不再需要所有相关的内容项目。按照他的观点，知识也有半衰期，经过一段时间，知识会老化、会变得陈旧。

（二）学习内容的现实性

关联主义为学习者提供某种类型的内容，因而产生价值。但人们需要的不是泛泛的内容，我们需要的是现时的、相关的、切合语境的内容。关联主义的优势便在于它解决了内容的现时性，使学习内容更有用途。传统的教材或手册很难满足这个标准。即使学校或公司举办短训班，更新和充实学生或雇员的知识，有时也无济于事，且耗资较大。人们接触到的知识应该是极为需要的。过去把知识看作容器的观点限制了知识的流通，降低了学习效应。为了保证内容的现时性，安排教学时需要我们思考缜密，计划周到。这需要很好的管理系统、聚合器、智能搜索等辅助工具。

（三）学习内容的连续性

电子化学习或多媒体学习最初采取课堂搬家的模式。教学内容往往是线性的课程，学习者需要投入大量时间掌握其内容。今后的学习可以是小型的，以个体为目标的种种方式。除纸质教材外，可用计算机，甚至手机进行学习。这样有利于知识的传授连续进行，而不是学习预先构制的课程。从学习者的角度看，学习内容应易于被找到。总之，学习过程和求知过程是恒常的、不断进行的过程，不是最终状态或产品。

（四）学习内容的相关性

相关性是接纳或使用任何内容的必要条件。如果有的内容与人们关注的内容不相关，就不会被使用。今天人们对待知识也是如此。当然，有些看起来是不相关的内容，对发展人们将来的能力也许是关键的。因此，相关性可以界定为一种资源或活动是否符合个体不同时期需要的程度。相关性越大，其潜在价值越大。同样，学习者如果认为相关性不大，便会影响他的学习动机和行动。相关性不仅关系到内容的实质，对所说的内容或信息的现时性也至为重要，可有效地应对知识的增长和功能。

（五）学习内容的复杂性和外部性

今天知识流通迅猛、日趋复杂。一方面需要掌握种种观点才能得其全貌；另一方面靠一个人正确掌握和理解一个情景、一个领域、一个课题的全部内容甚为困难，个体很难具备这种能力。这迫使人们需要寻找新的学习模式。人们得依靠不同专业化内容或信息源的连接。学习的网络模型应运而生，它帮助人们将一部分有关知识的处理和解读过程卸载到学习网络的节点中。通过技术的应用，学习者可以按类建立种种节点，让每个节点储存和提供他们所需要的知识。这样，学习的部分活动卸载到网络上了。这个观点最能对付知识的日益复杂化和加速。用 Siemens 的话说，"知识存在于网络中""知识/学习可处于非人的器皿中，学习由技术实现和提供方便。"由此，他认为一个人如何更多知道的能力比知道的现有知识更为关键。学习者如果具有在不同领域、观点和概念之间发现连接、识别范式和创建意义的能力就是今天培养学习者掌握的核心技能。

（六）学习中的决策

学习是一个混乱、模糊、非正式、无秩序的过程，因此如何做出抉择也是在学习，即如何在不断变化的现时世界选择学习内容和判断新信息的意义。由于影响决策的信息环境的变化，今天认为是正确的答案，明天可能成为错误。当今许多现有学习理论将知识的处理和解释寄托于从事学习的个体上。如果知识流通量不大，这些模式是可行的，但如果知识像汪洋大海滚滚而来，那种涓涓细流式的学习方式便难以适应。

（七）学习的社会性

Siemens 在强调学习者个体与学习内容关系的同时，也认为社会、社区和同学对学习有重大作用。Siemens 2005 年认为他的这些观点对于教育（特别是高等教育）、机关和企业培训具有重大意义。当学习行为被看作学习者能够控制的活动时，设计者们需要将关注点转移到培育理想的生态系统以促进学习。通过认识到学习是一个混乱、模糊、非正式、无秩序的过程，人们需要重新思考如何设计教育指导，如何侧重培养学习者驾驭信息的能力。人们正在从正式刻板的学习方式迈向非正式、以连接为基础、网络创建的学习方式。

三、关联主义的学习理解

在有意义制定的过程中，意义和情感的融合非常重要。思维和情感是相互影响的。仅仅考虑某个维度的学习而忽略大部分学习是怎么产生的研讨是不够的。

学习的终极目标是增强"做事"的能力。这种增强的能力可能是实践意义的（例如，发展使用新软件工具的能力或学习如何滑雪），也可能是在知识时代使工作更有效的能力（自我意识，个人信息管理等）。"学习的全景"，不仅是获得技能和理解，应用是其中的必要部分。动机原理和快速决策通常能决定学习者是否能运用所学知识。

学习是一个连接专门节点或信息资源的过程。如果一个学习者能与现有的网络相连接，那么就能够极大地改善学习效率。

学习可能储存于人工制品中，学习（指知道但不具备行动的特质）可以存在于某个社团、网络数据库中。

"知道更多"的能力比"目前知道多少"更重要，"知道从何处寻找信息"比"知道的信息"更重要。

对学习者来说，培育和维护各种连接、善于与外源建立有效的连接比单纯理解某个单一概念能获得更大的回报。

学习和知识存在于多样性的观点中。

学习方式多种多样，如课堂、电子邮件、共同体、对话、网络搜寻、电子邮件列表、博客等，课堂或课程不再是主要的学习渠道。

有效的学习需要不同的方法和个人技能，如能洞察不同领域、观点和概念之间的关联，就是一种核心技能。

学习要善于整合组织学习与个人学习的效力。个人知识是一个网络，它注入组织和机构中，组织与机构又回馈给网络，并持续地为个人提供学习机会。关联主义试图提供个人学习和组织学习是怎样的解释。

学习活动的宗旨是关注知识的现时性（精确的、最新的知识）或流动性。

决策本身是一种学习过程。在今天这个社会，人们需要根据不断变化的现实来选择"学什么""怎样学"和"如何理解新信息的意义"。决策的正误会因信息背景的改变而变化，今天的正确明天就可能变成错误。

学习是一个创造知识而不仅仅是汲取知识的过程。为此，学习工具和学习方法设计应当充分关注学习的这一特点。

四、关联主义的基本要素

（一）网络

关联主义以网络学习为基础。网络具有内在的简洁性，即它只有节点和连接两个元素。

节点是可以用来连接到其他元素的成分，是可以用来形成网络的外部实体。它可以是人、单位、图书馆、网址、书籍、杂志、语料，或任何其他信息源。这些节点的聚合产生了网络。网络可以合并形成更大的网络。

连接是各个节点之间的任何联系方式。学习的行为是创建节点的外部网络，从而形成信息源和知识源。这是为了保持知识的现时性和连续获得、经历、创建和连接外部的新知识。学习网络也可以看作内部心智中进行连接和创建理解范式的结构。即使网络的连接不那么紧密，节点仍可以存在于网络中。每个节点都有能力以自己的方式起作用。网络本身是节点聚合体，但对网络每一节点的性质影响有限。

节点形成连接受许多因素的影响。一旦网络建成，信息可以很方便地从一个节点流向另一个节点。两个节点之间的联系越强，信息流动得越快。

（二）信息系统

网络创建的信息系统包括：

（1）数据：初始元素或较小的中性意义元素。

（2）信息：有智能应用的数据。

（3）知识：语境中的或已内化的信息。

（4）意义：对知识细微差别、价值、含义的理解数据。

信息系统是一个连续体，学习就是知识转化为某种意义（然后通常这会产生可以遵照行事的某种东西）的具体过程。在这个过程中，学习是编码、组织节点以促成数据、信息和知识流动的行为。

（三）元素特征

网络的元素特征包括：内容（数据或信息）、互动（尝试性形成连接）、静态节点（稳定的知识结构）、动态节点（新信息的增添和数据的不断变化）、自动更新节点（与原信息源紧密相连的节点，产生高度流动性，体现最新信息）、情绪因素（影响连接和网络中心形成期望的情感）。

数据和信息是数据库元素，它们需要以能使它们在现有网络中动态更新的方式存贮和处理。当这些元素更新时，整个网络结构也同样受益。从某种意义上讲，网络在智能上不断成长。另外，知识和意义从潜在的数据或信息元素中获得了价值。

（四）形成关联的因素

连接虽是网络学习的关键，但在整个结构中并非每个连接的分量和影响力都相同。因此，连接的增强受制于动机、情绪、节点的关联性、合乎逻辑的反思、认识自然和组织不同类型信息与知识的范式化过程、熟悉自己身处的专业领域的经验。

（五）网络形成过程中的学习

学习与网络形成过程之间互相影响。从学习是知识和意义之间发生的活动来看，它是网络形成中受到影响的因素。但学习本身也是影响因素，因为实践过程是网络创建和形成的过程。学习不能只看作是被动（被作用）或主动（作用于其他元素）的过程。

（六）创建意义

网络中的意义是通过连接的形成和节点编码产生的。最佳意义的产生符合系统的一般特性：开放性、适应性、自我组织并具备修正能力。对潜在语义的分析可以通过将新节点融入现有网络结构的过程来解释。新节点在整个网络中提供连接和知识流。作为连接元素，节点可以作为新信息发送的中心，或者只是简单地在原本互不相连的想法和概念之间形成新的连接。在逻辑/认知和情感彼此激活和交织的过程中形成了意义。

五、关联主义理论指导作用

关联主义理论对设计混合式教学模式的指导作用主要表现在以下两方面。

（一）知识是具有关联性的网络整体

混合式教学的线上教学部分由于学习场所的虚拟性、接触资源的碎片化，容易导致学习者所习得的知识处于分散、支离的状态。而在关联主义理论的指导下，教师和学习者需要有意识地对教与学的状态进行把控。首先，教师提供给学习者的知识要相互连贯，遵循由浅入深、由易到难，小到一节课、一个单元，大到整本书，所呈现的知识需要遵循一定的知识逻辑结构，使学习者明晰整体的知识脉络。其次，教师面授教学的教学内容应与线上组织的教学资源相互关联，线上线下不能相互脱离，二者均要有各自的教学呈现方式，但是整体上又是互相对应，彼此联系的。

（二）教师与学习者时刻保持关联

教师与学习者是教学过程的两大主体，师生之间的互动在教学过程中是必不可少的。由于线上教学过程的时空分离性，师生之间的互动往往受各种因素的限制而不便随时互动沟通。基于此，应用QQ、微信等软件技术保持沟通，通过在线软件的途径，学习者能够相互探讨，教师亦能够及时掌握学习者的进度，及时解答学习过程中出现的问题。

第五节　掌握学习理论

"掌握学习理论"由美国著名心理学家、教育家布鲁姆提出，意谓"熟练学习、优势学习"，是指只要具备所需的各种学习条件，大多数学生（95%以上）都可以完全掌握教学过程中要求他们掌握的全部内容。

一、教育目标分类

布卢姆等人把教育目标分为三个领域，即认知领域、情感领域和动作技能领域。在每个领域中都按层次由简单到复杂地将目标分为不同类型，又可以将每一个类别进一步区分为若干个亚类。

（一）认知领域的目标分类

（1）知道：指对先前学习过的知识材料的回忆，包括具体事实、方法、过程、理论等的回忆。知道是这个领域中最低水平的认知学习结果，它所要求的心理过程主要是记忆。

（2）领会：指把握知识材料意义的能力。可以借助三种形式来表明对知识材料的领会，一是转换，即用自己的话或用与原先的表达方式，通过不同的方式来表达自己所学的内容；二是解释，即对一项信息（如图表、数据等）加以说明或概述；三是推断，即预测发展的趋势。领会超越了单纯的记忆，代表最低水平的理解。

（3）把学到的知识应用于新的情境：它包括概念、原理、方法和理论的运用。运用的能力以知道和领会为基础，是较高水平的理解。

（4）分析：指把复杂的知识整体材料分解成组成部分并理解各部分之间联系的能力。它包括部分的鉴别，分析部分之间的关系和认识其中的组织原理。例如，能区分因果关系，识别史料中作者的观点或倾向等。分析代表了比运用更高的智力水平，因为它既要理解知识材料的内容，又要理解其结构。

（5）综合：指将所学知识的各部分重新组合，形成一个新的知识整体。它包括发表一篇内容独特的演说或文章，拟订一项操作计划或概括出一套抽象关系。它所强调的是创造能力、形成新的模式或结构的能力。

（6）评价：指对材料（论文、小说、诗歌、研究报告等）作出价值判断的能力。它包括按材料的内在标准或外在标准进行价值判断。例如，判断试验结论是否有充分的数据支持，这是最高水平的认知学习结果。因为它要求超越原先的学习内容，并需要基于明确标准的价值判断。

（二）情感领域的目标分类

（1）接受（注意）：指学习者愿意注意某特定的现象或刺激，例如，静听讲课、参加班级活动等。

（2）反应：指学生主动参与，积极反应，表示较高的兴趣。例如，完成老师布置的作业等。

（3）价值评价：指学习者用一定的价值标准对特定的现象、行为或事物进行判断。它包括接受或偏爱某种价值标准，和为某种价值标准做出奉献。例如，欣赏文学作品，在讨论问题中提出自己的观点等。

（4）组织：指学习者在遇到多种价值观念呈现的复杂情境时，将价值观组织成一个体系，对各种价值观加以比较，确定他们的相互关系及它们的相对重要性，接受自己认为重要的价值观，形成个人的价值体系。

（5）有价值或价值复合体形成的性格化：指学习者通过对价值观体系的组织，逐渐形成个人的品性，如世界观的形成。

（三）动作技能领域的目标分类

（1）知觉：是从事一种动作最实质性的步骤，它是通过感觉器官觉察客体、质量或关系的过程。知觉活动是动作活动的必要条件但不是充分条件。知觉是导致动作活动的"情境—解释—行动"连锁中基本的一环。知觉包括感觉刺激（听觉、视觉、触觉、味觉、嗅觉、动觉）、线索的选择和转化。

（2）定式：是为了某种特定的行动或经验而作出的预备性调整或准备状态，定式包括心理定式、生理定式、情绪定式。

（3）指导下的反应：是形成技能的最初一步，这里的重点放在较复杂的技能成分上。指导下的反应是个体在教师指导下，或根据自我评价表现出来的外显的行为行动。从事这一行动的先决条件是作出反应的准备状态，即产生外显的行为行动和选择适当反应的定势。所谓反应的选择，是指决定哪些反应能够满足任务操作的要求而必须作出的。

（4）机制：已成为习惯的反应。在这一层次上，学生对从事某种行动已有一定的信心和熟练的程度。这一行动是他对刺激和情境要求能够作出种种反应的行为库的一部分，并且是一种适当的反应。这种反应比前一层次的反应更复杂，它在完成任务过程中也可能包括某种模仿。

（5）复杂的外显反应：这里指个体（学生）因为有了所需要的动作形式，能够从事相当复杂的动作行动。在这一层次上，个体（学生）已经掌握了技能，并且能够进行得既稳定而又有效，即花费最少的时间和精力完成这一动作。

（6）适应：是一种生理上的反应，是为了使自己的动作活动适合新的问题情境，就必须改变动作的活动。

（7）创作根据在动作技能领域中形成的理解力、能力和技能，创造新的动作行动或操作材料的方式。

二、掌握学习教学理论

在布卢姆看来，只要恰当注意教学中的主要变量，有可能使绝大多数学生都达到掌握水平。

（一）定义

所谓"掌握学习"，就是在"所有学生都能学好"的思想指导下，以集体教学（班级授课制）为基础，辅之以经常、及时的反馈，为学生提供所需的个别化帮助以及所需的额外学习时间，从而使大多数学生达到课程目标所规定的掌握标准。

布卢姆认为只要给予足够的时间和适当的教学，几乎所有的学生对所有的内容都可以达到掌握的程度（通常能达到完成80%～90%的评价项目），学生学习能力的差异不能决定他能否学习要学的内容和学得好坏，只能决定他将要花多少时间才能达到该内容的掌握程度。换句话说，学习能力强的学习者可以在较短时间内达到对该内容的掌握水平，而学习能力差的学习者则要花较长的时间才能达到同样的掌握程度。

在学习程序中，他将学习任务分成许多小的教学目标，然后将教程分成一系列小的学习单元，后一个单元的学习材料直接建立在前一个单元的基础上。每个学习单元都包含一小组课程，学生通常需要 1～10 个小时的学习时间。然后教师编制一些简单的诊断性测验，这些测验提供了学生对单元的目标掌握情况的详细信息。当达到所要求掌握的水平，学生可以进行下一个单元的学习，若成绩低于所规定的掌握水平，就应当重新学习这个单元的部分或全部内容，然后再测验，直到掌握。

（二）核心思想

如果学生的能力倾向呈正态分布，而教学和学生用于学习的时间都适合于每一个学生的特征和需要，那么大多数学生都能掌握这门学科，即大多数学生都能顺利地通过该学科各单元规定的 80%～90% 的测验题目，达到优良成绩。一般在一个班级中，只有5%～10% 的学生不能达到优良成绩。能力倾向和学习成绩之间的相关接近于零。当教学处于最理想状态时，能力不过是学生学习所需要的时间。教学是一种有目的、有意识的活动，如果我们的教学富有成效的话，学生的学习成绩分布应该是与正态分布完全不同的偏态分布。

（三）变量

布卢姆掌握学习教学原理是建立在卡罗尔关于"学校学习模式"的基础上的。卡罗尔认为，学习程度是学生实际用于某一学习任务上的时间量与掌握该学习任务所需的时间量的函数，即学习程度 = 实际用于学习的时间量 / 需要的时间量。实际用于学习的时间量是由机会（即允许学习的时间）、毅力和能力倾向三个变量组成的。需要的时间量由教学质量、学生理解教学的能力和能力倾向三个变量组成。布卢姆接受了上述卡罗尔"学校学习模式"中的五种变量（其中两种能力倾向为一个变量），将其作为掌握学习教学的变量。

（1）允许学习的时间：是指教师对学生完成一定的学习任务所明确规定的时限。学生要达到掌握水平，关键在于时间量的安排要符合学生的实际状况。如果学生有足够的时间去学习，则绝大多数都能达到掌握水平。为此，他认为教师应做到以下两点。

①改变某些学生所需的学习时间。如，师生如何有效地利用时间，以减少大多数学生学习的所需时间。

②找到为每个学生提供所需时间的途径。当然布卢姆也承认，学生掌握某一学习任务所得的时间，是受其他变量影响的。

（2）毅力：指学生愿意花在学习上的时间。毅力与学生的兴趣、态度有关。如果学生的学习不断获得成功或奖励，那他就乐于在一定的学习任务中花更多的时间；反之，他受到挫折或惩罚，必然会减少用于一定的学习任务的时间。通过提高教学质量来减少学生掌握某一学习任务所需要的毅力，因为我们没有什么理由要把学习弄得很难，非要学生有坚韧不拔的毅力不可。

（3）教学质量：指教学各要素的呈现、解释和排列程序与学生实际状况相适合的程度。布卢姆认为教学的要素是：向学生提供线索或指导，学生参与学习活动的程度，给予强化以吸引学生学习，反馈—矫正系统。由于每个学生在完成某一学习任务时，其认知结构各有特点，使他们对教师提供的线索或指导等有不同的需求，故教师应寻找对学生最适合的教学质量。如果每个学生都有一个了解自己实际状况的辅导者，那么他们大多能掌握该学科。教学质量评价的主要依据是每个学生的学习效果，而不是某些学生的学习效果。

（4）理解教学的能力：指学生理解某一学习任务的性质和他在学习该任务中所应遵循的程序的能力。理解教学的能力主要决定于学生的言语能力。目前绝大多数学校采取班级授课制，一个教师面对几十个学生。如果其中某些学生不善于理解教师讲解和教科书内容，学习就会遇到困难。所以，只有改进教学，如通过小组交流、个别对待、有效地解释教科书、视听方法的运用与学习性游戏等系列教学才能使每一个学生提高言语水平，并发展其理解教学的能力。

（5）能力倾向：指学生掌握一定的学习材料所需要的时间量。因此，只要有足够的时间，大多数学生都能完成一定的学习任务。这就是说，能力倾向只是学习速度的预示，而不是学生可能达到学习水平的预示。有证据表明，通过提供适当的环境条件和在学校、家庭中的学习经验，改变能力倾向是可能的。

布卢姆认为，上述掌握学习教学的五种变量对教学效果产生相互作用的影响。教师的任务是控制好这些变量及其关系，使它们共同对教学发挥积极的影响。

（四）实施过程

可以分为两个阶段。

（1）教学准备阶段：掌握学习的先决条件。

①教师首先给掌握学习下定义，即明确阐述掌握学习意味着什么，需要掌握什么学习内容。

②教师把课程分解为一系列学习单元，并制定具体教学目标。每个单元大体包含两周的学习内容。

③在新课程开始之前，教师对学生进行诊断性评价，了解学生具备了多少有关学习新课的知识以及学生的学习动机、态度、自信心等情况，以便在新的学习中为学生安排适当

的学习任务，实行因材施教的教学手段。

④教师根据每一单元的教学目标编制该单元简短的"形成性测验"试题，一般为20分钟左右，目的是评价学生对该单元内容的掌握情况。

⑤教师根据形成性测验试题再确定一些可供选择的学习材料（如辅导材料、练习手册、学术游戏等）和矫正手段（如小组学习、个别辅导、重新讲授等），供学生在学习遇到困难时选择。

⑥教师编制"终结性测验"试题，测验试题的覆盖面应包括各教学单元的全部教学目标，目的是评价学生是否完成了该学科的学习任务。

（2）教学的实施阶段：掌握学习的操作程序。基本过程如下：

学生定向→常规授课→揭示差错→矫正差错→再次测评→总结性评价

①学生定向。学生定向阶段主要是教师告知学生学习的目标。

教学开始时，需要为学生的掌握情况定向，教师应向学生说明掌握学习的策略、方法与特点，使学生了解学习的方向并树立能够学好的信心以及形成掌握而学的动机。这是为了使学生适应所要采用的操作程序。

教师应向学生表明其信心，大多数学生便能够高水平地学会课程的每一单元或教科书的每一章内容；如果学生在学习每一单元时尽到力量去达到掌握水平，那么他们就会在为分等而进行的测试与考核中做得十分出色。学生应当懂得分等是根据既定的标准，而不是依据在班里的次序。这就是说，只要他们的表现可以证明得分正当，所有人都可能得到最高的等级。

每个学生的学习等级以期末成绩为依据，达到标准都将获得优良。

教师应当讲演，需要另外时间与帮助的学生可以得到所需的一切，得到一些供选择的学习程序或矫正方法以帮助他们掌握所学知识，掌握在每次形成性测试时遇到困难的那些概念。教师还应强调，做出额外努力的学生将会发现，他们逐渐地只需要付出越来越少的额外努力，便可达到掌握新的单元或章节。教师应该告诉学生，他们在学习过程中一定会激发更大的兴趣，发现更多的乐趣，而且这些程序将最终帮助他们学习其他学科，达到比往常更高的水平。

教师还应说明，在掌握学习中，群体教学与学习材料同该课程的常规班或控制班所采用的完全一样。所不同的是，在每个学习单元结束时，进行一次形成性测试（形成性测试A），为师生提供反馈。以便及时发现学习中的问题，并采取矫正性措施使问题得到解决。然后，在两三天内，对学生进行第二次平行形式的形成性测试（形成性测试B），学生只需回答第一次测试时未做对的问题。

②常规授课。定向阶段以后，教师用群体教学方法讲授第一学习单元，给予学生相同的学习时间。

③揭示差错。这个学习单元完成之后，教师要对全班学生进行单元形成性测验。然后对这一测验打分（通常由学生自己评分），以便确认哪些题目做对了，哪些做错了。教师读出解答方案或正确的回答，学生自己给测验订分。宣布表示掌握的分数（通常是试题数量的 80%～85%）后，通过举手或其他手段了解达到掌握水平和未达到掌握水平的学生人数。

④矫正差错。对于通过的学生，可自由参加提高性学习活动或做未达到掌握水平学生的个别辅导者；未通过的学生则被要求使用适当的矫正手段来完成他们的单元学习。

⑤再次测评。在补救教学结束之后，让未掌握单元学习任务的学生参加第二种平行形式的形成性测验。第一单元的教学通过上述程序，绝大多数学生达到该单元的教学目标后，便可转入第二单元的教学。对于尚未通过的学生，教师还要再尽力帮助他们。

掌握学习的实质是，群体教学辅之以每个学生所需的频繁反馈与个别化的矫正性帮助。提供个别化的矫正性帮助能使每个学生学会他未领会的重点。这种帮助可以由一名助手、其他学生、家庭提供，或者要学生参考教材中的适当之处。做好这一工作，大多数学生便能够完成每一项学习任务，达到掌握的目标。

⑥总结性评价。教师最后实施课程的终结性考试，给考试分数达到或高于预先规定掌握成绩标准的所有学生 A 等或相应的等级。

三、掌握学习教学理论的指导作用

掌握学习教学理论对设计混合式教学模式的指导作用主要表现在以下几方面。

首先，混合式教学模式将部分教学任务转移到课下进行，这意味着有更多自由、充分的时间供学习者自由支配，学习者可以根据自身的实际情况选择合适的学习进度以及教学方法自定步调学习。通过完成教学任务、观看教师录制的视频以及资料自主学习，并完成在线测试，判断对于基本知识的掌握情况，对于未掌握的知识进入二次学习，掌握后方可进入下一个阶段的学习。

其次，教师应该为学生设定明确的教学目标，在本次课程中学生应该达到什么样的程度、具体应用的学习方式、需要达成的指标等，使学习者有明确的学习方向，同时激发学习动力。

最后，在保证基础知识掌握的前提下，对于材料引申、拓展学习部分教师可以划分不同的难度水平以供学习者选择，这样既解决了有些学生吃不饱的现象，也可以避免一些学生因吃太多太快而"消化不良"问题，打破了教学过程中存在的进度一致、步调一致的桎梏，使学生的个体差异性得到尊重。

第六节　教学交互理论

在信息交互与社会交往大背景下，教学交互成为教学活动中必不可少的一个环节。任何形式的教学活动都离不开一定程度的交互，交互是教学活动发生的必要载体，而教学交互区别于传统的人际交互，旨在推动教师与学习者交流与理解，在引入某种技术的基础上，促进教学活动的高效完成。有学者将交互分成两个状态，其一，适应性交互，即指学习者行为与教师建构的环境之间的交互，如学生对教学平台的操作过程；其二，对话性交互，指学生与教师之间的交互，这一层面主要是学习者与教学要素、资源信息之间的交互。

一、交互影响距离理论

交互影响距离理论的提出者是穆尔（Moore），他指出交互影响距离不是物理距离，而是由物理距离、社会因素等导致的师生在心理上产生的距离。"结构"与"对话"是交互影响距离的两个要素，其中结构与交互距离是正比的关系，而对话与交互影响距离是反比的关系。也就是说，结构化程度高的课程，师生间的对话较少，交互影响距离最大；相反结构程度低（结构灵活），对话会增多，时间的交互影响距离随之减少。从学习者的角度看，交互影响距离越大，学习者的自主性要求越高。简单地说，交互影响距离是人与人之间的心理距离感。在混合式教学中，培养学生的自主学习能力是其中一个目标，而这个自主性又与交互影响距离有联系，因此面对面教学交互设计、非面对面的交互设计等都要基于交互影响距离理论来进行，尽量让学生与教师之间及学生与学生之间有一个比较合适的交互影响距离。

二、等效交互理论

等效交互理论是安德森（Anderson）从节约时间和经济成本的角度提出来的，其基本思想是各种类型的交互转换可以相互转换和替代。本理论指出教师与学生、学生与学生、学生与学习内容这三种交互类型，如果有一种类型是高频率交互，那么其余两种交互频率就会少，甚至没有，但是有意义的正式学习仍然得到支持，且不会降低教学体验；如果三种教学交互中有两种或两种以上的交互类型是高频率交互时，有可能产生更满意的教学体验，但需要花费更多的时间成本和经济成本。在混合式教学实践中，不能一味地追求教学交互频率或交互水平达到最高，而忽略其他成本的投入，因为实际教学中教学时间是有限的，需要综合考虑教师和学生的时间比例及经济成本。

三、教学交互层次塔理论

教学交互层次塔理论是陈丽教授站在建构主义学习理论的视角出发提出的，是用来揭示和解释远程教学中教学交互的特征与规律。教学交互从低级到高级课分为三层交互，即操作交互、信息交互、概念交互。其中，概念交互是最高级、最抽象的交互，而操作交互是最低级、最具体的交互，高级交互是以低级交互为基础的。教学中交互的目的是让学生获取和建构自己的知识体系，形成自己的概念，即达到高级层次的概念交互，而高级交互层次不是一蹴而就的，它需要进行低级的操作交互和信息交互。

在混合式教学中，以教学交互层次塔理论为指导，在教学交互式设计和实施过程中尽可能多地给学生提供足够的低级交互机会，为其上升为最高的概念交互打好基础，引导学生向较高层次进行交互。

四、教学交互理论的指导作用

教学交互理论对建构混合式教学模式的指导作用主要表现在以下几方面。

交互是混合式教学活动中至关重要的步骤，在混合式教学的设计过程中应时刻以交互为核心。

第一，教师与学习者交互应遵循便利性、高效性原则，能够在线上、线下的教学中都能够达到即时的交互。

第二，师生与平台易于交互，具体针对教师课程资源上传、页面美观性、学生观看的舒适度，即平台人性化的功能设置。

第四章

高校思政课混合式教学的技术支撑

"互联网＋"为高校思政教育提供了丰富的资源，也为高校网络思政教育的发展带来了极大的便利。高校网络思想教育是高校思政课混合式教学的前提，信息技术是开展混合式教学的基础，没有信息技术的支持和高校网络思想教育的开展，思政课混合式教学就无从谈起。本章的主要内容就是通过对"人机互动"、大数据、易班平台等多个方面对高校网络思想教育进行深入探究。

第一节　高校网络思政教育中的"人机互动"

新时代，计算机信息技术在高校网络思政教育中的普遍应用，打破了传统思政教育的局限，同时也给高校网络思政教育带来了新的挑战。在新形势、新背景下，教育者和受教育者两大主体形成了"教育者—机—受教育者"或者"受教育者—机—教育者"的双向互动模式，而"人机互动"将有效促进思政教育的发展与进步。因此，应该提出相应的措施来构建和谐的"人机关系"，促进高校网络思政教育的发展。

一、网络"人机互动"的概况

"人机互动"作为一个整体性的概念，目前主要运用于人机工程学、机器人学、现代生物工程学和计算机科学等领域，表达的是人与机相互作用的理论、方式和技术。计算机技术逐渐进步与发展，关于"人机互动"的研究也备受人们关注。"人机互动"不仅仅在专业领域被人们知晓，在人们的日常生活中，也因计算机、互联网、自媒体的普遍使用和社会形势的变革而家喻户晓，如2008年微软公司创始人比尔·盖茨预测未来5年人机互动方式将发生重大变革，现有的鼠标和键盘将被更为直观和自然的技术所取代，在当时这一权威预测使人们对"人机互动"的前景更为乐观，为此在相关领域也投入了更多的研究。事实也证明，经过多年的技术更迭，现如今的"人机互动"确实更为直观和自然。显然，"人机互动"是作为一个技术命题而普遍存在于人们生活中的，但事实上，"人机互动"不仅是一个技术命题，更是一个哲学命题，而且是一个对人的生存和发展具有重要意义的基础性哲学命题，它是人类生存和发展的基础，是人类社会建构的前提，也应成为人类思辨的触角触及的领地。

二、高校网络思政教育中"人机互动"面临的挑战

（一）"资讯无屏障"，增加选择困难度

在高速发展的信息时代，网络紧密介入人们的生活，它将大量的信息汇聚在一起，取之不尽，用之不竭。但是各种信息的汇集，增加了大学生选择的困难性：一是网络信息的海量性。随时代的发展，人们的欲望和需求逐渐增加，网络系统为了满足人们的多种需求，将人们可能会寻找的相关信息尽可能地全部罗列出来，这样使系统本身不能对大学生所需的信息进行更加合适的筛选。二是网络世界的开放性。网络是人们进行交流和沟通的重要平台，人们可以随意发表言论、交流看法，而网络中不可避免地存在一些粗俗、低级的信息，导致大学生在使用网络时不能尽快筛选出合适、精确的信息。而且大多数大学生对信息的真假无法准确分辨，致使有些时候选择的信息有一部分甚至大部分都是"假"的，这将给大学生接下来的学习和工作带来很大的影响。

（二）"空间无屏障"，加大传播诱导性

新时代，网络信息的传播渠道十分广泛，不同地区、不同意识形态、不同年龄、不同职业、不同阅历的人可以同时在线匿名交流，使网上的交往环境变得相当复杂，对高校网络思政教育的影响也很大。一是网络传播开放共享。网络信息丰富多彩，其中也存在许多低俗、落后甚至反动的信息。大学生的价值观还不成熟，不健康的信息会对大学生的身心发展产生极大影响。二是网络谣言力量强大。网络世界千变万化，功能强大，一些别有用心的人通过捏造"假"图片、"假"视频等来传播谣言，以此来发泄自身的负面情绪或达到娱乐众人的目的，然而这些网络谣言极易引起社会混乱。网络传播的信息量过于庞大，大学生辨别能力不足，致使很多大学生难以摆脱网络谣言的影响，受其蒙蔽，有的甚至走向极端，这对高校网络思政教育来说是一种挑战。

（三）"区域无屏障"，加强西方渗透性

思政教育是指社会或社会群体用一定的思想观念、政治观念、道德规范对其成员施加

有目的、有计划、有组织的影响，使他们形成符合一定社会、一定阶级所需要的思想品德的社会实践活动。随着网络在全球范围内的互联互通，网络成为西方国家进行意识形态渗透的主要方式。一是利用"微产品"进行信息渗透。近年来，西方国家利用自媒体传播信息，打开了"西化""分化"主流意识形态的突破口。同时，利用网络宣传非马克思主义与反马克思主义思想，企图有计划、有目的地瓦解社会主义意识形态。二是利用"微产品"进行文化渗透。例如，美国电影、电视等广泛传播，尤其是好莱坞影片颇有影响，传播着西方国家的文化及人权、民主等价值观念。大学生在使用网络时，其意识形态会间接地受到影响，不利于社会主义核心价值观的传播和思政教育实效性的发挥。

三、高校网络思政教育中"人机互动"的价值建构

（一）塑造大学生正确的价值观念，构建"标准"人机关系

当前大学生的价值观主要存在缺乏远大理想，轻视道德培养，索取意识增强，渴望名利等问题，因此要通过"人机互动"加强对大学生价值观的塑造。首先，要树立崇高理想。

高校网络思政教育应充分利用人机关联，给大学生传播正能量且"精准滴灌"，使其逐渐树立崇高理想。其次，注重理论知识的学习。网络资源可以引导大学生进行自我教育，处理好国家、集体和个人的关系。要指导大学生合理使用网络资源。教师可以通过网络授课、知识点补充等，让大学生在上网的过程中自发接受教育，不断扎实理论功底。最后，要塑造健全的人格。健全的人格是实现人生价值，培养正确的价值观念的前提。要正确引导大学生利用网络资源，将思想道德修养与大学生身心发展相结合，使其积极适应新的环境，培养健康的心理素质，发挥主体性，并将其体现在生活的点点滴滴中，努力塑造健全的人格。

（二）培育大学生高尚的道德观念，构建"文明"人机关系

面对多元社会思潮和文化的影响，大学生的德育观念发生了很大变化。大学生的德育教育对其人生价值观的形成是必要的，因此加强大学生的德育教育很是关键。首先，要将大学生的德育教育和社会教育相结合。营造良好的社会环境对大学生进行德育教育，及时制止不健康的社会舆论的传播蔓延，引导学生形成良好的德育规范。其次，优化学校的德育教育环境。大学生德育教育是一个长期的过程，要建立网络德育教育平台，加强教师的德育教育，实施定期网络培训，使其学习新方法、新模式，对大学生进行良好的德育教育。最后，正确引导大学生的道德情感发展。大学生道德观念的培养在某种程度上受到其内心道德情感的驱使。因此，要对大学生道德情感进行正确引导，培育正确的道德观念，

使其能够将内心的复杂情感进行合理的宣泄。

（三）增强网络传播的法治观，构建"绿色"人机关系

网络空间的法治建设对网络的发展十分重要，要加强对社交网络和即时通信工具等的引导和管理，规范网上信息传播秩序，培育文明理性的网络环境。增强网络的法治建设，首先，要严格贯彻网络法制条例。完善网络法治建设，健全网络法规体系，引导大学生远离网络违法犯罪行为，并对网络违法犯罪行为严惩不贷，真正做到有法可依、有法必依、执法必严、违法必究。其次，要抓好重点环节的管理。有些商家在网络中任意发布信息，甚至涉及政治敏感、个人隐私等问题。要坚持利用和管理两手抓，加大对日常监督和校园网站工作人员的技术培训，坚决抵制粗俗、低端网络信息的传播。最后，要构建网络文化管理新格局。要依靠政府机构、高校管理、大学生的共同努力来加强校园互联网的管理。要采取分级管理，发挥好政府机构、高校管理、大学生的集体作用，督促互联网健康运行，营造和谐的校园网络环境。

第二节　高校网络思政教育中的大数据

高校网络思政教育要提升自身的科学性与实效性，就必须顺大数据之势而变，充分认识与挖掘大数据的潜在价值，在寻求二者战略契合的基础上，通过树立大数据思维，提高主体信息素养，构建多元主体协同共育格局，建立大数据危机应对措施等方式助力高校网络思政教育的优化，增强高校网络思政教育的前瞻性、全局性、针对性。

高校网络思政教育应把握国家实施大数据战略的机遇，主动提升自身的现代化水平，科学利用大数据，实现大数据对高校网络思政教育的助推作用，获得自身的优化与新发展。

一、大数据助力高校网络思政教育的内涵

（一）大数据的概念界定

大数据之"大"并非仅指数量上的庞大，这个"大"是一个动态而复杂的概念。麦肯锡咨询公司对大数据的定义是：大数据是指大小超出了传统数据库软件工具的抓取、储

存、管理和分析能力的数据群。维克·托迈尔—舍恩伯格认为："大数据是人们获得新的认知，创造新的价值的源泉；大数据还是改变市场、组织机构以及政府与公民关系的方法。"

大数据的特征可以用"4V"来概括。"4V"是指大数据容量（Volume）、多数据类型（Variety）、高数据处理速度（Velocity）、低密度数据使用价值（Value）。同时，IBM认为大数据还具备精准性（Veracity）特性，从而构成了"5V"特性。大数据的低密度价值特点强调了大数据价值分布散乱，要求人们在使用大数据过程中应具备敏锐的洞察力、明智的决策力及非凡的优化能力，对数据进行有效的辨识、加工与处理，从而增强数据有效性与价值性。

（二）大数据助力高校网络思政教育的内涵解读

高校网络思政教育是指"以思政理论知识与传播学为理论基础，在网络等新兴媒体平台上所开展的思政教育"，是利用控制、传播等网络信息手段，在充分了解当前计算机网络和新兴媒体知识的前提下，正确引导和帮助大学生获取各种相关信息，并保证客观性和全面性，使大学生可以自由地选择那些正确的信息来吸收，进一步强化思政教育的目的和手段。高校网络思政教育将教育阵地拓展到了网络，创新与丰富了教育形式，是高校思政教育的网络化表征。所谓大数据助力高校网络思政教育，就是指将大数据的理念与技术应用于高校网络思政教育的全过程，将大数据的技术性优势转化为高校网络思政教育的功能性优势，形成数据化新特征，推动我国高校网络思政教育各个环节的全面优化与升级。

二、大数据与高校网络思政教育的战略契合

要对大数据与高校网络思政教育进行科学理性的分析，找到二者的战略契合点，让数据变得更有价值、更专业，从而助力高校网络思政教育的优化。

（一）大数据的多类型与高校网络思政教育多主体需要相契合

多类型是指大数据来源多、种类多、构成复杂，这就需要教育主体在多元、多变的数据间发现其内在联系。

凡是主动履行网络思政教育职能，自觉实施和开展网络思政教育的，就是网络思政教育主体。强调高校网络思政教育主体的多元化，既包括传统主体的通力合作，也包括大学生骨干、社会力量的协同参与。"网络社群"作为学生网络聚集的主要形式，以"共同、共鸣、共通"为价值导向，强调思想的共鸣与精神的认同，能强化大学生群体与社会力量在高校网络思政教育中的作用。

大数据的多类型特点与高校网络思政教育主体多元化需求是高度契合的。大数据的主要处理类型是非结构化数据，其社群化、体验化的突出特性，不仅能提供多类型的数据源还能随时随地了解大学生网络个体及大学生网络社群的发展动态，进行相关性分析预测发展趋势，迎合高校网络思政教育主体多元化的实践需要，实现各多元主体之间资源的共享与信息的互通，促成高校主导、学生骨干参与、社会网民补充的多元主体协同共育新局面。

（二）大数据的高速度与高校网络思政教育时效性需要相契合

大数据的高速度一方面是指快速收集高速增长的数据，保证了数据的实时性；另一方面是指及时、快速处理手机数据，保证了数据的价值性。大数据与新媒体的动态融合，能及时、快速的感知与抓取大学生相关数据信息，为高校网络思政教育时效性提供强大技术支持。

高校网络思政教育需要多元主体利用大数据的高速度特性来快速获取学生相关信息，尤其面对网络舆情等突发事件，更需要获得及时、准确的信息进行有效决策与快速行动，从而避免事态扩大，防止大学生思想认识领域出现混乱与偏差。而智能手机的普及与互联网技术的发展，对高校网络思政教育的时效性提出了更高要求。高校网络思政教育主体通过及时获取大学生相关数据，处理数据，发布或传播信息体现了思政教育的主体性，调动了多元主体的积极参与性，为其参与高校网络思政教育提供了便利。

（三）大数据的大规模与高校网络思政教育整体性需要相契合

网络空间虚拟化、去中心化，加剧了高校网络思政教育的复杂性，决定了必须用整体性思维去系统开展高校网络思政教育。网络思政教育应涉及大学生的各方面，贯穿于大学生活的始终，为社会主义建设事业培养政治坚定、思想过硬的合格建设者与可靠接班人，这是关系到国家发展与未来的长期性、整体性教育工作。在网络空间中西方普世价值观、新自由主义等错误思潮泛滥，同时在网络空间还充斥着大量的赌博诈骗、淫秽暴力、种族歧视等信息，使得整个网络空间浑浊复杂，如果任由其肆意泛滥，将会极大污染与破坏网络生态环境，侵蚀大学生的思想，影响国家安全与稳定。

大数据的信息来源于大学生的全样本原始信息，对其进行分析，能够全面完整的反映大学生思想与行为，预测其发展趋势，有利于高校网络思政教育者客观地提出系统的教育要求。利用大数据技术对隐藏于网络信息中的各类社会思潮进行监控与分析，主动揭露错误社会思潮的真实面目与危害性，及时进行正确的思想引导，防止恶性传播，从而有效掌控思政教育的网络阵地。

（四）大数据的精准性与高校网络思政教育的精准性需要相契合

高校网络思政教育的精准性，强调数据收集与分析完整性的同时，更要求对研究对象进行分类与分层，细分实际情况与客观需求，提高教育的针对性。

将大学生网络行为轨迹进行原始数据呈现，从全面的第一手资料中了解他们的兴趣爱好、关注热点、思想动向，推导其行为模式，有利于增强高校网络思政教育的针对性与实效性。此外，大数据在数据的挖掘、储存、分析过程中强调主动性与精准性，从而帮助高校网络思政教育主体透过庞杂的数据现象，触摸事物的本质真相，研判事物发展趋势，从而精准预知大学生思想与行为的发展动向。

同时也应当看到，大数据价值分散、零乱，降低了有效数据的价值密度，加大了高校网络思政教育的复杂性。因而，对隐藏正能量的信息要进一步开发、利用，对隐藏负能量的信息要立即控制、处理，避免负面信息的扩散对大学生产生消极影响。

大数据在给高校思政教育带来前所未有的技术优势的同时，也带来了风险与挑战。大数据时代的来临加剧了高校网络思政教育话语权转移的危险、去中心化的危险、教育主体话语权威优势削弱的风险。因此，谁能守住网络阵地的主导权，把控网络信息的话语权，谁就掌握了高校网络思政教育的主动权，利用大数据技术助力高校网络思政教育势在必行。

三、大数据助力高校网络思政教育优化的路径选择

大数据所彰显的价值及蕴藏的机遇，需要高校网络思政教育主体主动适应，以实现大数据对其教育工作的助推作用。

（一）培养高校网络思政教育主体的数据思维

1．大数据时代要求教育主体具备关联性思维

需要教育主体打破思维束缚，由因果关系式思维转向关联性思维，关注与分析信息的相关性，运用整体性思维，扩展思维空间，注重探究信息本身的意义与价值，推动高校网络思政教育的变革与创新。

2．大数据时代要求教育主体具备整体性思维

大数据将改善小样本分析为基础的高校网络思政教育，构建整体样本研究分析模型。教育主体可以运用大数据技术对大学生的思想与行为进行全方位、全过程、多层次、多角度的观察与分析。

3．大数据时代要求教育主体具备差异性思维

大数据不仅可以为高校网络思政教育提供全样本的分析，还可以对特定研究对象在一定网络时空下思想与行为的差异性进行数据的收集与分析，从而制定个性化教育方案，实施精准化帮扶措施，提升高校思政教育发现问题的及时性、解决问题的精准性。

4．大数据时代要求教育主体具备动态性思维

根据高校网络思政教育主体及时掌握研究对象思想与行为变化情况的需要，可以利用大数据技术对研究对象特定要素的关键性节点进行动态追踪、及时分析、适时预警，提升高校网络思政教育智能化管理水平。

（二）提升高校网络思政教育主体的信息素养

高校网络思政教育主体应充分发挥主观能动性，主动学习大数据相关知识与技术，积极"拥抱"大数据，学习深挖大数据，以提高工作质量和效率。高校要对高校网络思政教育主体进行系统的网络技术培训，培养其获取信息、分析关联信息、预测信息和利用信息等能力，提升信息素养，培养既具备高校思政教育理论基础又具备大数据技术能力的复合型人才。

（三）打造高校网络思政教育协同共育的格局

1．推动多元主体的角色认同

高校网络思政教育主体可以分为四类：管理类主体负责组织与运作，实施类主体是网络教育活动的引领性实践者，接受类主体是网络教育活动的能动性对象，支持类主体是教育资源的主动共享者。各类主体需要在网络中找准自身定位，明确自身职责，认同彼此身份，发挥自身功能与价值，推动对彼此角色的认同。

2．调动多元主体的良性互动

高校网络思政教育多元主体在获得角色认同后，能迅速找准自身定位，开展有效的沟通交流，形成良性交流格局，这又将进一步促进主体对角色的认同，调动多元主体间的良性互动。

3．构建多元主体的协同机制

多元主体的协同机制包括：以党的统一领导为核心的领导机制，主体责任与分工明确的管理机制，意识形态融入高校网络思政教育整体运行系统的进入机制，优化各主体间的协同治理机制，实现信息资源共享与有效沟通的共享机制，优化主体结构与功能的保障机制，评估高校网络思政教育效果的评估机制，保障多元主体在网络空间健康、有序运行的

监督机制。构建以上八大机制可以实现多元主体间的综合协同，形成有机的、开放的高校网络思政教育共同体。

（四）建立高校网络思政教育的大数据危机应对措施

1. 建立高校网络思政教育的大数据预警机制

大数据技术能够实时监控大学生的思想与行为，对数据测量，对态势预测，帮助高校准确预判、及时行动。大数据技术为高校网络阵地安全预警机制的建立提供了技术上的支持。通过智慧校园、大学生意识形态安全大数据平台等渠道，对大学生个体及网络群体的各意识形态领域进行实时监控、实时分析、实时反馈，将潜在威胁与敏感信息进行及时处理，净化大学网络生态空间。

2. 完善高校网络思政教育的大数据意识形态危机应急机制

运用大数据技术建立大学生意识形态危机应急机制，提高高校意识形态治理成效。一是通过大数据对大学生整体样本的分析找出大学生意识形态领域的热点与敏感带，通过实时监控发现端倪，及时进行引导与化解，将危机控制在萌芽状态；二是对已经发生的大学生意识形态危机，要及时上报主管部门，要通过主动、平等的对话与沟通，及时发布信息，平息谣言，防止事态扩大。

同时，在国家层面应该加强顶层设计，完善信息安全法律法规，建立信息安全"防火墙"，为高校网络思政教育建立大数据保障体系，稳固社会主义核心价值观的引领地位。

总之，将大数据技术应用于高校网络思政教育全过程，将推动高校网络思政教育的现代化，提升高校网络思政教育的前瞻性、全局性、针对性。当然，也不可避免地会带来风险。一方面，要提升高校网络思政教育主体挖掘大数据价值的能力；另一方面，也要提高高校网络思政教育主体的信息素养，辨识信息真伪，规避信息风险。

第三节　高校网络思政教育中的易班平台

近年来，在国家经济持续发展的环境和背景下，信息技术的发展速度非常惊人。在我国教育教学领域中，网络技术的运用更是非常普遍。网络现已成为人们日常生活不可或缺的重要组成部分，很多大学生沉溺于网络，网络的各种思潮对大学生的思想产生了很大的影响。易班是进行学生思政教育工作的重要平台，高校教师只有着力建设好易班平台，并将易班平台的作用和价值挖掘出来，才能帮助高校更好地实施思政教育，提升思政教育的效果和质量。

一、易班平台的概念及内涵

易班平台具体来讲就是基于新媒体网络技术，具有教育教学、文化传播、娱乐休闲、信息发布等多种功能和作用的互动性网络平台。在高校建立的易班平台工作服务站，旨在使高校校园文化活动变得更加丰富多彩。

易班平台最为主要的功能就是班级功能，它能让每个进入易班的学生找到自己相对应的班级，并能辅助辅导员管理整个班级。班级功能可以分为话题、相册、网盘等模块。话题模块功能很强大，每个加入班级的学生和辅导员（管理员）都可以在话题模块发布事务通知、班级决策、意见征求、帮助寻求、活动组织、投票选举、班委评选等消息。相册是永久无限的，每个加入班级的学生都能在相册中上传图片与大家分享。网盘也是永久无限的，每个加入班级的学生都可以在网盘中分享学习资料，还可以提交作业。

易班还有个能体现网友活跃度的榜单——社区榜单。社区榜单每天会自动更新相关数据，能够让网友及时了解网站其他用户的相关信息。

易班是一个先进的思想教育平台，也是有效解决日常事务的工具和开展各种活动的有效方法和途径。其具有范围广、影响大、效果好、功能多、速度快、使用方便、多互动、多途径等特征及优点。在高校思政教育过程中，建设易班平台能够有效解决思政教育资源匮乏，实时性、互动性不高的问题。

通过易班平台高校网络思政教育得到了更好地开展和进行，学生通过易班平台能够学习和了解国家政策、时事政治、社会热点问题等。在易班平台上，学生只需花费很少的时间就能获得丰富的、有用的、正确的信息资料，对学生树立正确的三观有很大的帮助，能够切实提升高校思政教育的有效性。

二、基于易班平台建设的网络思政教育新模式实现路径

如今，互联网已经渗透到人们日常的学习、生活和工作当中，并已经成为人们生活和学习不可或缺的重要内容。在高校网络思政教育新模式下，不断建设和完善易班平台，能够有效地推动高校网络思政教育得到更好的开展，并能够促进网络思政教育教学效果和质量得到更好的提升。

（一）将网络思政教育与学生的生活实际相结合

为了更好地提升网络思政教育效果，高校可以通过易班平台建设，将网络思政教育内容融入学生的生活。当前，网络已成为当代大学生生活的主要旋律和内容，学生可以在易班平台上进行话题讨论、信息分享等。同时，高校思政教师也可以借助这一优势，结合学生的心理需要和特点创新多种教育方式，以大学生关心的时事政治和社会热点问题为切入点，采取不同的网络思政教育方法。此外，教师可以与学生在易班平台上进行互动和交流，在话题探讨方面给予学生积极的思想引导，这样可以更好地提升思政教育的效果。高校辅导员也可以通过易班平台与学生进行一对一的线上交流，与学生及时沟通，全面掌握学生的思想动态，帮助学生解决学习和生活上遇到的困难，及时纠正和调整学生的错误思想和观念，促进高校网络思政教育效果和质量的有效提升。

（二）丰富网络思政教育内容

易班平台有着大量、丰富的网络信息资源，高校进行网络思政教育时可以充分运用易班平台的信息资源，不断丰富网络思政教育内容，还可以根据学生的兴趣激发学生学习的积极性，促进学生更加积极、主动地去学习网络思政教育内容，提升网络思政教育效率。与此同时，运用易班平台的资源和信息能够有效弥补高校传统思政教育中的不足，可以以学生为中心进行有针对性的网络思政教育，通过师生之间的互动和交流，帮助高校思政教师和辅导员了解学生的心理动态，进而更好地实施网络思政教育，提高网络思政教育的质量和效果。

（三）运用易班平台加强师生的互动和交流

学生在易班平台可以随时随地了解和掌握多种教育信息，教师也可以参与学生的讨论，以时事政治、热点问题为切入点，让学生表达自己的思想和观点，积极、主动与其他同学进行讨论，这样教师就能够更加全面地了解学生的思想倾向，在交流互动中及时对学生进行正确的思想引导，使学生树立正确的三观，保持正确的思政立场，有效提高大学生的思政素养。

（四）与时俱进转变思政教育理念

高校思政教师要与时俱进地转变思想理念，更好地践行网络思政教育新模式，学习先进的思政教育手段，通过自主学习和培训等途径，切实提升自身专业能力及综合素养，还可以充分结合学生的现状和个性特征进行教学理念和方法的革新，使自己能够更好地驾驭网络思政教育工作，并在易班平台上更好地运用教育资源，将积极的、正确的教育思想传递给学生，使学生能够更加坚定自己的政治立场，树立正确的三观，提升高校网络思政教育的效果和质量。

随着社会经济的快速发展，网络现在已经成为人们日常生活中不可或缺的重要组成部分，但由于大学生尚未步入社会，缺乏生活阅历，思想和心智尚不成熟，极易受网络不良信息和思潮的影响，不利于其正确三观的树立和养成。因此，高校思政教师要不断进行教学理念和教学模式创新，不断建设和完善易班平台，为学生提供一个更加安全、纯净的网络学习环境，使学生在易班平台中能够更好地了解时事政治、热点问题，以及经济发展形势，并能够让学生在网络思政教育过程中更好地形成积极、乐观的人生态度，更加坚定自己的政治立场不动摇，始终维护国家的利益不动摇。同时，高校思政教师还应该提升高校网络思政教育质量，为社会经济发展提供更多高素质、高品质的人才。

第四节　高校网络思政教育中的生活化

高校网络思政教育生活化的目标是促进他塑向自塑的转化，其内容要取材于大学生现实生活和网络生活体验，激发大学生思想情感和价值观念上的共鸣与移情。要深化落实网络生活教育与现实道德教育的合作互补，优化高校校园网络文化，使校园文化与网络文化建设相结合。

一、高校网络思政教育吁求回归生活世界

在当今思想文化多元化、信息传播多样化的时代背景下，网络已成为大学生交流沟通、获取信息的重要渠道。如何利用网络资源有效开展思政教育，是值得每个教育工作者深思的问题。然而，当前高校网络思政教育却与现实生活世界相疏离，使教育内容抽离了生活底蕴，教育要求远离了生活目标，教育过程失落了生活主体。因此，促进高校网络思政教育回归生活世界，对于提高大学生网络思政教育的针对性和实效性至关重要。

（一）网络思政教育内容抽象化：抽离生活底蕴

亨利·列斐伏尔将"日常生活描述为一种由重复性组成的、数量化的物质生活过程"，是生计、衣服、家具、家人、邻居和环境等，是被那些独特的、高级的、专业化的结构性活动挑选出来的"鸡零狗碎"，可以称之为物质文化。而那些出于专业化和技术化考虑的

各种高级活动所留下的真空部分需要日常生活来做填补，日常生活在此成为一切活动的纽带、寓所和根基。阿格妮丝·赫勒认为，日常生活是"'自在的'类本质的对象化的最典型的领域"，非日常生活是"'自为的'的类本质对象化领域"，在他看来，日常生活就是"一个由对象、语言、习惯等维系的重复性思维和重复性实践占主导地位的自在的对象化领域"。现实的物质生活是大学生主体进行一切日常活动和非日常活动的前提。马克思认为，人们在现实生活中才能创造历史，而生活必须满足衣食住行等日常生活的基本需要，正是在这些基本的物质资料的生成中诞生了政治制度、经济制度。然而，当前的高校网络思政教育过分追求教育内容的理论化和体系化，注重在"学理层面"诠释教育内容，对如何认知、提升和促进"应然层面"的网络思政教育仅从"理论层面"进行分析论证，对大学生精神生活和认知图式缺乏沟通、了解和现实观照，片面强调"应是"的单向理论灌输，缺乏"实是"的思想引导，导致大学生网络行为主体只能被动地接受既定的、抽象的教育理论，而不能主动思考和自发创造。这无疑影响和制约了网络思政教育的效果。

（二）网络思政教育要求虚幻化：远离生活目标

现代心理学研究表明，大学生行为主体的思想品德是在人与周围环境，即与他人的交往和生活实践中建构的，卓有成效的网络思政教育必须植根于人们的现实生活世界。然而，当前的高校网络思政教育模式在教育要求上过度强调思想的整体统一与集体意识，刻意强调单向的灌输教育，片面强调目标的统一性、"高、大、全"和意识形态建设需要，遮蔽了对大学生的人文关怀和主体观照，忽视大学生主体的多样性、层次性和差异性，与其内在的精神生活世界无法相融。在开放多元、良莠难辨的网络世界，大学生容易受到各种片面、极端观点的影响和诱惑，片面追求整齐划一的教育要求，不仅难以获取应有的教育效果，反而更易激发大学生的反感和抵触情绪。高校网络思政教育如果不注意区分层次，一味追求遗忘人的主体性和有限性的圣人教育模式，只会导致教育目标脱离现实生活，难以落实和操作。

二、高校网络思政教育生活化的路径

高校网络思政教育生活化就是促使大学生网络行为主体实现从他塑向自塑的有效转化。这就需要在高校网络思政教育过程中，从性质上彰显生活性特质，使合规律性和合价值性的网络道德行为规范转化成为大学生自身的内在意志约束，实现他律向自律的转变。以生活性作为网络思政教育的根本特质，能够更加贴切、更为生动地表述网络思政教育的性质，因为生活本身就是情感的、丰富的、主体的和实践的。但这并不意味将生活与网络思政教育完全等同，或者以生活来排斥或取代其他形式的网络思政教育。此种生活化的回归不再是自在一体的、未分化的初始状态，而是一种更加自觉理性的选择。网络思政教育的生活化也必然呼求高校思政教育的内容、方式、载体和师生关系等的变化，呼求高校大学生在生活体验中自我觉醒、自我反思、自我教育，其根本目的也是促使高校大学生实现由自为到自觉的转变。高校网络思政教育为实现此目的，就必须从大学生主体自身实际的生活经验出发，用经过生活锤炼的道德规范来教育高校大学生，从而增强其道德规范认可度，提高教育实际效果。

（一）从生活的视角审视高校网络思政教育

网络思政教育应该是人文的、生动具体的道德情感体验和实际行动，是与日常生活融为一体的，而非知性的、单调的、静态的、毫无生命力的机械存在；更进一步来讲，其实它就是生活本身。有学者认为日常生活包含了四方面的内容："第一，以重复性思维与重复性实践为主的自在的活动方式；第二，以传统、习惯、常识、经验等为基本要素的经验主义的活动图式；第三，以本能、血缘、天然情感为核心的自然主义的立根基础；第四，以家庭、道德、宗教为主要组织者和调解者的自发的调控系统。"也就是说，日常生活是情感的、具体的、自然的存在，与人的情感认知和实践交往息息相关。目前，高校网络思政教育严重脱离大学生的网络生活实践和道德情感体验，游离于现实的社会生活之上。而网络思政教育一旦剥夺和脱离了大学生自身的道德情感、实践体验和意志信念，就难以内化为大学生内心的道德理想信念，外化为网络道德行为，会导致"知情分离""知信分离"和"知行分离"，就会造成虚实两重甚至多重人格的产生。因此，只有来源于大学生的网络生活体验、网络生活案例和经验教训的高校网络思政教育，才能使教育目标渗透到大学生的生活世界并转化为他们的生活情感体验，与他们的日常生活实践相结合，形成健康的网络生活方式和网络道德行为习惯。只有"把先进性要求同广泛性的要求结合起来，把思想教育和行为规范的培养结合起来"，从追求"高、大、全"的、抽象的、理想主义的教育目标，回归到培养具有良好品质和健全人格的现实生活中来，才能使大学生的道德情感在现实的社会生活实践和虚拟的网络生活中得到提炼升华和创新发展。

（二）在网络思政教育内容中彰显现实生活

脱离作为教育内容创新源泉的现实社会生活，教育只能让人感觉枯燥乏味，不切实际，严重影响教育的实际效果。与大学生的思想、观念和精神相比照，物质生活世界具有一种先在性和根本性。正如马克思所说："物质生活的生产方式制约着整个社会生活、政治生活和精神生活的过程。不是人们的意识决定人们的存在，相反，是社会存在决定人们的意识。"相对于所谓"科学化"的网络思政教育，生活化的网络思政教育内容来源和取材于大学生的现实生活。因此，在确立网络思政教育内容时，既要尊重事物发展的客观必然性，又要想方设法使教育内容与大学生主体之间确立一种价值性关联，因为大学生"主体对某一教育内容的理解、认同和践履是与其自身作为'我是什么'和'某某之于我有什么意义'这个自我肯定和现实需要的前提性基础密切关联"。这绝不是为应对高校思政教育对象客体的言行不一、知行脱节等弊端而采取的权宜之计。相反，它是对网络思政教育进行形而上层面的审视后做出的一种主体性和本体性的观照。因此，只有从大学生自身已有的生活经验出发，将大学生现实生活与网络生活体验结合起来，才能和大学生已有的经验之间建立起密切联系，才能引发和激起大学生网络行为主体思想情感和价值观念上的共鸣与移情。

（三）推进线上教育与线下教育相结合

当前，我国网络思政教育的方式方法处于一种脱离现实社会生活的悬空化状态，高校教育者在实施网络思政教育活动时，仍片面强调思想控制和外部管理，照搬以往具有机械性、单向性和静态性特点的集体灌输教育方法，轻视、忽视甚至无视因材施教的差异性启发教育，呈现给社会的是一种强调教师耳提面命和大学生被动接受的"控制性说服"教育，从而导致大学生主体的自主性、创造性和超越性难以养成。因此，需要深化落实大学生网络思政教育与现实思政教育的密切合作，在教育实践中实现优势互补。一方面，高校思政教育工作者要掌握和运用大学生网络交往的匿名性和开放性特征，在网络平台上捕捉大学生反映出的思想观点、人际关系、心理困惑及其实际生活问题，并迅速高效地整合信息和发现问题，在线下利用座谈会和个别谈心等传统手段加以纠正和整治，切实做到现实生活中的心理引导、疏通和线上的信息搜集、自觉规约深度结合。另一方面，高校思政教育工作者应加强大学生日常生活与网络生活之间的平台构建工作，增强其日常生活平台与网络生活平台之间的良性互动。在日常生活中发现大学生思想观念、心理健康、道德素养等方面的问题后，充分发挥网络资源优势，开启网络在线教育工作模式，在网络平台上以"一对一"或"一对多"的方式集中予以解答、释疑和处理，建立健全多角度、多层次、全方位、全天候的危机应对模式和问题管控机制，真正做到线上线下的协调互动，以提升网络思政教育的针对性和实效性。

（四）强化高校校园网站建设

高校的网站既是网络思政教育的重要载体，也是教学、科研、管理等全方位信息传播的有效工具。应充分建设和依托具有趣味性、科学性、知识性的校园网站，将网络思政教育生活化理念渗透于高校和学生的校园网站创建过程中，形成具有网络信息时代特征、符合大学生思想实际和现实需要的优秀校园网站。通过这些网站形成在校园内传播科学的世界观、人生观、价值观，以及社会公德、职业道德、家庭美德等主流价值文化的综合网络平台。一方面，教育者应根据高校大学生主体的现实发展需要及其自身的兴趣特点，鼓励他们建立集思想性、知识性和趣味性于一体的，反映其独特风格的个人主页网站。如此，他们既能在网络上张扬自我、展示才华，又能增强和提高网络信息辨别能力和分析能力。再适时组织开展个人网页的评比活动，使他们的网页内容和制作技术水平得到充实和提高，促进其思想性和艺术性的完美统一。这也有助于其他学生通过网页访问，在比较鉴别和观摩学习中提升网络认知能力，坚定其理想信念。另一方面，高校应坚持"贴近实际、贴近生活、贴近学生"的原则，着力加强融思想性、知识性、生活性和服务性于一体的校园专题网站建设，使校园专题网站真正发展成为学生喜闻乐见的、能够从中获取大量符合自身兴趣爱好和发展需求信息的主渠道。同时，教育者可在校园专题网站上开展形式多样、丰富多彩的学术竞赛和艺术娱乐等活动，增强与学生群体在网上的互动交流，帮助学生切实解决其关心的理论热点问题和实际生活问题，寓教于服务之中。

（五）加强网络辐射载体建设

在加强校园网络载体建设过程中，应将网络思政教育生活化理念渗透于高校的微博、微信、便携式智能终端、BBS和QQ等即时通信软件等网络辐射载体中，建立完善校内官方论坛、微信圈等网络交往社区。"网络这块阵地，如果不用马克思主义思想去占领，就会被非马克思主义思想所占领"，要充分利用网络交往社区这一阵地大张旗鼓地宣传马克思主义，大力弘扬社会主义核心价值观，将我国改革开放以来所取得的政治文明、精神文明、物质文明成果以大学生喜闻乐见的方式展现出来，加强对大学生的形势与政策教育、民主与法治教育，抵制唯心主义和各种伪科学对大学生思想的侵蚀。但要避免将书本上的理论知识直接搬到校园网络媒体上进行机械的文字宣传教育，要重视和利用网络新技术表达方式的多样化，把网络思政教育内容变成丰富多彩的超文本结构内容，如通过文字、图像、声音等多种方式吸引大学生，以提高点击率，增强网络思政教育的感召力和渗透力。高校网络思政教育工作者要利用博客、BBS和QQ等网络辐射载体与学生群体进行思想交流和沟通互动，及时发布各类正面信息，丰富学生的网络生活。同时，还要强化校园舆论危机意识，高度重视校园网络舆情，密切关注大学生思想发展动态，结合大学生生活实际，积极组织线上、线下讨论，与学生积极沟通、平等对话。要善于综合利用各种网络载体对学生舆论进行指引疏导，对一些影响学生主体的消极信息进行分析处理，及时准确、有的放矢地做好学生网络思政教育工作，努力营造良性健康、和谐向上的校园舆论氛围。

（六）丰富校园网络文化活动

高校网络思政教育在本质上承载着意识形态的建构功能，它通过传播社会的主流价值观念和控制学生群体的思想意识来实现，同时，它也促使高校学生主体在进行文化娱乐消费过程中完成意识形态的整合和建构工作。因此，高校校园网络文化建设应当因势利导，趋利避害，充分整合校内网络资源，积极开展融思想性、娱乐性、知识性、服务性于一体的网络文化活动。一方面，教育工作者要将网络思政教育生活化理念渗透于校园网络文化活动中，鼓励开展各具特色的校园网络文化活动，营造和谐的生活化环境。例如，组织开展网络文化讨论会、文化调研等活动，将网络思政教育的思想精髓和理论内容融入其中，将传统的单向道德"灌输"教育转化为"润物细无声"的参与教育，在文化活动中将网络道德行为规范传授给大学生。另一方面，应鼓励学校各级团体或班级组建自己的社团组织，如"计算机协会""电脑创意协会"等，学生社团组织往往会拟定一些专门的行为准则和规范要求，来确保其目标的实现和群体活动的一致性。这也可在潜移默化中提升大学生群体的网络思想道德水平。同时，应积极将网络思政教育生活化的理念和内容，有机融入各类文化产品中，并将其转化为供大学生消费的文化商品，使其在日常生活的学习、消费和娱乐之时，自觉或不自觉地接受、认同和内化网络思政教育的生活化理念。

第五节　二次元视域下的高校网络思政教育

在经济、科技和文化发展的三重影响下，高校大学生逐渐成为二次元文化的主力军。二次元文化在自身价值取向、形式、反馈机制、满足学生自主性需求等方面具有吸引大学生的内在优势，这与高校网络思政教育追求的效果相契合。与此同时，要坚持思政教育的主导性，用发展的眼光看待二者之间的契合，线上教育与线下教育并举，在保证引领地位的前提下增强高校网络思政教育的时代感和吸引力。

一、二次元文化概念及现状

从目前在中国火爆的新兴文化产业来看，二次元文化已经普遍进入中国大众的视野，并且已然成为青少年的"第二人生"。二次元文化最早起源于日本，改革开放后传入中国，经历了从合法大众传播到非法盗版传播，从群体传播再到社交网络传播等几个阶段，并从一种小众文化发展成为在青年群体中影响力较大的青年亚文化。二次元，在日语中指的是二维的平面虚拟世界，以动画、漫画等二维图像进行传播。经过中国的本土化改造，尤其是随着我国经济的高速发展，科技实力的提高，电视、电影、电脑和手机等也成为传播二次元文化的终端。二次元文化传播内容主要包括 ACGN，即动画、漫画、游戏、轻小说等，并衍生出模型、声优、Cosplay、同人创作等周边产品。

如今，二次元文化已经成为青年大学生的"第二人生"，其多种多样的形式和独具一格的特点满足了青年学生群体的内心需要。新时代下要做好青少年网络思政教育工作，就要从青年学生的关注点入手，在二次元文化视域下思考高校网络思政教育的新特点。

二、二次元文化与高校网络思政教育的契合点

从中国目前的经济、文化产业、网络文化以及传播二次元文化各大平台的发展现状和趋势来看，二次元文化之所以能在以青年学生为主体的人群中得到广泛传播，原因在于其自身的内在优势和张力。探寻二次元文化贴近学生的有效形式、特点和元素，挖掘二次元文化与高校网络思政教育之间的契合点，可以成为高校网络思政教育打开新局面的突破口。

（一）二次元文化的"真善美"价值取向

二次元作为一种在二维平面中以动漫卡通为主要载体的文化样式，极具创造性。二次元文化利用技术去表达创造者内心的真实情感和审美取向，摆脱了三次元世界中的现实制约因素。首先，在二次元文化中，虽然借用了三次元现实生活中的总基调，但是它却通过自身独有的二次元"萌""呆""傲娇""唯美"等因素和情节，柔化了现实中的冰冷无情，带有极富想象力的乌托邦色彩，是二次元群体从梦想中的角度看待这个世界的结果。除此之外，二次元群体还将自身无法在现实生活中表达出来的情感和理想寄托在二次元文化所创造出来的角色中。这种二次元文化角色，大部分体现出来的是坚持、努力、积极向上的形象，突出体现了一种"真善美"的世界，一种关于未来美好憧憬的，成长与坚持、努力与梦想的世界，具有较强的励志色彩。这与思政教育所提倡的积极向上的取向并不相悖。从高校网络思政教育的对象来看，大学生处在青年阶段，阅历不够丰富，对人生和世界的看法没有完全成熟，价值观尚不稳定。二次元文化用独特的形式去表达和创造对"真善美"的向往，其实是青少年群体对思政教育所提倡的社会主义核心价值观的另一种解读。虽然这种解读方式带有一定的虚幻性，但二次元文化的内在审美取向与思政教育所倡导的社会主义核心价值观等积极内容并不是完全矛盾的，而是具有一定的耦合性，这是二者之间产生契合的基础。

（二）二次元文化的多彩表现形式

作为一种深受青年学生喜欢的文化样式，二次元有着鲜明、多彩的表现形式。其一，二次元是一种利用二维平面展示世界的文化，用户对其视觉效果的要求非常严格。尤其随着科学技术的不断发展，二次元文化突破了传统的纸媒和电视等媒体形式，利用先进的影像技术，将高度科技化的影像与漫画完美融合。文字、图片、视频以及人物场景视觉感被高度还原为三次元世界，具有很强的信息直观性和视觉冲击力。其二，在二次元文化的各种形式中，Cosplay 是对众多青年学生具有较大吸引力的一种形式。Cosplay 即 Costume Play（角色扮演）。刚开始时 Cosplay 只出现在游乐园的装扮卡通人偶中，现在的 Cosplay 一般是指利用服装、小视频、化妆、道具、摄影后期技术等来扮演二次元角色的一种形式。近年来，随着喜爱二次元文化人群数量的增多和文化作品中角色的生活化，各大高校以 Cosplay 为主题的学生社团、比赛和活动越来越多，引起了不少学生的兴趣。其三，以同人创作为标志的二次元文化是其创作群体充分发挥个人才智和创造力的体现。"同人"专指在二次元文化中不受商业影响，而是专注于相同兴趣的自我创作群体。除了原创作品外，近些年来在中国市场上出现了一批又一批二次创作的二次元作品。这是二次元用户将以往的作品或人物进行翻新，赋予自己的理解并再创作的过程。在这里，二次元用户集消费者和生产者于一身，既消费、学习了别人的作品，也表达了自己的独特理解。其中青年学生的思维灵活，跳跃性强，是二次元创作的主力军。

高校网络思政教育能否在复杂多元的网络空间中牢牢把握住领导权和居于绝对优势地位，关键在于高校网络思政教育是否具有足够的吸引力和影响力。从青年群体的特征来看，他们爱好广泛、思维活跃，对于新鲜、酷炫的事物有着莫名的喜爱。因此，高校网络思政教育应当借鉴二次元文化丰富多彩的形式特点，利用网络的开放性，变枯燥的理论灌输为生动的文化熏陶，以达到感染学生的目的。传统的思政教育课采用的是老师课堂授课、PPT 展示、学生课堂交流等形式，现有的网络思政教育也多数是利用慕课、红色网站等形式传播理论，都难以达到预期的授课目标。其原因在于现有的网络思政教育只是将传统的课堂授课改为网络上课，对学生的权威感和压迫感没有改变，其主动吸引力并没有增加。借鉴二次元文化，改革网络思政教育，势在必行。首先，从借鉴二次元文化的视觉角度来说，高校网络思政教育可以通过制作二次元化、亲切感强、还原度高、贴合时代前沿的二次元人物或二次元影像、漫画作品，将理论内容用叙事性、二次元人物化等形式表达出来，学生在观看作品时能够起到潜移默化的教育效果。其次，从借鉴二次元文化的角色扮演形式来看，高校网络思政教育可以采取角色扮演先进人物、学习榜样、历史风云人物等方式来提高学生对民族史和党史的了解。从满足学生的体验感和好奇心入手,增强学生的自主学习意识,完成从排斥思政教育到自觉接受的转变。最后,从借鉴二次元文化的同人创作和二次创作的形式来看,高校网络思政教育应该向青年学生提供符合思政教育要求的创作平台和空间,以网络协同创作的方式进行高校网络思政教育作品的创新。这样既培养了学生的创新意识,又满足了学生自我创造与表达的需求,还为高校网络思政教育创作二次元人物、角色和作品提供了源源不断的素材。

(三)二次元文化的"弹幕"交流反馈机制

"弹幕"是指提供给用户在观看影像动漫或直播的过程中,实时、同步地发布留言和评论的一种新技术。弹幕以时间为基准呈现在视频中,弹幕出现的时间点与发表评论的用户观看时间点相同。这种技术提供给观看该作品用户之间交流和反馈的平台,其最重要特征是作品传播与用户的反馈同时发生,打破了以往评论板块与内容板块不能同步的局限。这不仅为用户提供了交流的新渠道,增加了传播环节的趣味性,同时也为后台人员提供了接收用户反馈的平台,为提高用户体验开拓了新路径。

传统课堂授课和高校网络思政教育一般以"机械说教,我说你听"为主,形式老旧,学生只是被动地接受教育,缺少主动参与的机会,话语权小且地位偏低;师生之间缺少平等、有效的沟通渠道,学生未必认同或者理解教育者的观点、方法,但也不会主动提问或是提出反驳,只是麻木地予以接受。长此以往,老师与学生之间的距离将越来越远,导致高校思政教育方式逐渐滞后,学生的消极思想逐渐积累,许多时候只有问题爆发后高校管理层才会有所察觉。做好高校思政教育工作离不开对学生思想动态的把握,尤其在多元化和虚拟化的网络空间中,必须建立和完善师生之间的交流反馈机制,切实把握受教育者的态度、需求和目的,以及相关问题所产生的影响力或压力。借鉴二次元文化的交流反馈机制,高校网络思政教育可以在网络课程中加入"弹幕"环节,使同学在观看各种课程录像和思政教育二次元动漫影像时,可以随时表达自己的想法和观感,做到传授环节和反馈交流环节的统一。首先,"弹幕"交流反馈机制是掌握学生思想动态的新窗口。对于思政教育工作者来说,对受教育对象思想状况的了解是进行教育的前提,只有了解、摸清对象的问题和特征才能制定合理的教育方案和对策。"弹幕"交流反馈机制的及时性、同步性和虚拟性,比面对面访谈、调查问卷等更能够真实、大量地收集和了解学生对于教育内容、形式的真实需求,对于学习内容的理解程度,以及对教师授课水平的反馈,成为掌握学生思想动态的新窗口。其次,"弹幕"交流反馈机制是化解学生思想问题的新渠道。"弹幕"除了能够及时观察学生的思想状况和收集信息以外,教育工作者还可以充分利用其速度快、及时性的特点，对网络中的各种错误思想和学生疑虑进行及时的反馈和解答。"弹幕"的匿名性还可以避免学生对老师解答的本能排斥。教育工作者可以借助"弹幕"的匿名性和自身理论修养上的科学性、正确性，成为网络空间的意见领袖和学生追随的对象。

（四）二次元文化对高校学生自主性需求的满足

二次元文化以其特有的形式和特征得到了广大高校青年学生的关注和追随，这与传统媒介形成了鲜明的对比。二次元在文化作品上支持用户自主创新和二次创作，在相互交流上方便用户随时随地进行表达，在形式上尊重用户的体验感，在情感上帮助用户建立趣缘社团……这一系列的形式和特征满足了高校学生强烈的自我表现需求，尊重了学生的话语权和地位感，使学生的自主性得到彰显。

高校学生是社会上知识层次较高的青年群体，从年龄和能力来看，他们在社会化过程中具有更为强烈的个性化需求。尤其在信息网络时代，他们在信息获取的丰富性与及时性上，在与虚拟社会的感情亲近度上等都具有天然的优势。在更大的信息、文化选择范围下，学生的自主选择和自我实现的意向进一步增强，社会化的受教方式明显改变。在传统受教模式下，受教者可以选择接受的内容和方式较少，教育者处于权威、主导的地位，往往采用单向灌输、强制消化的方式向受教者传播知识。在网络时代，由外部权威施加压力使人接受的教育方式已经让位于以教育的标准化、双向选择和受教者的自主性等为特征的新的教育方式。大学生不再满足于被动地接受信息，而是更乐于成为舆论的参与者甚至是引导者，渴望成为新的"意见领袖"。从借鉴二次元文化，尊重高校学生的自主性来看，高校思政教育工作者首先要改变自己在学生心目中的高傲、冷漠、权威的形象，在态度上做到亲切友好，在理论讲解上使用大众化的语言，在教育形式上贴近学生的生活实际和喜好，在关系上保持平等地位等，这样才能有效地避免高校思政工作处于"失语"状态；其次，在实际的教育过程中要时刻保持尊重学生自主性的态度，在每个环节中都让学生的意愿得到充分表达，注重培育和引导学生的话语表达方式。在网络时代下，"人人即媒介"已经成为一种不可阻挡的趋势。尤其是在高校网络思政教育中，忽视学生的自主性必然会引发学生的反感情绪。重视学生的意愿表达和加强对其的正确引导，将是顺应时代发展，尊重青年成长规律的一种必然选择。

三、强化二次元文化与高校网络思政教育的有效契合

在二次元文化与思政教育相契合的过程中，并不是将二次元文化的所有内容都运用到思政教育工作中，而是要准确把握借鉴的尺度，强化二次元文化与思政教育的有效契合。

（一）坚持思政教育的主导性

开放性和共享性是网络的本质特性。在网络社会中，思想文化的多元化和复杂化是常态，这是现代社会个体追求本体性价值的体现，既不能强压，也无法根除。二次元文化成长于网络环境中，虽然它最初是在唯美浪漫的理念下产生的，但随着商业文化的介入，暴力、恶俗、肤浅的内容也逐渐充斥其中。不少二次元产品为了获得利润，成为传播不良价值观的平台。由于青年学生是二次元文化的主要接受者，这就难免使部分青少年的价值取向出现偏差。面对新时代、新技术、新情况，高校网络思政教育既需要跟上时代的潮流，贴近大众的需求，又需要把持住边界，牢牢坚持马克思主义在意识形态领域的领导地位和思政教育工作在思想文化工作领域的主导地位。首先，二次元文化产品的创造者必须具备高度的政治责任感。创作是传播的源泉，积极向上的文化作品会愉悦人的身心，恶俗低下的作品会侵蚀人的心灵。各级领导与宣传部门应加快、加紧、定期对二次元文化的创作者和相关企业进行理论与思想上的教育引导，提高创作队伍的思想道德素质，确保思政教育的话语体系在二次元文化发展过程中起到引领作用。其次，高校专业教师队伍和科研技术人员必须坚定马克思主义立场。在各种思政教育创新环节中，通过设计、排版、图案等创新元素，抓住思政教育的主导权，坚守校园意识形态阵地。最后，坚持用相关法律制度维护思政教育的主导性。要建立健全和完善二次元文化传播环节与传播平台的规章制度，加强对各种二次元文化机构、部门、企业及个人的监管，对违反法律制度的内容进行下架、处罚等严肃处理，对相关人员给予教育，以保护二次元文化的健康发展和守住高校网络思政教育的底线。

（二）坚持线上线下相结合

虚拟性是网络空间的重要特质。高校网络思政教育要紧跟时代发展步伐，抓牢网络空间的意识形态领导权，必须同时重视现实与网络环境下的思政教育。网络空间是虚拟的，但网络社会与现实世界并非截然对立的，学生的线上与线下行为是相互联系和相互影响的。高校网络思政教育必须坚持虚拟性和现实性相结合，做好线上线下的联动。

首先，高校网络思政教育要与高校课堂思政教育、高校线下生活思政教育在信息和环节上保持同步性和对等性，避免出现学生接受信息复杂混乱，不成体系等问题。

其次，在同一时期的高校线上线下思政教育工作中，教育内容与主题应该保持相关性，在解决学生疑问和对错误思想的批判上保持一致。

最后，对大学生的教育和管理必须以线下现实社会的教育、管理活动为支撑，对大学生的思政教育必须突破就网论网、以虚对虚的观念和做法，建立线上线下有机结合的思政教育新模式。

（三）坚持用发展的眼光看待二次元文化现象

目前，二次元文化虽然得到了青年学生群体的广泛支持和喜爱，但是依然被众多高校教师和研究者作为一种青年亚文化现象加以排斥，使其处在可接受范围之外。"道路是曲折的，前途是光明的"，这是马克思主义哲学的基本发展观点。仔细探寻二次元文化与高校网络思政教育的契合点，把二次元中可利用的因素运用到线上的思政教育工作，这样虽然看似矛盾，但是当用发展的眼光看待二者之间的关系时，就可以避免各自的劣势，充分发挥各自的优势。首先，学生的成长是一个过程，不同阶段的学生对知识的理解程度是不一样的。随着年龄的增长和阅历的增加，他们会对世界进行更为深入的思考，对经典、永恒的事物会进行重新感悟和认识。其次，高校教师和研究者要改变对二次元文化的歧视。要深入到二次元文化之中，认真探寻其内在优势，了解和把握青年学生群体的时代特点，熟悉学生的思考方式和生活方式。要把高校教师和研究者建成一支既有理想信念，熟练掌握思政教育基本理论和基本方法，又具有扎实的信息驾驭能力，能够引导网络舆论的线上线下相结合的复合型人才队伍。最后，在二者的契合过程中出现困难时，要坚定信心，保持高度的文化自信，这样才能为高校思政教育工作增添新的活力，才能使思政教育受到大学生的喜爱。

第六节　　"5W"模式下的高校网络思政教育

随着网络技术的发展，网络思政教育是各高校开展思政教育的重要方法与途径，要想网络思政教育实现创新与发展，就要从网络传播上寻找突破口。本节从传播学"5W"模式，即传播者、传播内容、传播媒介、受传者、传播反馈这五方面着手，分析讨论从各环节协同提升高校网络思政教育的教育效果。具体而言，就是提升传播者的意识与素养，坚持内容为王是根本，高效整合网络优势，激发学生兴趣，重视学生主体地位，建立网络思政教育全程评估机制，全方位的促进高校网络思政教育工作的开展。

网络技术以及新兴媒体的高速发展，使得传播学在社会文化生活中得到了广泛的应用，也使得高校网络思政教育发生了改变。而"5W"传播模式是传播学中的重要理论之一，以传播学的视角看高校网络思政教育工作，它实则就是一个完整的传播过程。主要包括传播者、传播内容、传播媒介、受传者、传播反馈这五方面，要想更好地占据网络思政教育的主阵地，实现高校思政教育的创新与发展，就要这五个环节逐一提高、协调配合，最终实现高校网络思政教育工作的全面提升。

一、提升传播者的意识与素养

高校教师是网络思政教育的主要实施者，是整个传播过程中进行信息收集、加工以及传递的人，他们担负着思政教育传播内容的选择、传播进程的控制，以及引领学生学习的任务。高校教师意识形态高低、思想水平以及对网络技术的操作能力等直接影响着大学生网络思政教育的开展，因此在意识上需要提升以下几点：①提升政治意识，拥有坚定的政治立场。在信息爆炸的网络时代，传播者也就是高校教师必须要有明辨是非、甄别网络信息的能力，始终拥护和学习党和国家的路线、方针、政策以及决议，自觉践行社会主义核心价值观，身体力行。这样才能培养出政治立场坚定、网络道德高、能够明辨是非、博学多才的当代大学生。②提升主动占据网络思政教育阵地的意识。当前，高校教师主要面对的是"00后"的大学生，从当前思政教育效果来看，传统的高校思政教育方式收效甚微，这就要求高校教师必须转变思维，重视网络开展思政教育的有效性和必要性，提升服务学生、学生为主的意识，意识到利用网络可以真正做到学生在哪儿、思政工作就在哪儿，使学生工作得以更好地开展。③提升媒介素养。作为传播者面对"网络原住民"的大学生要熟练使用各类网络传播平台，利用这些传播平台了解学生的关注点、兴趣点以及喜闻乐见的事件等。除此之外，还要掌握更多的网络虚拟空间监管、网络信息清理与屏蔽等网络专业知识，了解基本的网络维护知识。高校网络思政教育内容的多样性、话语的复杂性、方式的多样性等要求传播者要有议程设置、舆情监控及引导内容选择等能力。只有提升了传播者的意识与素养，才能使网络思政教育无处不在，才能激发学生兴趣，形成良性持续互动。

二、坚持内容为王是根本

不管网络技术如何高速发展，大数据如何强大，都无法改变内容为王的定则。

面对新媒体带来的海量思政教育内容时，能够吸引学生眼球、引发学生注意，使其愿意花费时间进行深度了解和学习的前提就是内容足够精彩、足够吸引人，而这也正是高校开展网络思政教育工作的根本。提升内容的质量要做到如下三点：①传播内容要从学生出发。在自媒体时代，大学生同步进行着思想的接收与输出，这就倒逼高校在开展网络思政教育时，其内容要从学生出发，要了解学生的需求与期待，改变以往"高、大、空"的陈旧意识，充分靠近学生、接近学生，做到从学生中来到学生中去，只有建立在学生基础上的教育内容，才能真正被接收，从而获取更好的效果。②内容也要"蹭热点"。在开展网络思政教育时要充分利用各重大节假日的特殊时间节点，重大事件的舆论关注力，立足实际并结合当下的时代特征和学生特点，通过网络与学生进行讨论，引发学生对社会现象、制度等展开自主思考，有利于激发自主深度学习的开展，这样不仅可以提高学生自身的思考能力，也可以增强学生对道德问题的判断，更有利于加强学生对高校思政教育内容的理解。③传播内容要贴近学生。网络的高使用率使得网络思政教育随时随地、无处不在，网络思政教育内容要接近学生的学习和现实生活，要接地气，要从学生喜闻乐见的事情出发，要从学生所关心的事情出发，这样做的目的在于吸引学生的注意力，在生活和学习中持续不断进行思政教育内容输入，不知不觉中影响学生的思想、价值观念以及生活方式，引导学生健康发展，帮助学生适应社会生活。

三、高效整合网络优势

网络思政教育就是以网络为传播媒介开展思政教育。要分析考虑当前网络背景下思政教育的现状，高效整合利用网络的优势，有针对性地提高思政教育的效果需要做到以下几点：①整合重组学生碎片化时间。网络思政教育的兴起除了新媒体与科学技术快速发展的因素，也是由于在高校中开展思政教育的时间较短暂、不固定等原因，不如专业技能课程时间完整和固定，那么在此背景下就要求高校积极利用网络整合重组学生的碎片化时间，形成学生使用网络、思政就在进行的状态，开发"每日一句""每日短视频""今日点评""今日热点推送"等一系列简短的信息推送，充分整合利用学生的碎片时间，与其他游戏、购物、聊天软件抢占时间。②借用大数据合力教育。微博、微信、QQ 等是常用于开展网络思政教育的载体，而在大数据时代，大数据为这些载体提供了信息收集、计算与分析的功能，使其所传播的信息更具备说服力和科学性。这就说明大数据可以使网络思政教育开展得更加深入、全面，也能够更好地了解学生的性格和兴趣点，使高校教师在开展网络思政教育时能够做到有针对性的信息推送。只是在借助大数据的同时，要注意大数据可能会带来的负面影响，需要教师对推送情况有所把控，避免长时间单一内容的信息推送，要配合其他方式多题材、多类型向学生推送信息。③自主搭建校园传播平台。选取和培养在高校中具有影响力的学生、教师，用他们的影响力吸引学生，选取他们感兴趣的内容开展思政宣传活动，以达到教育的目的。教师做引领，发动掌握网络技术的大学生建设德育与思政网站，从学生喜闻乐见的事情入手，弘扬网络思政教育的主旋律，发挥网络平台的思政引领作用，最终实现提高大学生网络思政水平的目的。

四、激发学生兴趣，重视学生主体地位

在高校网络思政教育工作中，必须要充分尊重和认可大学的主体作用，并且积极发挥大学生在网络思政教育中的主体作用。一方面，要激发学生思政学习的兴趣。兴趣是让活动得以持续发展的原生动力，也是当前高校在开展网络思政教育工作时必须首要考虑的核心问题，要充分了解学生的需求、兴趣，以及学生的困难点，创造让学生自己参与网络思政教育工作的机会，调动学生的积极性和主动性，树立学生主体意识，使其自愿、主动参与到学习中。另一方面，要重视大学生的主体地位，全面提升其自主学习教育、传播的能力。在自媒体的背景下，学生拥有了更多的话语权，面对海量信息有着更多的选择权，因此在网络思政教育整个过程学生既是信息的接收者又是信息的传播者，这也改变了以往"教师教，学生学"的单一模式，形成了多项互动的传播方式。在这样的模式下，学生有了更多独立思考的空间，其学习积极性也得到了提升。要想提高学生的主体能力，需要高校教师给予及时的、正确的引导，做好议程设置和舆论引导工作，提供更多的交流机会。随着大学生阅历和知识水平的提升，其能力也会相应得到提升。

五、建立网络思政教育全程评估机制

网络思政教育在当下发挥着越来越重要的作用，各高校都在积极地提出各类方法更好地推进网络思政教育工作的开展，工作的开展必然有效果评估，高校网络思政教育工作也不例外。成功与否，学生评价如何，存在哪些问题，该如何有针对性地提高思政教育都是高校应当考虑的问题。这也正是传播学中的传播效果反馈环节，这个环节对应到高校网络思政教育工作中，需要主要思考的是如何建立一个完整的效果监测与检验机制，用以检验高校网络思政教育工作的成功与否。网络思政教育评估机制的建立可从以下几方面入手：①网络思政教育方案的评估。高校要成立思政工作小组对网络思政教育方案进行审核，并给予政策、场地和资金等支持。②网络思政教育过程的把控。要安排精通网络的，如高校计算机与信息学院的教师对网络思政教育过程进行把控。网络的开放性，学生的自主性都给整个教育过程带来了极大的不可预期性，高校网络思政教育工作者要有舆情敏感度和专业技能知识才能更好地开展工作。③学生评价机制。学生是对高校工作最有发言权的群体，网络思政教育工作开展过后，应当及时启动评价机制。④效果检验与测评。网络思政教育并不是学生观看视频，满足学时就完成了所有的工作。要真正地将工作落到实处，就要将网络思政教育工作与学生的日常管理工作结合起来，做到有机整合、无缝对接；更要在一定阶段组织学生自己开展知识竞赛、主题演讲等一系列的活动，在检验学生学习效果的同时更能让学生学有所用。

综上所述，网络技术的不断革新带来了网络思政教育的动态演变，传播学也得到了广泛应用，大学生网络思政教育工作是以网络为传播媒介的、完整的传播过程，需要高校中负责网络思政教育的教师从各个环节严格把控，从整体上提升高校网络思政教育的效果。高校思政教育工作是一项长期的、艰巨的任务，相信随着大家的努力以及研究的不断深入，高校将能更好地开展网络思政教育工作。

第五章
高校思政课混合式教学的资源支持

第一节　切实利用红色文化资源

在高校阶段的素质教育中，对文化自信的培养尤为重要，所以具有中国特色的红色文化应予以重视，红色文化能够与校园文化相交融，成为学校日常教育的重要补充。思政教育载体承载着丰富的精神教育内容、信息，是思政教育过程各要素相互联系的中介。然而长期以来，高校思政教育载体的运用其研究没有得到足够的重视，教育课程、实践活动等各种形式的载体不能与高校学生的实际生活和社会现状相联系，导致思政教育的效果大打折扣。

红色文化形成于中国革命的历史长河之中，蕴含着精神文明成果，承载着历代中国人的初心和使命，也体现了中国共产党革命的血泪斗争，是中国近代史的缩影，也是中华民族在奋斗过程中的精神结晶。

红色文化包含丰富的文化内容和精神内核，其中蕴含着大量的教育资源，作为中国共产党革命历程中的重要见证，其承载了丰富的价值和文化内容，所以，以红色文化为载体进行思政教育，对高校学生思政教育的理论发展和实践优化都具有重要价值。

一、红色文化传承的内涵与历史发展

（一）红色文化的定义

红色文化是中国的先进分子和广大人民群众在中国共产党领导下，在实现中华民族解放、实现民族自由的历史革命进程中，不断建设、发展、创新，以中华优秀传统文化为基础，与马克思主义中国化的伟大实践成果相结合，共同创造出的崭新的文化形态。它既蕴含着浓烈的革命精神和深刻的文化底蕴，同时又极具时代特征，是对传统文化的继承和发扬，更是 20 世纪以来中华文化的主流发展方向。

红色文化作为重要的历史文化资源与其他文化有着本质的区别，即在突出一个"红"字，"红色"象征着勇气、自信等寓意。"红色"与共产主义革命紧紧联系在一起，概括来说，红色文化表现在以下五方面。

第一，红色文化是一种政治文化，有鲜明的意识形态色彩。是广大人民群众在中国共产党领导下，在实现中华民族的解放与自由的历史进程中，整合、重组、吸收、优化古今中外先进文化成果的基础上，以马克思列宁主义的科学理论为指导而形成的革命文化。

第二，红色文化有广义和狭义的理解。广义的红色文化可理解为是从法国大革命中而来的，把贫穷农民戴的小红帽作为代表物后，红色就成为世界公认的革命颜色。狭义红色文化是指中国共产党在领导中国人民实现民族解放与自由，以及在建设社会主义现代化中国的历史实践过程中凝结而成的观念意识形态。

第三，红色文化作为一种重要资源，包括物质和非物质文化两个方面。其中，物质资源表现为革命遗物、革命旧址等革命历史遗存与纪念场所；非物质资源包括井冈山精神、长征精神、延安精神等红色革命精神。

第四，红色资源是以红色革命道路、红色革命文化和红色革命精神为主线的集物态、事件、人物和精神为一体的内容体系。

第五，将"红色文化"概括为革命年代中的"人、物、事、魂"。其中的"人"是在革命时期对革命有着一定影响的革命志士和为革命事业而牺牲的革命烈士；"物"是革命志士或烈士所用之物，也包括他们生活或战斗过的革命旧址和遗址；"事"是有着重大影响的革命活动或历史事件；"魂"则体现为革命精神即红色精神。

综合理解，从广义和狭义两个角度认识红色文化的内涵，从文化的边界范围来看，广义的红色文化是指国际共产主义运动历史进程中所形成的人类进步文明的总和。狭义的红色文化是指中国共产党领导中国人民进行革命和建设进程中所形成的，以社会主义和共产主义为指向的，把马克思列宁主义与中国实际相结合，兼收并蓄古今中外的优秀文化成果而形成的先进文化。从文化的形态和形式来看，中国红色文化又可分为广义和狭义两种，广义的中国红色文化包括物质文化、精神文化和制度文化的总和。狭义的则是特指体现社会主义、共产主义方向和目标的文明形态。红色文化最根本的特征是"红色"，它具有革命性和先进性相统一、科学性与实践性相统一、本土化与创新性相统一以及兼收并蓄和与时俱进相统一等特征。

（二）红色文化的特征

中国共产党带领中国人民在近百年的革命、建设、改革、发展的伟大实践中创造了独特的红色文化。红色文化在持续发展的过程中，表现为先进性、时代性、革命性、民族性、传承性、科学性、价值性、多样性、开放性等九大特征。

第一，先进性。中国共产党是中国工人阶级的先锋队，始终代表中国先进文化的前进方向。红色文化作为中国共产党在长期的历史实践中培育形成的特色文化，能够"不忘初心、牢记使命"，具有鲜明的先进性。红色文化不仅是马克思主义基本原理与中国具体实际相结合的文化形态，也是中国先进文化不可或缺的一部分，是中华民族优秀传统文化和世界优秀文化的传承、发展和创新。红色文化对保持党的先进性具有重要意义，红色文化能够不断顺应历史发展趋势，为国家和民族的发展指引方向，为实现最广大人民根本利益服务。红色文化反映了马克思主义中国化、时代化、大众化的先进要求，全面体现了中国共产党的信仰、制度、作风、道德、革命精神和革命传统。

第二，时代性。中国共产党自1921年成立以来，历经百年风霜雨雪，谱写了可歌可泣的历史篇章，无论在何时何地，中国共产党始终代表最广大人民的根本利益。红色文化是中国共产党带领广大人民在革命战争和改革发展过程中不断积淀的时代产物，是中国共产党领导全国人民从站起来、富起来到强起来的时代反映。正如习近平总书记指出的，党的建设必须把继承与创新结合起来，结合时代条件，发扬党的光荣传统和优良作风。红色文化是马克思列宁主义先进思想与中国革命紧密结合而形成的优秀文化。主要包括井冈山文化、延安文化、东北小延安文化等政治文化。

第三，革命性。红色文化是中华民族在民族解放和革命战争过程中凝聚的重要精神内涵，在革命战争时期，这种文化为中国共产党和中华民族提供了强大的精神力量。纵观历史，在井冈山，中国共产党提出"农村包围城市，武装夺取政权"，以星星之火，燃起燎原之势；在西柏坡，中国共产党提出了"两个务必"，带领人民军队和广大人民群众将革命进行到底，充分体现了红色文化不畏艰险、敢于战斗的革命精神。改革开放后，这种文化仍然发挥着巨大的社会价值，引领着中国经济的快速、协调、可持续发展。

第四，民族性。中国共产党中国工人阶级的先锋队，同时是中国人民和中华民族的先锋队，始终坚持"从群众中来，到群众中去"。红色文化是在吸收中华民族精神，汲取中华民族优秀传统文化的基础上创造的一种新的文化体系，是中华民族优秀文化的重要组成部分。正是有了中华民族几千年来不断养成的物质、精神、政治、社会文明作为基础，红色文化才能在中国共产党和广大人民群众中生根发芽，不断发展创新。因此，红色文化是一种具有中华民族特色的文化。

第五，传承性。中国革命历史建设的过程就是红色文化不断传承的过程，红色文化已经成为中华民族长期积累形成的宝贵财富。习近平总书记曾强调，"要把红色资源利用好，把红色传统发扬好，把红色基因传承好"。通过对红色文化的学习体会以及实际践行，不断继承和发扬"三大法宝""三大作风""三大纪律"等宝贵经验，能够为改革开放、构建社会主义现代化强国提供强大的战略指导。中华民族从站起来、富起来到强起来历经艰难险阻，创造了不朽的历史奇迹、丰功伟业，而红色文化的传承也一直在持续进行，红色资源不断开发，红色资源得到良性利用，围绕爱国主义教育所开展的大众文化活动如红色影视题材作品展播、红色歌曲传唱、红色旅游、缅怀先烈等文化活动形式都是对红色文化的积极传承，也是红色文化传承的重要载体和主要途径。

第六，科学性。实践是检验真理的唯一标准，从井冈山、延安到西柏坡，再到当前走好新时代的长征路，没有一套切实可行的、科学的理论和文化体系，没有前瞻性的发展眼光和科学的战略决策，没有全心全意为人民服务的根本宗旨，没有自力更生、艰苦奋斗的创业精神，是无法在历史实践的大战大考中取得最终胜利的。红色文化遵循马克思列宁主义的基本原理，坚决反对一切封建迷信思想，坚持唯物史观和辩证法，坚持实事求是的科学精神，坚持客观真理的科学品格，坚持理论与实践相结合，科学正确的揭示和反映人类社会文明发展的内在本质和客观规律。

第七，价值性。红色文化集政治价值、经济价值、文化价值、社会价值于一体。红色文化的宣传教育对永葆共产党人的先进性具有重要作用，坚定了共产党员的理想信念和为人民服务的根本宗旨，具有政治价值。文化是推动经济社会发展的基础变量，红色文化的开发和利用已经成为一个新的经济增长点，具有重要的经济价值。红色文化是马克思主义基本原理同中国革命长期实践相结合的产物，是经过历史和人民检验的先进文化，对社会文化的发展和建设产生了积极作用，具有重要价值。红色文化能够培养民族精神，提升广大公民思想道德素养，推动社会和谐进步，促进形成社会新风气，为社会主义现代化建设提供精神动力，具有社会价值。

第八，多样性。中华文化博大精深，一方面，红色文化历经几代人的传承和发扬，广泛存在于全国各地，其产生形成的历史背景各异、风土人情不同，地域的差异等必定会带来文化的差异，地方政治经济、文化发展的情况不同也必定造成红色文化的多样性。另一方面，红色文化的物质载体形式多样、内容丰富，为特色红色文化产业的发展和红色文化资源的挖掘奠定了良好的基础，我们要因地制宜、因时制宜，统筹安排、合理利用红色文化资源，衍生出更多具有民族特色、时代特色、地域特色的红色文化产品。

第九，开放性。红色文化是开放的文化，不搞闭门造车，反对本本主义，建立在全心全意为人民服务、时刻保持党和国家、人民利益一致的基础上。在新民主主义革命时期，在中国共产党的领导下，先进分子和广大人民群众共同创造出了红色文化这一文化体系，在改革开放新的历史阶段以及中国特色社会主义新时代，红色文化不断被赋予新的历史使命，内涵更加丰富、主题更加开放、形式更加多样。红色文化见证着中国共产党带领广大人民群众在革命和建设的每一段历程，始终在吸收古今中外先进文化的精华，从而不断提升红色文化自身的品质。

（三）红色文化融入思政教育的理论研究

部分学者发现了红色文化的作用和意义，认为将红色文化融入思政教育之中，一方面能够使思政教育更加接近现实，并且丰富了教学内容；另一方面，通过教育的形式传承和弘扬了红色文化。"红色文化思政教育"开始被研究者们关注，在 21 世纪积累了一定的研究成果。谭宇提出红色文化思政教育的二重意蕴表现为塑造个体与凝聚群体。从塑造个体的层面讲，红色文化对于塑造社会主义的政治立场和信仰有重要作用，并且能够增强精神力量，能够发挥思政教育的作用。崔建关注了高校思政教育中红色文化的部分，通过走访调查之后发现部分学校的校园文化中缺乏红色文化，而部分高校并没有将红色文化与思政教育更好地相融合，所以，要加强红色文化在高校文化中的影响力。充分利用红色文化资源，重视网络信息资源的使用，需要多方协同，共同营造一个适合红色文化传播和发展的环境。

中国近代史和现代史中有大量的革命与斗争的经历，这些不寻常的经历构成了特殊的红色文化，红色文化影响着一代又一代中国人的成长于奋斗，所以，如何将红色文化与高校思政教育相结合，如何重塑载体增强高校学生的认同感和红色文化自信，这一课题值得深入研究。

（四）红色文化的历史发展

作为我党所创造的优秀精神文化成果，红色文化不仅代表着崇高的革命理想，同时也是对当前时代背景的一种深度适应，不断受到社会各界的瞩目。红色文化的政治价值、教育价值不言而喻，这也是红色文化在中国能够深入人心的重要原因。红色文化的演进发展大体分为以下四个阶段。

1. 萌芽时期（1840—1912 年）：反帝反封建是红色文化基因萌发的基点

中华民族之所以能够历经原始社会、奴隶社会、封建社会、半封建半殖民地社会、民国时期、抗日战争时期直至新中国成立发展至今，就在于中国劳动人民敢于质疑封建迷信的红色基因一直蔓延于其中。而红色文化的萌芽则可追溯至 1840 年鸦片战争，严重危害中国主权，中国开始沦为半殖民地半封建社会，揭开了近代中国人民反抗外来侵略的历史新篇章，也由此助长了红色文化基因的发轫。

之后爆发了太平天国运动，虽说起义失败了，但它对红色文化发展也有一定意义。太平天国起义沉重打击了封建统治阶级，加速了清王朝的衰败过程，还有就是在 19 世纪中叶的亚洲民族解放运动中，其中太平天国运动持续的时间最久，运动规模最大，对整个亚洲的民族解放都产生了较为深远的影响。它让民众有了一定程度上的醒悟，从而打击殖民主义。19 世纪 60 年代开始，清朝开始了洋务运动，向西方国家引进先进的机器、设备等，洋务运动在客观上刺激中国资本主义发展、一定程度上抵制了外国资本主义的经济输入。19 世纪 90 年代末，康有为、梁启超等维新派代表开始率先倡导科学，提出要改革社会制度，开展资产阶级改良运动。尽管后来因为以慈禧太后为首的守旧派抵制失败，但戊戌变法是一次具有爱国救亡意义的变法维新运动，在中国历史上产生了深远影响。它启蒙了民众的思想，促进了民众的觉醒，对中国封建社会制度造成了冲击，为推动中国社会进步起到了一定积极作用。

在八国联军侵华、众多不平等条约签订的背景下，20 世纪初救亡图存的革命人士思想愈益活跃，宣传民族主义、民权与民生学说等，组织革命团体，如中国同盟会，革命派积极发动了多次武装起义，虽然最终都失败了，但却有力地冲击了清王朝的统治。不久之后爆发的辛亥革命，是中国发展历史上的一块重要里程碑。无论是在政治上、文化上、思想上都对中国产生了至关重要的影响。辛亥革命推翻了封建君主专制制度，在中国广泛传播了民主、共和的概念，在推进中国社会变革的过程中发挥了重要作用。在此基础之上，红色文化的基因幼苗开始发芽。

2．形成时期（1912—1921 年）：新文化思潮运动是较早的红色文化样态

战争与革命近乎占据了 20 世纪初整个中华民族的发展历程，对中华民族的历史走向产生较大程度的影响，再塑了中华民族的历史面貌。可以说，20 世纪中国历史的演进一直与革命如影随形。战争与革命在历史实践中既造就了新的政治格局，又深刻影响与改变着参与其中的广大人民群众的命运。它是阶级矛盾和社会矛盾激化并长期得不到解决的产物，这种根本性的体制变革一般首先发生在政治和社会领域。该变革一般会动摇、破坏甚至重构原有的社会结构、价值理念与生活方式，并伴随以原有阶级合法执政地位的推翻，及新革命阶级合法执政地位的确立为节点的制度变迁现象。因此，变革也是一场值得人们进行意义考量的重要文化现象，故新文化运动是中华民族 20 世纪初期最为明显的、异于其他文化形态的、享有独特价值与意义的红色文化形态。

在新文化运动时期，以马克思主义思想为指导，中国共产党早期成员通过密切联系

人民群众，从而成功地创造出新民主主义文化，新民主主义文化所倡导的科学、民主等观念，正是当时的特殊历史时期所需要的。新民主主义文化是大众的文化，它区别于晦涩的封建文化，同时它又反对帝制，反对专制。新民主主义文化是早期红色文化的基础之一。新民主主义文化之所以区别于旧民主主义文化，究其根本的原因，就在于它是有中国共产党的领导，具备了坚实的群众基础，吸引了大批无产阶级投身其中。1921年，社会革命论和共产主义世界观逐步形成，为中华文化注入了新鲜的空气。新民主主义文化充分反映出当时社会的改革需求，也为世界文化宝库提供了新的血液，是当时历史条件下中华民族的新文化，也是目前学术研究所认定的红色文化的源泉。当时阶段的红色文化聚焦于思想交汇，红色文化还是一种边缘文化和非主流文化，离主流文化地位的达成还存在差距。

3. 发展时期（1921—1949年）：新民主主义革命酝酿红色文化的过渡阶段

中国共产党于1921年诞生，至1949年新中国成立，这一历史阶段统称为新民主主义革命时期。在当时，中国共产党创造性地将马克思主义理论与中国的具体国情相结合，科学地运用马克思主义的理论体系来判断分析中国所存在的实际问题。并且创建了人民军队，开辟了中国革命新道路，领导中国人民从此走向了解放独立富强之路，红色文化在该阶段进入快速发展之路。在这一阶段，党领导人民进行新民主主义革命斗争，建立了中华人民共和国。正如毛泽东同志在《新民主主义革命论》中强调的"新民主主义共和国是指要达成新民主主义的政治、经济与文化的相互贯通，这便为我们要缔造的新中国"。这一过程中诸多的革命故事、革命战役、革命艺术作品及革命艺术家等等为红色文化抹上了重重的一笔。

4. 深化时期（1949年至今）：新中国成立及其之后的红色文化迭代完善

自新中国成立后直到改革开放前30年，为社会主义文化样态创造性架构的历史时刻，社会主义初级阶段的红色文化创造显著彰示着其实质特性从新中国建立直至改革开放的初期阶段，红色文化不断发展壮大，逐步从边缘文化发展成为中国社会的主流文化，从小范围传播逐步变为全国性传播。红色文化在中国的地位得到显著提高。

伴随改革开放历史新征程的来临，新中国时代的主题悄然发生了改变，伴随着改革开放的不断深入，中国的建设步入了快速发展时期。红色文化是对于当时那段特殊历史时期的演绎，是马克思主义中国化的重要成果，是中国共产党人带领人民群众斗争过程中凝结而成的文化类型。红色文化以革命斗争为生长的土壤，在不断的革命实践中汲取养分发展成熟。它与中国的传统文化既有联系又有区别，既是一种新的文化形态，也是一种新的文化理念。它是物质文明、精神文明、社会制度之间的有机结合。它符合时代发展的需要，从而逐步从边缘文化发展成为中国社会的主流文化。

在改革开放之后，红色文化的发展便在马克思主义、毛泽东思想基础上继续呈现，延伸出邓小平理论、"三个代表"重要思想、科学发展观、习近平新时代中国特色社会主义思想等。而在这个阶段红色文化包含的内容相对更为完善，在国家政策方面"一国两制"方针、社会主义市场经济、特区设置等；在经济发展方面，跻身于世界前列，并加入WTO组织等；在科技方面，嫦娥系列、神舟系列、"蛟龙号"、量子卫星、5G及港珠澳大桥等；在发展战略方面，一带一路、制造强国、乡村振兴、中国梦、社会主义核心价值观等；在文艺方面，抗战谍战剧、红色戏剧、红色歌曲、红色舞蹈、红色影视等。总之，红色文化从改革开放至今，一直紧紧围绕中国共产党的发展纲领，以马克思主义思想为指导思想，不断丰富形式与内涵，是时代文化的主流与迭代延伸。

二、弘扬和传承红色文化的必要性

弘扬和传承红色文化，保护革命精神，是我国文化建设的重要方面。建设社会主义特色文化对培养文化自信和建设现代化的中国来说，已经上升到了国家战略层面。在高校的思政教育中融入红色文化与传承中国特色社会主义文化一脉相承，不仅可以实现红色基因的伟大传承，而且使广大师生坚定崇高的理想信念，有助于学生树立正确的人生价值目标，建构科学的人生价值体系。

思政课教师应认识到，革命精神是思政教育课程教学中最好的营养剂，要积极拓展路径，扎实开展教学改革，创新课内、校园、校外"三位一体"多维融入育人模式。同时促进学生在学习专业知识的同时继承革命先辈深厚的爱国情怀，唤醒学生的历史记忆，凝聚高校学生的政治认同，引导学生形成正确的价值取向。

（一）思政教育深度有待提升

高校思政教育虽然有很大的进步，但仍存在一定的问题。如今，高校思政教育在不断进行改革，其教学方法和教学内容逐步走向多元化、多样化，但是与专业学科相比较，对改革重视程度则远远不足，其开展深度和创新力度的差距也十分明显。

首先，在当代教育的大环境下，社会和公众基本以学校的专业教学效果作为评价学校成果的主要标准，考试成绩作为评价一名学生是否优等的唯一标准，从而使学校、教师和家长，甚至学生自己都过于看重专业课成绩，忽视了全面发展的初衷，没有真正重视学生思政水平的提升，忽视了对优良品质的培养。

其次，思政教育的实现需要依托载体，部分高校在开展思想教育过程中，载体的作用是缺失的。高校通常通过课堂、课外活动、校园文化活动、管理和传媒等载体开展思政教育，但是长期以来我国高校思想教育的模式比较单调统一，创新性不足，载体不够灵活。

模式固定化的教学导致教学内容脱离学生生活实际，也没有与社会的发展相匹配，单一依靠教师的传授。

（二）学生良好品格和情怀的要求

将红色文化与高校思政要求相结合，根据当地红色资源组织活动，能够让高校学生重温革命先烈艰苦奋斗的精神；将红色文化融入高校思政课程，能够让学生在课堂上感受革命先烈的爱国精神，从而激发学生的爱国情怀，并且可以结合先辈们的事迹，引导学生养成勤俭节约和艰苦奋斗的良好品格。大学阶段是人生发展的重要时期，学生学习和模仿能力较强，并且也很容易受到外界的引导和干扰，此时学生的可塑性较强，环境对他们的影响十分重要，所以借助红色文化进行教学，不仅有利于引导学生遵循正当的社会规范，也可以让学生有历史感悟，丰富学生的精神世界，有利于维持学生的身心健康，并且养成优良的品格。

（三）我国红色文化资源的运用还不足

红色文化在发展中已经成了传统文化的一部分，但是就如同传统文化一样，如何利用载体继承和发展，一直是弘扬传统文化和民族精神的难题。在中国的历史上，红色文化资源具有重要的历史意义和价值，不仅通过历史记录了一定时期发生的真实历史事件，也将历史事件中的精神得以保存下来，从而形成了红色文化。如果某一地方有红色文化资源，比如井冈山和西柏坡地区，那么对于师生接触了解红色文化和精神具有其本土资源优势，容易形成良好的氛围，容易产生较强的认同感。但是通过走访调查，笔者发现校内思政教育较少涉及本地红色文化，涉及内容不够全面，红色文化资源在高校学生中传播程度不够广泛，高校学生普遍对红色精神的认知程度不够深刻，对红色文化活动的必要性也认识不全面。其本质原因，是思政教育载体未能有效地发挥作用，高校学生不能通过现有的、比较僵化的、单一的载体去体会到思想教育的真正内涵，也使历史中保存下来的精神失去了生命力。

所以，如果要以红色文化为基础，重塑高校思政教育的载体，需要发挥本地红色资源优势，使高校教师和学生都能够认识到红色文化和红色革命精神对自身思政素养具有重要的影响，树立起正确的理想信念、价值观和人生观。

研究重塑载体，把地方的红色文化和精神与高校思政教育相结合，不仅可以改善高校思政教育的实际情况，而且能够帮助学生更好地传承和弘扬红色文化，还能在一定程度上促进学校教育者对思政教育载体的重视，为高校教育者顺利开展思政教育提供一定的参考与借鉴。

（四）民族精神力量的呈现

红色文化包含了诸多地域特色的红色文化教育资源，也是革命历史的真实写照，同时也蕴含着强大的民族精神力量，指引着中华民族的伟大复兴。其中，红色精神、红色歌曲、红色革命遗址等物质和非物质文化遗产是高校学生了解我党的奋斗史、斗争史和建设史，进行思政教育和爱国教育的红色文化宝库，这些丰富的历史和文化资源为高校思政教育提供了丰富内容。红色文化以其深厚的历史底蕴可以使学生近距离接触到历史，感受重大历史事件的意义，从而获得新的体会和感悟。

红色精神是指中国共产党领导中国人民在革命、建设、改革各个时期所形成的伟大革命精神。在中国共产党的历史中，形成了很多可歌可泣的"红色精神"。红色精神已经深深融入中华民族的血脉和灵魂，成为鼓舞和激励中国人民不断攻坚克难、不断前进的强大精神动力。如，"军民团结、艰苦奋斗"的井冈山精神；"不怕艰难险恶"的长征精神；"改变作风、提高素质"的延安精神；"艰苦奋斗、勇于开拓"的北大荒精神；"谦虚谨慎、戒骄戒躁、艰苦奋斗"的西柏坡精神；"自力更生、艰苦奋斗、勇攀科学高峰"的"两弹一星"精神；还有红船精神、抗战精神、大庆精神、抗洪精神、抗震救灾精神；等等。

（五）红色文化的载体比较丰富

红色文化可以通过多种形式的载体融入高校思政教育，比如，组织参观革命旧址、讲解先烈事迹等。高校思政教育体系是一个整体，不是局部、封闭的、静态的特殊生态系统，需要把多种载体结合成一个有机整体。红色文化就是将载体统一的那条主线，并且可以以此突破口进行手段和方式的重塑。

帮助高校学生加深理解和认识红色文化的价值，继承革命先烈的光荣传统具有重大意义。当今社会迅速发展，今日头条、新浪、抖音等新媒体平台上展示着各种各样的信息，给传统价值观，尤其是高校学生的人生观、价值观带来巨大冲击，大学生攀比和拜金思想有所冒头，他们普遍缺乏革命先烈不怕苦、不怕累、艰苦奋斗的精神。红色精神在本质上是先辈们在改革开拓的历史中遗留下来的宝贵精神财富，所以将这种文化与精神利用载体传递给当代的高校学生，使其能够传承下去，有助于培养学生的爱国意识，树立文化自信。

三、红色文化传承与融合的优势

红色文化资源，是中华民族具有中国特色的卓越文化形态，其中有丰富的文化内涵和历史文化底蕴。红色文化资源中的道德修养、精神理念等也是思政教育的内容，地方红色文化资源中的革命事例，也可以成为思政教育过程中的素材。教师既可以通过多种角度对革命事例进行解读，也可以通过多种形式展示革命事例。因为事例的真实性能够引起学生的共鸣和关注，所以红色文化资源在高校思政教育中与其他教学内容相比，有其独有的优势。

（一）精神引领性

红色文化"基因"对高校学生身心发展具有精神引领性。因为红色文化"基因"根植于历史和实践之中，并且当红色文化资源带有地方特色时，与高校学生的实际生活情况联系十分紧密。所以，红色文化不再是抽象的或者遥远的，而是身边发生的事迹，所以红色文化就具有极强的吸引力和亲和力。

理想信念是人的精神支柱，而理想信念的树立和培养都需要漫长的时间，并且能够坚持理想信念才是可贵的。对于高校学生来说，理想信念可能是陌生的，但是可以通过红色文化树立榜样，发挥榜样精神的作用，红色资源蕴含了许多中国共产党人不畏艰难、执着追求的奋斗故事，是新时代深入开展思政教育的良好素材，有利于高校学生在潜移默化中受到教育。如果在此基础上继续加以正确的引导，那么，就能够激发高校学生带着强烈主观能动性、有意识地去学习先进人物所蕴含的优良品质，从而坚定自己的理想和信念，能够真正成为一个有益于社会、能为祖国奉献的人。

（二）可操作性

红色文化"基因"对于高校课程建设具有可操作性。高校学生思想道德观念的形成与发展，需要他们独立进行思考和生活体验，社会行为规范也只有通过高校学生的亲身实践才能真正内化为个体意识，在实践的过程中，学生可以获得最直接的经验和知识，并且亲身经历之后的感悟会更加深刻，有更佳的教育效果。

充分合理地利用红色文化，可以达到高校思政教育实践性教学模式的要求。因为红色文化资源就在学生的周边环境中，无论采用何种方法对其进行深入探究，相对来说都会比较简便易行，可操作性很强。比如，教师可以组织高校学生参观红色革命旧址、红色革命纪念馆，并围绕旧址、纪念馆中的各种主题陈列指导学生开展实践调研活动。学校课堂的思政教学、课外的实践活动等为高校学生深入了解红色文化搭建了良好的平台，深刻的亲身体验能够帮助高校学生形成对待红色文化的正确认识，然后学生再借助红色资源中的有益元素，提升自己的精神境界。红色文化其本身也有变革和发展的特质，并且红色文化需要被体验，才能够焕发新的生机，因此将红色文化应用于高校思政教育，可以使红色文化的生命力得以极大的增强，使红色文化的延续呈现出一片欣欣向荣的繁荣景象。

（三）激发学生的主体性

红色文化融入高校思政教育，能够激发学生的主体性。历史记忆实际上是构筑红色文化血脉的坚实基础，而本土的红色文化更容易激发高校学生的情感认同，其生成感受和体验的过程又是树立正确的人生观和价值观的有效策略。红色文化融入思政教育，是对地方红色资源的开发和利用，使地方红色资源走进课堂，创造一个良好的文化传播和教育教学环境，通过潜移默化的方式实现教化。而教师则可以根据本土红色资源的实际条件结合高校学生的思维和成长特点，灵活地制定高校思政课程的教学内容、教学方法以及教学组织形式，从而更加合理有效地改进传统的思政教育。

一些红色文化资源产生于特定的地区和环境，十分贴近高校学生的生活和心理，教师利用本土红色文化资源进行讲解，学生首先会有一种亲切感，不会觉得陌生，并且来源于家乡的文化能够激发学生的探索欲望。因此，借助一些红色文化能够使学生更了解自己的祖国，了解曾经发生过的历史事件，并且在参观旧址的时候能够体会到革命先烈的艰苦奋斗，强烈的冲击感能够使学生的印象更加深刻，从而以先辈们的品质要求自身，影响自己的行为和思想。

红色文化中富含着思政教育的因子，它在教育功能、教育内容以及实践活动的方式上都能够满足高校学生思政教育的需要。红色文化蕴含着革命战争年代当地人群沉淀形成的精神风貌、心理特征和伦理道德等，这对于高校学生的思政教育来说至关重要，所以二者在某些教育功能上是相一致的。

思政教育中包含多种理论知识，这些理论知识具有较强的逻辑性和理论性。教师如果采用单一的教学方式则无法达到很好的教学效果，也对学生的理解能力提出了较高的要求。而通过红色文化中具体可感的事例，可以将理论知识转变为鲜活的历史事件，如此一来，在教学中教师可以避免进行理论性的说教。因此，教师要积极构建以红色文化为基础的、具有自身特色的高校学生思政教育体系。

四、思政教育中红色资源运用的问题

红色文化载体在高校思政教育应用中存在一定的问题，主要表现在以下几方面。

（一）实际利用的资源相对较少

红色文化资源极其丰富，由大量革命故事和历史文物构成的地方红色文化资源是高校思政教育创新的基础。可以说全国各地的革命历史资源非常深厚，代表的革命精神内涵也是异常丰富；另外，各地也非常重视相关历史文物的收集，并且汇总了许多理论研究方面的工作。虽然我国的红色资源十分丰富，但是在资源的充分利用上仍然缺乏有效的整合，在利用形式方面比较单一，研究方向和角度比较分散，整体的实效性不强，因此还需要进一步对本地红色资源进行深入挖掘和考证，从长远看还有很大的提升空间。所以，就高校学生红色文化思政教育的内容而言，能够实际利用的资源相对较少。在高校，红色文化思政教育的内容通常只是一些普通的历史教科书或图书资源，虽然这些内容都是以更系统的方式介绍了一些红色文化，但其与高校学生的需要并不相符，学生阅读它们往往只是对红色文化的一种体验。这导致高校学生虽然非常感兴趣和好奇当地的红色文化的生成和发展，但面对的却是缺乏深入内容的图书，不能达到有效的学习目标。

各地政府都重视纪念馆的建设取得了一定的成果，但是整体建设水平距离人民大众的文化思想需要还有较大程度的差异。各种收藏纪念物的背后均涉及了不同的历史人物与故事，如果能够对其进行深度分析与挖掘，那么藏品的价值势必提升一个新的台阶。

现如今时代在不断前进，社会在不断发展。红色文化的发展创新要密切地遵循着新时代的发展观和发展主题，必须深入挖掘并深刻领悟红色资源的理论意义，在后辈不断的发展和传承下使红色精神更加光彩夺目。这就要求在研究红色文化精神时，必须认真探索研究红色文化和时代精神之间血浓于水的关系，不断挖掘二者的契合点，尽力赋予红色文化精神新的时代内涵。

笔者在与一些高校学生交流中了解到，高校对学生开展的红色文化思政教育活动，往往只是组织他们去看一部红色电影、读一本红色书籍、听一场红色报告、参观一次红色景点等，教育活动浮于表面，缺乏深入探讨，为了完成活动而活动，形式重于内容，违背了红色教育的初衷。

（二）载体形式有待丰富

红色文化的引入需要借助各种载体，而根据实际情况来看，载体的应用十分单一且匮乏，去差异化也比较严重，因此，高校学生在学习红色文化的过程中很难获得自己感兴趣的内容，学习红色文化的效果也难以保证。

1. 课程载体

高校思政教育的形式主要是课程教学，高校会开设思政类型的科目，并且通过考试的形式，检验学习成果，一般在内容上过于呈现条目化，严重依赖课本现有的内容，而具体实际的教学方式与运用载体却相对比较单一，基本都是一些高校学生难以体会的、空泛的大道理。另外，高校教育者进行思政教育，也明显偏向于传统的空讲道理。

2. 教学计划载体

教学过程以教师为主导。教师通常只是一股脑儿地向高校学生输送书本知识，以其自身控制的进度为主要教学计划的依据；同时却忽视了高校学生的主动性，学生不能领悟和理解书本的内容，不能与自己的认知和体会相结合。结果自然使高校学生的主观能动性无法得到充分的发挥，红色文化思想教育中的最具代表性的，比如，人生价值观教育、品德教育和爱国主义教育等不能顺畅地转换为高校学生真正的信仰和理念。

3. 教学工具载体

还有部分教育者对红色文化资源的传承仅仅是停留在强迫学生背诵上，并不能将整个红色文化的精神内涵以高校学生喜欢的方式表达出来。比如，有教师表示，许多同事未能充分运用多媒体、短视频等较为先进的教学工具吸引学生兴趣，从而使得红色文化的教学过程空洞无味，缺乏活力与趣味，在很大程度上脱离了高校学生的生活环境，与高校学生实际生活关联性很差，导致部分学生无法理解讲授内容，并且由此没有兴趣去学习红色文化，这十分不利于高校学生对优秀红色文化的深入理解，教学效果相当不理想。

（三）载体内容缺乏与时俱进

教学载体的内容不能做到与时俱进，脱离了高校学生面对的社会和生活实际。在社会主义建设的新时期下，红色文化不仅仅体现了革命因素和政治因素，同时也代表了富有浓郁生活气息的文化意识形态，能够将个人的理想和国家命运、民族命运进行多层次、多段位的结合。

有些教师会将红色文化资源的相关内容直接放到课堂上，混同思政教材内容一起灌输给高校学生，既不关心主题是否适应时代，也不关心内涵是否有新的解读。这样一来，不但偏离了红色文化资源与高校思政教育相结合的初衷，反而使高校学生感到更多压力，十分不利于红色文化的传播和发展。

（四）传播程度不广泛

思政教育运用红色文化资源的一个问题是，红色文化资源在高校学生中传播程度不广泛。高校学生作为思政教育中推进红色文化资源有序发展的重点对象，在家庭背景、人生态度、价值取向和价值观念等诸多方面具有非常显著的差异，尤其每个学生的思维模式和思维习惯更是大相径庭。因此，教育者必须针对这些巨大差异提供更加丰富翔实的红色文化思政教育内容，采用更加灵活多样的教育形式。

但是目前有一些学校，在开展进行思政教育过程中，宣传红色文化、爱国主义等内容往往是应景式的，传播的深度和广度都不够，各种载体的应用流于表面，形式主义比较严重。教育者对高校学生真实的思想情况、教学中思政工作的实际进展情况、高校学生参与的积极程度、教育工作取得的实际效果等，还缺乏总体上的掌握。对于高校学生关心的一些具体问题，敏感度不够高，不能从实际情况出发去提高思政教育水平、推进思政教育建设、促进思政教育发展。教育者也不能从高校学生的切身利益出发来清理他们思想上的障碍、解决现代社会新形势下学生面临的各种矛盾，在高校学生间没有充分借助各种载体对本地红色文化资源进行广泛的传播，不能充分发挥红色文化的育人作用。

（五）学生对红色文化认知程度不深刻

目前，高校学生基本都是出生于 2000 年前后，他们衣食无忧，没有机会体会父母一辈的贫困生活，然而近些年来我国所发生的各种变化却是他们从小就能亲身感受到的，世界的政治、经济、文化等各方面都发生了巨大变化，尤其是各种思想文化涌入中国。根据我国教育部门相关网站介绍，高校学生在总体上的思想道德观相对良好，是非观念比较明确，而且都积极拥护党的领导。

有教师表示，结合自身多年教学经验，大多数高校学生对社会主义事业和中国的日渐强大有着比较深刻的认同，对中国特色社会主义道路、中国综合实力和国际地位的日益提高充满着比较坚定的信心，即使不能全面深入了解社会主义真正的核心价值体系，但也能始终保持积极的学习态度。但是，当前高校学生的思想道德仍然受到了相当程度的负面影响，需要进一步加强传媒载体的管理和利用。

笔者研究发现，部分高校学生的人生观和价值观比较混乱，其民族意识在某种程度上被削弱，社会主义信念发生动摇。甚至有少部分高校学生盲目崇拜和迷信欧美文化和韩日文化，不加任何考虑地认同国外文化理念、价值观，爱国意识薄弱，思想道德素养不高，社会责任感不强而功利心较强，不能对国家使命产生正确的认知。

五、红色文化资源应发挥的功能

将红色文化资源融入思政教育课程教学之中，用中国共产党的革命历史、革命传统、红色基因为高校学生补一补"钙"，壮一壮"骨"，是强化高校学生爱国主义教育、革命传统教育、理想信念教育和激发学生继承革命先辈爱国情怀的重要途径。

（一）很好地引导学生

将红色基因渗透到课程教学的各个阶段之中，有助于引领该课程教学始终坚持正确的政治方向，引导高校学生深刻理解革命历史，大力弘扬和传承红色文化，将红色文化资源作为鲜活的革命历史教材，从中汲取养分，有效地满足了高校学生成长过程中所期待的提升幸福指数的客观要求，提高他们明辨是非、善恶、美丑的能力，使他们在学习、生活中逐渐树立起正确的人生价值目标。

（二）有效地教化学生

有效地教化学生，即教化功能，也就是帮助学生建构科学的人生价值体系。红色文化资源内容生动、丰富，对充分发挥课程教学中的全员育人、全程育人、全方位育人的教化功能具有引导和激励作用。将红色文化资源融入思政教育课程教学之中，便可引导、帮助高校学生建构科学的人生价值体系。高校其他专业课程也应该像思政教育课程一样，重视将红色文化资源融入专业课程教学之中，以充分发挥红色文化资源在专业课程教学中的教化功能。

（三）充分地激励学生

充分地激励学生，即激励功能，也就是帮助学生培育一生的成长成才动力。用红色文化资源中鲜活生动的典型事例教育学生，让他们在日常生活中时刻以革命先烈及其英雄事迹作为自己行为处事的标准，产生思想共鸣，唤醒他们的爱国热忱和社会责任。用红色文化滋养他们，用红色信仰点亮他们人生未来，在地方红色文化资源的滋养中，向他们传承革命先辈崇高的理想信念，帮助他们培育一生的成长成才动力。通过红色文化资源的教育和熏陶，可以提升课程育人的说服力和可信度，使学生变得更有"温度""广度"，在知、情、信、义、行之中强化对红色情感的认同。

六、红色资源融合教育的路径

相关的授课教师应积极拓展路径，将红色文化资源科学有机地融入课程教学或者实践活动之中，提升育人实效。

（一）认真做好内容对接

第一，要对红色文化资源进行全面深入的挖掘，把握革命历史发展的基本脉络；第二，要对挖掘的红色文化资源进行认真梳理和筛选，并深入挖掘这些资源的精神内涵，以增强其在教学中思政育人的感染力、感召力；第三，要建立红色文化资源教学资源库，为红色文化资源融入思政教育课程教学和实践活动做好资源储备，做好融入环节内容上的对接，使融入的内容逐步系统化、融入的方式方法逐渐立体化；第四，要制定红色文化资源融入思政教育课程的教学计划，细化融入备课环节和课堂教学环节。

（二）扎实开展教学改革

开展红色文化资源融入方面的教学改革。第一，要将历史与现实进行有机融合。虽然说革命战争年代距离我们越来越远，但是革命战争年代诞生的红色文化资源至今仍在焕发勃勃生机。教师在教学时，要随时随地把握好历史与现实的结合点，不失时机地将红色文化资源作为红色基因中的某种精神表征融入教学之中，向学生阐释革命先辈艰苦奋斗的优良品质和自强不息、勇往直前的崇高理想信念，引导学生将这种优良品质和理想信念与实现中华民族伟大复兴的现实需要紧密结合，不负韶华，不辱使命，做合格的社会主义建设者和接班人。第二，要做好线上线下的融入。授课教师要积极利用互联网、云计算的优势，丰富线上红色文化资源，建立新媒体平台，搭建优质、栏目齐全的红色文化资源铸魂育人大讲堂，采取线上线下结合的教学模式，以线下教学为主渠道，同时开展好线上教学。要采用学生喜闻乐见的教学方式将专业知识讲授与课程思政开展有机结合，发挥出红色文化资源育人之实效。

（三）形成多维融合模式

形成多维融合模式是指形成课内、校园、校外"三位一体"多维融入育人模式。

首先，在课内教学中，要根据课程的特点，在一些相关的教学环节中有机融入红色文化资源。例如，开展以红色革命为主题的剪纸设计或陶艺制作，让学生设计和制作出更多更好的作品。

其次，在校园育人环节中，以红色文化资源为专题，组织学生结合自身实际开展自主式、案例式、讨论式、情境式、互动式的学习探究活动，并由授课教师制作以"我看革命英烈""红色历史遗迹寻踪"等为主题的育人微课程、短视频，以生动鲜活的图片、视频以及详细的文字材料激发学生对红色文化资源和思政教育课程的学习兴趣。

最后，在校外实践育人中，组织学生参观烈士故居、烈士陵园、革命旧址、革命纪念馆、陈列馆等红色文化教育基地，让思政教育课程教学走出课堂走向校外，将该课程的实践教学与学生的职业精神充分融合，拓宽思政教育的主渠道。

（四）有效进行评价改革

应高度重视主体素养评价，不能仅把学生提高学业成绩、掌握专业知识作为评价的唯一指标，因为这种做法"遮蔽了立德树人这一根本教学任务，背离了课堂教学的育人本质"。通过深化教学评价改革，促使学生形成有内涵、有灵魂、有美感的思政素养，同时，让学生在潜移默化中接受红色教育。

七、红色文化运用带来的重要启示

将红色文化资源融入思政教育，开展思政教学改革意义重大，启示也颇多。

第一，革命精神是课程教学中最好的营养剂。开展红色文化资源融入教学改革，其核心任务是将中国共产党人的革命精神融入课程教学之中。这种革命精神是红色文化资源中蕴含的中国共产党带领全国人民推翻三座大山，让中国人民实现从站起来、富起来到强起来的伟大历史飞跃中承载的红色基因，是实施思政育人最好的营养剂。红色文化资源融入教学，既可不断丰富思政育人的案例内容、教学资料，也能在一定程度上丰富思政课程立德树人教育形式，提升教学的吸引力和育人的感召力，使思政课程的立德树人变得有滋有味、有血有肉且形象生动，富有感染力、说服力。

第二，家国情怀是教学的内在灵魂。将红色文化资源融入思政教学中，就是把中国共产党人的家国情怀作为思政教学的内在灵魂植入到教学的各环节之中。红色文化资源融入教学，为培育学生的家国情怀扩展了实践空间。比如，利用节假日组织学生参观红色文化教育基地，搭建起课堂教学与社会实践的联系通道，可以使学生在社会实践体验中构建理论与实践连接的脉络。在教学之中，能使中国共产党人的家国情怀润物无声地渗透进学生的心田，增进他们对中国共产党人家国情怀的情感认同，最大程度地发挥出红色文化资源引导人、教育人、鼓舞人的思政育人实效。

第三，初心使命是教师应有的职业站位。授课教师应将初心使命作为自己应有的职业站位，将自身肩负的教书育人的初心使命与实现中华民族伟大复兴的中国梦紧密结合起来，以此指引学生通过对思政的学习，增强守住初心、担牢使命的神圣责任感和使命感。红色文化资源本身就承载着中国共产党人坚定执着、百折不挠的初心使命，作为思政教育课程的授课教师就应该竭尽全力深入挖掘红色文化资源中蕴含的中国共产党人初心和使命方面的案例素材并应用于课程教学中，保持精神定力。

第二节 充分利用一些影视资源

一、资源运用的理论基础

（一）马克思主义文艺理论

1.经典作家的文艺理论

马克思、恩格斯首次用历史唯物主义的方法去研究文艺现象，阐释了文艺作为一种社会意识形态的特点，一定程度上揭示文艺在社会中的地位。在《政治经济学批判》序言中马克思提到艺术属于上层建筑的社会意识形态形式，是社会存在的一种反映。随着私有制的消亡，以物的依赖性为基础的独立性，到了以在个人全面发展和共同的社会生产能力的基础上的自由个性。马克思在《1844 年经济学哲学手稿》有好多次都有从审美活动举例，来说明审美活动立足社会发展这个宏观的背景下，让人的精神有着一种解放。列宁继承和发展了马克思恩格斯的文艺理论，他在相关著作中强调，艺术反映的是一个人的能动性，没有创作主体的创造性和能动性，艺术会失去审美价值和感染力。

2.中国特色的文艺理论

社会主义文艺运动的发展得益于马克思主义文艺理论的指导。马克思主义文艺理论是我们文艺建设的指针，它在我国传播并发展，已演变为具有中国特色的文艺理论。

在中国的革命和建设事业过程中，毛泽东同志强调文艺创作者要深入群众，去体验，去观察，然后才去创作。邓小平同志在文艺思想方面继承了毛泽东的文艺思想，强调文艺思想要坚持四个现代化，要有利于人们精神境界的提升。江泽民同志在新的时代下强调，进一步学习马克思主义文艺思想，一切文艺创作要坚持先进的方向。胡锦涛同志对于文艺思想方面强调，文艺工作者要"始终坚持锐意创新，更加自觉、更加主动地承担起文化创造的历史责任。"习近平总书记对马克思主义的文艺思想也有了新的发展，习近平总书记强调，"文艺事业是党和人民的重要事业，文艺战线是党和人民的重要战线。"

这些为文艺创作给予了指导，促使我们文艺发展有着新的活力。

（二）思政教育载体理论

在思政教育过程中，我们需要一样东西或者一件事物即所谓的中介来辅助我们传播思政教育信息，进而去达到我们的目标。其实"中介"是桥梁，既可以是实践活动、文字、手段，也可以是一定的文化、多媒体等。随着人们运用科学技术的手段越来越先进，能力越来越强，多元化的思政教育载体在我们身边"出生"了。随着科学技术的发展，随着意识形态的生活化开展，以电影、图像、短视频为构成要素的影视资源在高校思政教育中产生了较大影响，影视资源作为一种载体，有着生动的方式，并且在思政教育起着不可忽视的作用。这样的教育方式易被学生喜爱和接受。

二、影视资源的特征

（一）影视资源自身的特性

当今，人类社会已经进入图像为王的时代。图像洪流中，有着理性思维元素的文字逐渐丧失了在人们心中的原有魅力，人们接受信息的方式似乎正由"思"向"看"转变，视觉化、图像化趋势越发明显。生活中，我们会发现刷短视频、刷剧、开直播已经成为部分高校学生休闲、娱乐的主要方式，他们痴迷于其中的图像，被丰富多彩的图像围绕着。图像已毋庸置疑，深刻地影响了人们的思想观念。

第一，直观与生动性共存。直观与生动性是影视资源的一种特征。影视资源符号的能指与所指有形似的对应关系，在追求"真"这方面有着天然的优势，因为视觉符号更多以平面去表现立体，从再现走向仿像。其实，影视资源在我们的生活中以其他的形式陪伴着我们，如电影、短视频，给人一种强烈的感觉是比较生动、直观。正是影视资源的这种直观、生动的特征使得其与印刷文本有着明显的不同。另外，影视资源的生动性给人一种快感，心里会感受到一种冲击，图像动态化代替了文字的静态体验。可以发现，当今人们理解事物和认识世界越来越以感性意象为表征，影视资源的发展趋势反映了思维方式的转变，把直观、生动、可视化看得越来越重要。凸显直观、生动性、可视化的东西有更大的文化力量。

第二，大众性与个性化共存。数字技术的运用改变了传统社会信息交流的形式、手段和渠道，创新了文化生产、储备和传播的载体，为人类文化注入了新的特质。何为影视资源的大众性？简单说就是公众性，每个人都可以拥有它。一般情况下，对于影视资源的表现形式，如电影、图像、短视频都以一种"公众"身份出现在我们面前。同时，影视资源有个性化特征，人们可用它来随时随地表达自己的看法，记录自己的生活，按照自己的需求传播特定的信息，凸显了影视资源的个性特征。

（二）影视资源与思政教育的契合性

1. 影视资源的育人功能

文化作为一种精神力量，对人们的思想、行为有着引导作用，文化具有潜移默化、点滴渗透的育人特性和功能。各种类型的电影、图像、电视、短视频拥堵在我们的视觉空间，影视资源是极具有直观性特点的文化，其传播效应和教育效果在强烈的情感之外能表达思想理念，震撼人心，同时能够实现内容的形象化和思想性融合，增强寓教于乐的内生动力，让人们有所知、有所思和有所为，从而完成引导人、塑造人的使命。某种意义上，高校学生可以根据各种影视资源作品建构自己对世界的看法，塑造自己的价值观念，培养自己的形成视觉思维能力。

影视资源本身具有较强大的大众性和感染力，是开展审美教育、净化心灵、塑造人、健全人格的有效载体。何为"审美教育"呢？一般意义上是指对人们追求美的一种教育。从影视资源领域来看，审美教育就是培养人们对电影、图像、短视频的一种鉴别能力。简单来说，就是让影视资源里蕴藏的优秀图像、短视频作品去培养人们对如何用"美"的态度对待人生、生活和社会，促使他们的精神达到整体的和谐，树立健康、良好的三观。另外，影视资源作品可为观众提供感受视觉作品魅力的空间，以它们应有的"力量"去营造出沉浸式空间，更具有吸引力。观众的沉浸度越强烈，对视觉作品的认识和情绪感知更加深刻。其实，通过一些令人心动的故事情节和发人深思的镜头，在人们心里撒下"美"的种子，过后人们去反思生命、反思生活，找寻正确的精神追求，某种程度上，这是影视资源在审美层面上对生活中人们的一种美的教育。

2. 思政教育的文化属性

思政教育的特点寓于政治性、社会性和文化性中，是一种独具特色的教育活动。但自有阶级社会以来，由于人们过于注重其政治性的特点，有时忽视了社会性和文化性，呆板化的问题深深嵌入了思政教育之中。其实思政教育要具有文化属性，决定了思政教育本身也是一种文化活动。其实，"育人"过程同时就是"化人"过程，意味着思政教育活动的开展要以文化为载体。随着社会进程加快，思政教育在"立德树人，铸魂育人"方面发挥着日益重要的作用，所以，思政教育"化人"的作用也日渐凸显。思政教育"化人"的方式是潜移默化的，但是这样的方式达到的却是微微细雨足以润万物的功效。它帮助大众掌握正确认识世界的方法，提升思维的创造性，并在其中用文化去凝聚一切可能的力量，创造每一个机会，滋养每一个心灵，在增强高校学生文化意识和理论素养的同时教导他们知道何为真、善、美，提升精神境界和个性品质。思政教育体现一种文化力，为文化固本强基。

三、影视资源在高校思政课中的应用原则

（一）需要教师适时引导

影视资源在高校思政教育中的应用需要高校政治教师的适时引导。影视资源不是高校政治教师简单地播放视听资源，教师需要根据教学内容选择恰当的视听资源，在教学中给予学生适时的引导。在播放视听资源时，高校思政教师可以先介绍视听资源的背景，用教师的语言进行叙事，方便学生进入教学情境，感悟学科内容，并在需要引导时给予学生引导，共同探讨，并不是单纯地让学生鉴赏视听资源。同时，还要注意对学生理想信念、价值观方面的引导。在信息技术飞速发展的时代，网络成为青年学生获取信息的主渠道，通过网络，学生可以获取学习资料、时事政策、前沿消息等。高校教育阶段，一般是学生的青年时期，这个时期正是身心健康成长发展和价值观念形成的重要时期。而网络所传载的信息像把双刃剑，有主流文化就有非主流文化，正面文化固然对青年学生带来积极的影响，但其中诸如暴力文化、色情文化等良莠不齐的负面信息，直接影响着青年学生的心理健康和道德成长。高校学生正处于心智发展阶段，尚未成熟，容易被外界的信息所左右，从而形成困惑或者混乱的思想认识。加之自控力和自制力的不足，极易造成高校学生的理想信念和思想道德观念淡薄，进而弱化思政教育效果。此外，进入互联网信息新时代，每个网民都可以在网络媒体上对各种社会焦点、热点问题表达自己的想法，或是对不良行为进行曝光，现实生活中的各种事件都在网络上迅速传播，然而往往会暴露出隐藏在事件背后的现实社会的阴暗面，容易引发高校学生群体产生对社会的质疑，所以高中政治教师要随时关切学生，在进行影视资源时，对学生理想信念价值观方面进行适时引导。

（二）系统反映思政学科特点

系统反映学科特点，即系统性原则，也就是指影视资源在高校思政课中的应用要系统地反映学科特点。高校思政课程具有学科内容的综合性，并且这种综合性主要是为了核心素养的落实而提出。影视资源在高校思政课中的应用也要与学科特点一致，要体现综合性。也就是说，在高校思政课中应用影视资源是要引导学生初步掌握马克思主义基本原理，理解习近平新时代中国特色社会主义思想；树立正确的历史观、民族观、国家观、文化观，认同伟大祖国、中华民族、中华文化、中国共产党、中国特色社会主义，积极践行社会主义核心价值观；树立宪法法律至上、法律面前人人平等观念，进一步增强法治意

识；等等。

（三）具备一定的针对性

影视资源在高校思政课中的应用必须着眼于高校思政课中的叙事客体、时代特点和社会环境。高校思政课中的叙事客体是学生，学生是教育对象。时代特点和外部环境是影响影视资源在高校思政课中应用的外部因素，因此也需要考虑。

首先，以叙事客体的认知为基础。影视资源在高校思政课中的应用是以高校政治教师和学生为主体和客体，通过高校思政课中的教育媒体，作用于学生视觉和听觉的教学活动。要想达到预期的教学效果，就要考虑叙事客体对高校思政课中影视资源内容的可接受性。

学生是一个复杂多样的教育对象，是活生生的人。我们要遵循学生认知发展规律，如何将学科影视资源内容贴近学生的思想、学习、生活实际，充分反映学生的成长需要，促进学生主动地、生动活泼地发展，是影视资源如何应用需要考虑的首要问题。

其次，从时代特点和社会环境出发。除了着重考虑叙事客体的认知特点，还应考虑时代特点和社会环境，这也是针对性原则所要求的。

（四）注意交互关系

交互性原则指的是影视资源在高校思政课中的应用，要有人机交互、人际交互以及媒体交互。人机交互是系统与用户之间的交互关系。在教学中，表现为高校政治教师根据智能软件进行备课和上课、学生根据智能教育媒体进行学习和交流。比如，高校政治教师和学生与教育媒体的交互，就是教师利用教育媒体制作教学内容，学生根据教育媒体所传输的教学内容进行信息的接受与转化。人际交互主要表现在教师和学生进行交流互动、学生之间进行交流互动，这种交流互动是基于学生对教育媒体所呈现的教学内容的掌握情况来进行的。媒体交互是多形态、多媒介传输信息的过程。在教学中主要表现为高校政治教师在选择和应用视听资源时无须局限于一种媒介呈现教学内容，比如，结合报纸、电视、互联网等媒介，利用多媒体软件制作课上所需要的教学内容。

四、影视资源融入高校思政课的策略

第一，影视资源在高校思政课中的具体应用要注意选择合适的视听资源。在实际教学过程中，高校思政课中影视资源的内容资源选择十分广泛。在知识点讲解和重难点的突破上，可以利用现代教育技术，实现教学资源共享。比如，在升华情感态度价值观上，可以结合时事政治，利用影视适时讲解。又如，一部关于教学内容电影的播放，学生把视觉和听觉都集中在了这部电影中，学生容易产生移情之感，引发共鸣。

第二，影视资源在高校思政课中的具体应用中，还需要进行预先的教学活动设计。比如，在课前导入环节，高校政治教师可以利用现代信息技术事先展示有关这堂课的教学内容，创设一个教学情境让学生先感受、体验，并沉浸其中，最好是与视听资源发生共鸣，产生移情之感。这个步骤关键在"导"，是引导、引领的作用，目的是让学生先沉浸在高校政治教师选择或制作的视听资源中。在课中环节，教师可以利用教育媒体充分调动学生积极性，促进教师与学生之间、学生与学生之间、媒体与学生之间的互动，运用影视资源突出教学重难点，并控制好视听资源的时间和教师引导的时机，形成良好的教学氛围。这个步骤关键在"析"，学生能真切感受到视听资源所呈现的教学内容，并在讨论、分析中习得知识，获得情感体验。在平时，教师可以利用精美的幻灯片或者录播课中教师精彩的讲解以及深入人心的影视资源等，将本堂课的教学内容展示出来，学生在视觉和听觉的刺激下对本堂课进行一个总结和提升，达到对整堂课教学内容的升华。这个步骤关键在于"结"，要以串联本节课所讲内容和重在升华情感为目的来进行结课。

五、高校思政课对学生媒介素养的培养

（一）提升青年学生的媒介素养

尽管如今的大部分青年学生在媒介环境中成长，对于媒介有着天然的亲近性与熟悉感，但是由于青年学生的身心发展尚且处于不完全阶段，所以仅凭青年学生对媒介的自行摸索是难以具备所必需的媒介素养的，甚至可能会误入歧途，走向更为偏颇的极端。因此，提升青年学生的媒介素养从本质来上说属于时代的要求以及教育的任务，理应受到教育工作者的广泛重视。媒介素养的养成并非一朝一夕的事情，需要家庭、学校、社会等多方面的共同努力。家庭应把对青年学生媒介素养的培养意识根植于家庭教育之中，并在家庭教育行为中表现出来，以使青年学生在耳濡目染中提高自身的媒介素养。学校同样应当意识到媒介素养对于青年学生的必需性与重要意义，进而将媒介素养的内容融入现有思政课、语文课等进行学习，或者作为单独的信息技术课开设，为青年学生媒介素养的提升提供必备的校园环境。社会对于培养青年学生媒介素养的意识主要体现为媒介素养在社会上的传播力度，只有社会意识到青年学生具备必要的媒介素质的重要性，并对媒介素养这一概念进行推广，对良好科学的网络环境进行维护，才能够真正地对家庭与学校进行辐射，进而才能够真正形成家庭、学校与社会的合力，为青年学生媒介素养的提升提供必备的要素、条件以及环境。青年学生同样应该注重自身媒介素养的提高，加强自我学习和自我教育，积极参与相关活动之中，自觉提升媒介素养。

（二）强化青年学生的主体责任

在当今网络环境下，网络媒体不仅成为青年学生获取信息了解周围社会的重要渠道，网络媒体同样是青年学生表达观点以及信息再生产的重要手段及工具。由于自媒体在如今的媒介环境中具备较高的比重，尤其是其"先传播，再反思"的导向对青年学生媒介素养的形成产生不利的影响。因此，青年学生在强调个体话语表达的同时，应当对自身的信息生产以及对其进行的传播行为采取负责的态度，养成正确的媒介使用态度。通过学习最新媒介法律法规的进展以及基本的道德规范，加深对于媒介伦理的理解与反思。首先，青年学生在进行信息发布和转发时，应当运用责任意识来自我要求，对自己的媒介使用行为负责，不使用媒介传播谣言，不传播情绪化言论，不转发低俗信息，不转发垃圾消息，自觉抵制缺乏责任的媒介使用行为。其次，在媒介使用中，青年学生应控制媒介使用时长，摆脱对新媒体的过度依赖，多培养现实生活中的其他兴趣，增加现实生活中的社交联系。除此之外，在面对海量的良莠不齐的媒体产品时，青年学生应当对其进行基于自身需要的有目的性的选择，摒弃单纯寻找感官刺激和娱乐消遣的低层次需求，选择使用有利于自身发展的媒介产品。最后，在自我教育中，青年学生要明确传播者自身所应当具备的主体意识，担负起传播者应当具备的责任精神，提高自身道德水平和法制观念，强化正确的媒介使用态度，养成良好的媒介使用习惯。只有在青年学生对其所必备的媒介素养进行有效确立，才能够增强青年学生对于媒介的认知能力和操作意识，使其能够在校园欺凌事件中积极借助网络的力量对校园欺凌进行制止，而非是沉溺于网络之中进行无用的逃离与自我安慰。

（三）注重青年学生的参与输出

青年学生要形成完备的媒介素养需要足够的媒介接触以及媒介知识的充足储备。网络时代下，网络环境的开放性和信息的海量性为青年学生获取各种信息提供了极大便利。在网络环境和时代背景下，青年学生应树立正确的心态，以真正开放、积极的姿态对新媒体所具备的特性进行有效掌控。这要求青年学生在进行媒介参与时应当把对自身媒介行为的反思放置于行为发生之前，使得参与网络媒介的行为处于相对的理想状态，使行为成为真正具备现实意义的行动，而非是情感的简单宣泄。同时，对青年学生参与媒介信息输出所进行的引导需要社会合力的参与，并非是仅凭青年学生自身的单打独斗。家庭教育应当注重言传身教，父母在进行网络活动时应当表现出一定的责任意识以及道德意识，使青年学生更为直观地感受到在利用媒介进行信息输出时媒介素养的可贵。学校教育可以将青年学生媒介素养的提升列入信息技术课程的教学计划之中，使教师从教材、思想意识以及实践操作等多个方面对青年学生进行教导，以提升青年学生所应当具备的媒介素养以及相应的意识。社会应当加强网络信息的营造、网络规则的制定以及网络立法的完善，营造出健康良好的网络环境，进而为青年学生媒介素养的提升贡献力量。只有青年学生具有较高的网络素养，才能够使得其所发布的校园欺凌信息简洁明了、重点突出且并无恶意夸大或者中伤诋毁，进而提升大众对于此类信息的敏感度以及责任意识，才能够使得针对校园欺凌事件所进行的评论立场正确且言语有度，能够为被欺凌者提供切实可行的建议以及真实可感的支持，而不再是网络暴力的发源地或者自身情感的简单宣泄。

第六章

高校思政课混合式教学的主要模式

　　混合式教学借助数字信息技术，通过建立网络教学空间，针对不同受众的不同学习需求，重新划分教学环节和教学功能，使教学在线上线下两个空间同步，实现与传统课堂教学的深度融合。并发挥各自优势，拓展教学功能，扩大教学覆盖面，增强教学针对性和亲和力。混合式教学是方式的改变，也是理念的变革。这一新的方式和理念运用到高校思政课教学中，催生了一系列教学实施模式，包括翻转课堂、对分课堂、创客教学等。这些教学实施模式各有优势，其中的经验值得研究、总结和汲取。

第一节　翻转课堂教学模式

　　翻转课堂译为"flipped classroom"或者"inverted classroom"，意思是，把课堂颠倒过来，重新调整课堂内外的时间，将学习决定权"下放"给学生，由学生根据自身实际情况选择学习时间和学习内容。教师的角色由知识的讲授者变成答疑者，课堂成为师生和生生交流、讨论、沟通的空间。在翻转课堂教学模式中，每个学生都能选择最适合自己的方式接受新知识，具有更多的自主性，把知识的学习放在课堂外。在课堂内进行知识内化，学生之间、学生和教师之间可以有更多时间进行互动交流。简言之，翻转课堂教学模式是一种有效的教学手段，它为学生营造个性化学习平台，使学生的主体性、个性化发展得到保障。翻转课堂教学模式是混合式教学典型的表现形式。

一、高校思政课翻转课堂教学模式的优势

　　高校思政课是理论性很强的课程，具有强制性和抽象性。上好思政课，难就难在提高学生的积极性上。近几年，思政教育教学改革的一个焦点问题就是如何提升趣味性和亲和

力。学生学习积极性不高，主要原因在于思政课一直以来采用"我讲你听"的教学模式，"我出卷你考试""你答题我打分"的考核模式，教师"一支粉笔，一本教案"，学生被动接受知识灌输。总而言之，学生学习的"自我意识"未得到激发，师生间的良性关系未有效建立。翻转课堂创新教学平台，调整课内课外时间，"颠倒"教师学生角色定位，充分张扬了学生的自主性。翻转课堂供给学生大量的自主学习时间，学生可根据兴趣和时间自由安排线上学习进度，并在学习过程中养成问题意识和探究意识，问题意识和探究意识的养成对于激发兴趣和提高效率有着至关重要的意义。翻转课堂还大幅度增加师生互动环节，发挥网络平台优势有效消除师生面对面交流的心理不适，使交流互动更加高效，从而激发了学生的积极性。

翻转课堂教学模式实施方法是：学生通过网络资源课前掌握课程知识内容，在课中进行丰富多样的协作活动深化和拓展知识，课后深化内容并开展新知识的学习，强调学生学习的主体性和主动性。这有利于满足学生的个体化差异和个性化需求。受家庭、社会、人际关系、身心发展程度等因素的制约，学生之间存在着个体化差异，有些学生的理性思维强，对理论性知识的理解和接受度较高，更能适应传统课堂教学模式，但有部分学生知识结构、认知能力和理性思维相对较差，常常会成为"后进生"。个体化差异有时体现的很明显，忽视了这些差异必然导致教学效果低下。"翻转课堂"先学后教、以学定教，以学生为中心，强调学生个性化学习。它颠覆了传统思政课教师先教后学，以教导学的教学模式。在此教学模式下，学生的积极性不高、客观条件受限、传统"教—学"式的师生关系障碍等问题得到很大程度解决。以翻转课堂教学模式调整教学内容和教学方式，有利于实现学生个性化学习，以因材施教、有的放矢地保障学生个性化需求的实现。

翻转课堂教学模式适应了当代大学生的学习习惯，为思政教育赢得了学生。当代大学生思想开放，兴趣广泛，视野开阔，对新事物充满好奇心和探索欲，是时代发展潮流的密切追随者。作为一种"灵活式、问题式、快餐式、闯关式"的学习模式，翻转课堂迎合了当代大学生的品位。"灵活式"指的是翻转课堂教学模式改变了传统教学受时间空间限制，进行单向知识传授和缺乏灵活性的弊端，实现了通过多种移动终端随时随地学习。"问题式"是指以真实问题为"材料"设计课堂活动，以"问题"牵引学生。"快餐式"是指微视频时间一般限制在10分钟左右，与当代大学生碎片化时间学习的需求契合。"闯关式"是指微课程添加游戏进阶闯关的"趣味"元素，"闯关"即可获得奖励，"闯关"即可以打开进一步学习的"百宝箱"。这种"灵活式、问题式、快餐式、闯关式"模式的设计贴近大学生的生活和趣味，迎合了大学生的学习习惯，教学效果是比较明显的。

二、高校思政课翻转课堂教学模式的困境

思政课翻转课堂在理论的设计上是很不错的，但真正实施起来并取得成效却是没那么容易。它需要投入大量的时间、精力、人力和物力，同时还需要做好各种条件预设和制度规范。因此，思政课翻转课堂教学模式在推行过程中难免遭遇不同程度的困境。就目前的发展情况来看，其困境主要体现在以下两方面。

一方面，支撑条件尚有待于加厚。思政课翻转课堂教学模式对教师的"备课"要求很高。这里的备课不是传统意义上的写教案，而是需要前期针对相关内容做好课程设计以及制作供学生线上学习的微视频，这一项工作的投入量将会大很多。而且微视频的剪辑、制作、审核、发布等一系列工作都需要有相应软硬件设施提供技术支持，这些设施的搭建源自学校的政策倾斜和资金支持，而且平台的维护也需要后续相当数量资金的投入。当前，思政教育受到前所未有的重视，发展形势很"热"。但一时之间观念难以扭转，"喊得好，做得少""喊得热闹，做得冷清""上头部署，下面应付"等现象依然存在，短时期内加大资金和人力投入难以办到。此外，"科研至上"仍是高校绩效考核、职位晋升的主流，高校教师对于教学的投入远远不及科研。因此，思政课真正实现"翻转"还需要摆脱困境，花上更长时间，付出更大努力。

另一方面，育人效果还需时间证明。思政教育肩负着立德树人的重要使命，关系到社会主义事业的建设者和接班人的培养问题，意义极为重大，不可轻易拿来"试水"。思政课是高校思政教育的主渠道和主阵地，其教学模式的改革创新一直以来受到国家的特别重视，在时代背景下，思政课既呼吁教学形式的创新，但又对如"翻转课堂"等类型的具有颠覆意义的教学方式保持"克制"。"创新"中有"不变"是一个根本方向，即坚持立德树人、铸魂育人的根本使命，与习近平新时代中国特色社会主义思想对标，切忌理论知识解构、碎片化，与提高学生的信息辨别力和选择力深入对接。做好这一点是必须的，但是有难度的。借助网络所进行的新型"翻转课堂"教学模式，在我国目前还处于探索阶段，尚有不足的地方，其教学效果有待进一步观察和总结，小范围"试点"可行，但大面积"推广"还需要慎重对待。此外，翻转课堂实质是将学习决定权"下放"给学生，教师作用一定程度上被淡化。如何既发挥教师的主导作用，对学生进行思想启迪和价值引领，又能彰显学生的自主性，是一个难题。因此，在教学效果还不能完全确定的情况下，很多地区和高校对思政课翻转课堂教学模式的态度还是比较谨慎的。这限制了翻转课堂教学模式的进一步发展。

总的来看，由于翻转课堂对学校、教师、育人目标的达成都是考验，因此深入推进和全面推广并不顺利，少数实力雄厚的地区和高校在实践过程中取得了一定成功，但仍是小

范围的，对于多数地区和高校来说，受学校自身条件和师资力量的限制，思政课通常采用大班教学，少则七八十，多则一百。规模之大，实现个体的互动交流难度是可想而知的，即便小组讨论，也常常形式大于实际，纪律不易维持，效果更难保证。而且科研压力与学生互动交流和指导学习、制作教学资源等工作同时压在思政课教师们的肩头，精力不足是常有之事。要把翻转课堂教学模式更好地运用于思政课，还需要一系列物质支持和制度跟进。

三、高校思政课翻转课堂教学模式的实施路径

翻转课堂教学模式应用于思政课的时间并不长，尚处于探索和发展阶段。在部分高校的实践下，翻转课堂教学模式帮助学生提高了学习主动性，利用起了碎片化时间，课堂教学效果和学生的自主学习效果明显增强。此外，学生的学习能力、资料搜集能力、问题分析能力都有一定程度提高。翻转课堂教学模式的有用性得到证明，也积累了一些可资借鉴的经验。

高校思政课要推行翻转课堂教学模式，必须从思想认识上给予重视，从多个维度进行探索。无论何种教学模式，都离不开教师作用的发挥。同样地，在翻转课堂中教师的教学风格、人格魅力和教学智慧是关键，没有教师主导作用的彰显，教学活动的顺利组织、有序推进和效果监管是很难实现的。当然，教学是一个系统性工程，在高校思政课中推行翻转课堂教学模式，单靠教师或者学生的力量是难以支撑的，需要协同合作、形成合力。在翻转课堂实施过程中，处理好多种联系、搞活多元要素、建立多维机制是十分必要且必需的。这就需要学校决策层不断淡化应试教育，大力提倡素质教育，对教学模式改革创新进行合理论证，建立弹性化的组织和管理机制。首先，围绕翻转课堂教学模式，思政课课程建设应坚持多样化原则。就课程建设主体而言，既要充分挖掘本校的师资潜力，也要礼聘相关领域专家进行指导，并参与到高质量教学视频及学习资料制作的第一线工作中，也可以引进优质线上课程丰富学生的课程选择。在开课模式方面，坚持把传统模式和创新模式结合起来，专家教授、知名学者开课是开课模式的主要选项，"老带新""大牛带青椒"的连带模式也是不错的模式，它可以为传统模式注入新鲜活力，使学生的个性化需求和多样性选择得到保障。其次，以政策倾向调动教师参与翻转课堂建设的积极性。翻转课堂建设工作量大，耗时耗力，不少教师认为这是"吃力不讨好的事情"，况且思政课教师教学任务普遍较重，科研压力也不小，时间和精力原本有限，"挤"出时间实在勉为其难。为激发、调动和鼓励教师进行翻转课堂教学模式改革，可尝试进行"有效奖励"。即绩效考核中建立鼓励政策，完善配套教学工作量计算、课程建设经费、教学质量考核和劳务报酬机

制等。同时，在职称评定时也可以给予一定的政策倾斜，建立相应的关联机制。

营造一个良好的信息化教学环境对于教学模式的"整体升级"至关重要，因此学校的重视是思政课翻转课堂教学模式落地的首要前提，也是其能够持续发展，避免"雨过地皮湿"的有力保障。在实施翻转课堂教学模式过程中，环境的营造、平台的搭建、提升思政课教师开展翻转课堂教学模式的"热度"和"高度"都离不开学校这只强有力的"推手"。首先，在翻转课堂教学模式下，学生课前的自主学习需要有安全快捷的网络环境托底，学校应有针对性的加大校园网络建设，实现全覆盖。其次，学校应根据实施翻转课堂教学模式的需要，提供合适的环境和物质条件保障，为学生的课前自主学习扫清"条件障碍"。再次，学校要大力投入和支持网络学习平台建设，为师生互动交流开辟广阔通畅的"网络场地"。实施翻转课堂教学模式，学生在课前自主学习的过程中遇到需要解答的问题，可以及时在网络学习平台上寻求帮助，教师也可以通过网络教学平台掌握学生课前自学情况，在课堂上才能给予有针对性的指导。最后，学校应加大教师培养力度，提供系统培训机会，组织教师参加多种培训活动，帮助教师掌握现代信息技术，如学校可以聘请该领域中的专家学者到校开设讲座，也可以组织学科带头人或青年教师到兄弟院校实地学习和观摩，从而帮助思政课教师学到真本领，掌握真技巧，提高实施翻转课堂教学的能力。

"打铁还需自身硬"，教师应树立创新意识，紧跟时代发展潮流，增强本领，跳出"本领恐慌"。高校思政课实施翻转课堂教学模式，对思政课教师的专业技术素养有较高的要求。一方面教师要转变观念。课堂中心思想应由传统课堂教学模式下以教师为中心的"以教定学"向以学生为中心的"以学定教"进行转变。教师应意识到自身角色的变化，认识到高校思政课不应再是"满堂灌"的机械教学，而是学生的自主学习。在翻转课堂教学模式下，教师应扮演好自己的角色，逐步从主角向导演进行转变，在新课程改革的教学理念指导下不断提升自己各方面的能力。另一方面教师要强化本领。学生课前的学习资料不论是简短的微视频还是教学平台上学生需完成的进阶作业，都要求教师提前准备，下好"先手棋"。就这一点来说，与传统课堂教学模式下教师依靠课本和教参进行的有限备课截然不同的。这就需要教师不断适应现代化信息技术，有效利用互联网资源，学会使用教学平台，学会筛选截取或录制出生动活泼、情感丰富的微视频，学会把视频上传至教学平台及会做一些教学平台的日常管理。制作生动活泼、深入浅出、富有吸引力的微视频是学生课前进行自主学习的必备条件；利用新媒体技术组织教学活动、提高师生交流互动效率是工作推进的重点。这些本领都需要思政课教师定下心来踏踏实实学懂活用。

科学的考核评价机制是思政课翻转课堂教学模式行稳致远的重要一招。考核评价是导向，怎样进行考核评价，以什么样的标准进行考核评价都有着重要影响。在翻转课堂教学模式下，教学考核评价模式需根据学情因人而异。当前，翻转课堂教学模式不仅关注学生对所学知识的掌握程度，且更看重学生课前课堂表现，强调对学生进行综合性评价，因此评价方式必须由传统课堂教学模式下的单一评价向多维度的科学评价转变。对学生进行多角度评价，能使学生感受到来自教师的关爱，进而形成正向激励作用。在评价方式上，把过程性评价和结果性评价结合起来，过程性评价顾名思义要贯穿于整个教学过程，在教学过程中抓住细节、抓住重点即时评价。过程性评价既可以全面掌握学生的成长过程，又可以即时了解学习实况，并由此进行教学方式、教学内容等的调整，把问题解决在"过程"中。在评价过程上，小组协作、游戏、情境表演、辩论赛、成果展示等方式都可以被穿插和灵活运用到课堂中来。结果性评价侧重对学生认知能力的评价，主要衡量学生的知识掌握程度。把过程性评价和结果性评价结合起来在理论上和实践上都是可行且理应有效的。总之，建立科学的考核评价机制的方向是正确的，它注重对学生进行全方位的评价，能够发挥翻转课堂教学模式的优势，从而提振教学实效性。

第二节　对分课堂教学模式

对分课堂教学模式以建构主义学习理论、心理学、认识学等丰厚知识为理论沃土，并扎根于中国本土的教育教学实际，是当代教学手段革新的优秀代表，是混合式教学的重要组成部分。对分课堂教学模式适应了当前教学模式改革的需要和趋势，代表了个性化教学方向的前沿，是适合中国教育现实，本土特色鲜明的课堂。它传承了传统教学智慧，其先教后学的理念具有突出的实践适用性，能够充分调动学生的学习积极性。对分课堂教学模式以新型的师生关系、时间对分与空间对分为表现形式，其中的课堂讨论环节使讲授法与讨论法两者长短互补，有效地保障了学生的主体地位，提升了教学效果。通过教学实践，对分课堂教学模式理念深刻、简明易用，变被动学习为主动学习，全面培养学生批判性思维、创造性思维、沟通能力、合作能力的4C核心素养，已经被证明是易于操作且行之有效的新型课堂教学模式。

一、对分课堂教学模式的解读

对分课堂教学模式的概念最早是在2014年由复旦大学张学新教授提出的。张学新教授针对中国高校普遍存在的教学效率不高的问题，进行了大量的调查研究和理论分析，提出了对分课堂教学模式。自 2015 年起，对分课堂理念被广泛应用于大中小学各个学段，涵盖学科范围广，涉及科研领域多，使得对分课堂的相关研究一度成为热门内容。其中，以张学新教授的《对分课堂：中国教育的新智慧》一书为权威。张学新教授在书中从较全面的理论层次进行分析，将讨论法与讲授法进行综合运用，系统贯彻四大学习理论和三大教学理论，重新审视教学过程中的师生关系，实现了对传统教学的实质性变革。该书系统阐述了对分课堂这一教学模式概念产生的理论依据、主要特点、操作流程，以及相关教育心理学理论原理与建构主义理论分析。2020 年 1 月，张学新教授在《核心素养下的新课堂》中进一步着重强调："对分课堂背靠的理论体系还应从脑科学、心理学、学习科学等新型教育理论体系角度出发进行深入研究。"这一提法为对分课堂理论的发展提供了全新方向。

对分课堂教学模式的核心理念是"对分"，即把课堂分成两半，一半供教师使用，一半供学生们进行交互式学习。对分课堂教学模式下的课堂教学由讲授、内化和讨论三个环节构成，其中的精华是课堂讨论。课堂讨论能够帮助学生解决低层次问题，凝练高层次问题，增强学生对所学知识的理解。与讲述法的被动学习不同，对分法需要全员全程的主动参与。课堂讨论不需要高潮，平和才能持久。课堂安排了多长时间，就用多长时间，靠增加自身吸引力来使学生加倍投入这门课程的老师是失败的，因为这种方法是不可持续的，而做好讨论过程的核心即是做好作业，让学生围绕上课内容进行思考，再根据这些作业将讨论建立起来，最终形成一个良好的对分课堂。

对分课堂的三个环节彼此联系，环环相扣，遵循科学的先后顺序。对分课堂教学的基本结构应该是：首先，教师将对分课堂理念向学生阐释清楚，确保每一个学生都能理解课堂组织体系，把握现在要干什么、接下来要干什么、做这件事要达成什么目标。教师在授课环节所讲授的内容应是课程的大纲或主干，不要面面俱到，更不能把所有知识点都讲完了，要在适当时候抛出恰到好处的问题。其次，在内化环节，学生要发挥"主人翁"意识，带着教师提出的问题，按照教师的引导搜集资料，资料搜集工作力求焦点集中、针对性强，从而更好地实现自主内化吸收。最后，在讨论环节，教师要采用小组讨论的方式组织学生进行讨论。这一种讨论模式被称为"亮考帮"。"亮考帮"包含三个部分：学生学习总结之后感受最深，受益最大的内容称为"亮闪闪"；自己弄懂了，但是认为别人存在困惑以问题的形式提出称为"考考你"；把自己感到疑惑的地方以问题的方式向同学们提出来称之为"帮帮我"。

总结起来，对分课堂是一个实现输入到内化，由内化再到输出的整体化学习过程。教师和学生都实现了从传统课堂向新课堂的跨越。传统课堂中老师设计精美的 PPT 和不断抛出的大量的烦琐问题，其实不过是一个编辑的过程，效率很低，对于学生的学习帮助不大。在对分课堂中，教师更加准确地把握课堂内容的核心，化繁为简，实现有效输出，避免了填鸭式问题。值得一提的是，作业不再依据简单的对错进行批改打分，而是根据学生的态度和创新程度综合量分。通过这种方式，教师批改作业相对轻松，学生也可以更加自主的、更加积极的去完成学习。在对分课堂教学模式下，学生积极性的激发不再是依靠教师的奖赏、组际或组内竞争，而是产生于每个学生自我努力的全过程。在张学新教授看来，"对分课堂"是不漏水的课堂，因为它把每个洞都补住了。它在尊重学生自主性的同时，为每个学生提供了充足的准备时间和内化吸收时间，从而达到更好的学习效果。

二、高校思政课实施对分课堂教学模式的基本条件

高校思政课实施对分课堂教学模式需要一定的条件作为支撑，这些条件是前提和准备，前提扎实、基础充分则教学才有实施的可能性；缺少了这些条件，对分课堂教学模式在高校思政课中的推行就会受阻。这些条件归纳起来有两个：一是要重新定位教师与学生的关系，对于传统课堂教学中师生角色和时间空间分配比进行基于新的教学模式的审视，这是对分课堂教学模式开展的逻辑起点；二是要在教学方法上进行预设和甄别，做好课前的设计、课中的调整和课后的反思，要在综合使用讲授法、讨论法的过程中发挥其各自优势，并辅之以多媒体教学手段、典型案例教学法等。

（一）合理定位师生关系

高校思政课实施对分课堂教学模式的第一个基本条件是合理定位师生关系。高校思政课传统教学模式中教师是绝对的主导，拥有绝对的权威。学生是被动倾听者和被动接受者，居于从属地位。对分课堂教学模式中，这种主—从关系是没有"市场"的，必须进行调整。但这里的"调整"区别于翻转课堂的"翻转"，它并没有也不需要过分强调教师和学生关系的"颠倒"，而是在突出教师主导的同时减弱权威的绝对性，在保持良好课堂秩序的情况下彰显学生的主体性。对分课堂中的师生关系以平等为基本诉求，以和谐师生关系的动态平衡为实现目标。这样的师生关系一定是有利于增强师生、生生互动，有利于激发学生间交流学习兴趣的。

任何一种教学模式的核心问题一定都是师生的关系问题，具体来说，就是教师和学生分别扮演着什么样的角色，教师和学生实现怎样的交流互动。"权威性压制"的传统教学模式阻碍了师生交流效果的提高。对分课堂教学模式充分尊重学生的主体地位，但又不会过分淡化教师的主导地位，师生之间是一种真正意义上的教师主导、学生主体的良性关系。在这种师生良性关系中，思政课教师在整个课堂活动中充当教学环节的组织者和知识

的传授者、讨论环节的指导者和过程的倾听者、评价环节的总结者和升华者。在不同的环节，教师担任不同的角色，完成不同的任务，且根据环节的转变灵活调动。

在对分课堂教学模式中，教师是教学内容有限的讲授者。对分课堂突出学生主体地位，但保留了教师讲授环节，教师讲授是对分课堂教学模式的开端。教师对于课程内容只需要讲清楚框架重难点，即提纲挈领、精练精讲，注重对学生进行思维引导和问题布置。教师在讲授环节不仅要注重专业知识的精准度，抓准课程的精要之处，还要了解学生特点和个体差异水平，设置的问题有梯度但不过度。在这一环节，教师对于知识内容不能不讲，不能全讲，还要有所讲，有所不讲，"要精讲课程的基本概念、原理和体系结构，细节部分留给学生自主学习，学生课后进行个性化的吸收"。知识框架的建立要给学生填充的空间，这个框架要具有真实性和科学性，确保学生的自由发挥有据可依。作为讨论环节的指导者，教师应把握好"尺度"。内化吸收环节是学生完全自主的环节，这里的自主是以教师的知识指导和问题布置为前提。也就是说，讨论环节看起来与教师毫无关联，实际上离不开教师的作用的发挥。教师的指导地位并未发生改变，只是从面对面交流转变到点评环节中。教师的讨论过程组织者的角色更重要体现在过程管理上。鉴于讨论过程中存在着各种各样的不确定因素，教师的过程管理和进度调控意义重大。避免出现无效讨论和偏题跑题的情况，教师还要学会倾听，并适时进行阶段性评价，维护好各小组之间的合作氛围，形成良性循环。

在对分课堂的各个环节，教师的角色不断调整，学生的角色也根据具体情况相应变化。在讲授环节，学生既要接触大量信息，又要进行归纳、吸收和外化。对分课堂教学模式下的教学是没有预习的，思政课教师讲授内容框架和大纲知识，学生在此基础上进行归纳、总结、理解，明确教师传递出的内容信息，并由此构建自己的知识轮廓，为内化吸收做好铺垫。在内化吸收环节，学生通过综合教师讲授的要点、自我查阅的资料以及所受到的社会环境的影响，会对目标内容产生由内而外的自我理解，这一自我理解过程是一个动态过程，不断深入和反馈，直到独立完成对知识和问题的内化吸收。在讨论环节，学生处于主体地位，有充分自由，可将自己总结的知识以小组讨论模式与组员交流。在这个环节中，学生始终扮演着知识交流者角色。每一个独立的"交流者"通过思想碰撞，拓宽了理解更为复杂深入概念的思维路径和视野，从而对自己已有的知识建构模式进行删补。总之，在讨论环节，学生始终以独立的主体和协作的交流者身份推动课堂教学进程。

（二）有效选择教学方法

教学方法创新是教育改革的一个重大方向和重要内容，以往的教学方法创新大都是聚焦于某一种教学方法，与此相比，对分课堂教学模式具有前所未有的优势。对分课堂教学模式不是以一种单纯的教学方法组织课堂，而是以多种教学方法交替使用共同推进课堂教学进程。最典型的教学方法就是讲授法、讨论法、多媒体教学法。因此，对分课堂教学模式的改革创新，是讲授法、讨论法和多媒体教学法的综合创新，是融合了多种经过"改造"的教学方法的创新。对分课堂教学模式的一个突出优点是灵活变换教学方法，并取它之长补我之短，致力于教学方法的优势互补。实现好教学方法的高位引流，有效选择可行、可靠的教学方法，这是实施对分课堂教学模式的一个基本前提。

讲授法是传统的教学方法，是自有教育以来就被采用的最经典的知识传授法。经过历史的检验和实践的证明，讲授法是行之有效的，其重要性不言而喻。无论进行教学模式上的何种变革，讲授法都不应该也不会被完全抛弃，一定程度上说，抛弃传统讲授法是危险的做法。因此，高校思政课教学首选的教学方法必然是教师的讲授法，它有着不可替代的优势，只要学生在课堂上认真听讲，就可以通过语言、声音的传递接收到系统、科学的知识，获得大量的间接经验。对分课堂教学模式从不低估讲授法的价值。当然，值得注意的是，"讲授式教学获得好效果的前提在于教师传授的内容深入系统、丰富新颖"，当网络和教科书提供的知识在这些方面远远超过一般教师时，课堂讲授的吸引力就会大大降低，成为学生学习的鸡肋。这就要求教师在讲授法上下一番"转变"功夫。在坚持讲授法同时，对讲授法进行"改头换面"，闯好质量关，这是决定对分课堂是否成功的必要前提。

讲授法如果超出了学生实际需要的范畴，就会造成浪费甚至适得其反。因为这种方式较难激发学生的学习自主性，学生总体上只能被动接收知识，自我探索和自主思考的空间比较狭小，接受效果的个体差异性很大。并且长时间的课堂讲授会让学生和教师都很疲惫，效率在达到顶点后会直线下降。如果在经过一定讲授后，"把简单、枯燥、单调、不适合讲解的内容留给学生自己阅读"，效果就可能会出现"反转"，因此讨论式教学的积极介入是必要的。讨论式教学是仅次于讲授式教学的第二种教学手段，有着较为悠久的历史和较为明显的优势，能够激发学生自主学习、主动思考的积极性和内驱力，培养学生独立思考和自主思维能力。但以往的讨论式教学多有"形式大于内容"的问题，所被安排的时间十分有限，配套措施也跟不上，导致学生挖掘知识内容的深度和广度都不够，当然，课堂教学如果过度放任自由，学生又会没有方向感。此外，需要格外注意的是，"讨论式教学通过课堂讨论引发学生主动学习的动力，提升学习积极性，方向是正确的。然而课堂大部分时间用于讨论，讲授过少，不能充分发挥教师价值"。做好讨论法前期设计工作是十分必要的，缺少了这一个基本条件，对分课堂教学模式的实施也将难以持久。

三、对分课堂教学模式应用于高校思政课的实施方法

对分课堂教学模式应用于高校思政课中，需要从对分课堂的三个环节入手，细织密织每一个环节的工作网，确保在讲授环节所讲授内容直击核心，使学生"听"到重点；确保在内化吸收环节合理介入，使学生"思"而有道；确保在讨论环节科学指导，使学生"化"为己用。达到这些效果，需要把思政课课堂教学做细做实。对分课堂教学模式看似减轻了教师的"负担"，实际上是把"负担"升级，对教师的能力要求更高了。这就需要每一位高校思政课教师增强意识、增强本领。

（一）讲授内容直击核心，使学生"听"到重点

思政课具有特殊性，理论性强、知识点多、趣味性弱，对教师的讲授艺术是一个考验。教师切忌知识内容的一股脑儿地倾倒而出。如果讲授法在课堂教学中"一根杆子打到底"，容易产生疲倦感。因此，教师既要抓好讲授法的精髓，有所讲有所不讲，还要注重培养学生"听"的能力和习惯。学生掌握自主学习能力、培养良好"听课"习惯，对于提升学习效果有着重要作用。在思政课的讲授环节，教师要确保学生一下子就能听到重点，从而为下一个环节的展开铺好路。

对分课堂教学模式与传统教学模式一样，同样注重讲授法，但对分课堂教学模式下的讲授要求直击核心，牢抓重点，讲清思路和框架，最忌拖沓冗长。比如，在讲授马克思主义基本原理概论课的导论部分时，教师只需要把此次课的逻辑思路即"什么是马克思主义""马克思主义的当代价值""马克思主义的创立和发展历程""马克思主义的鲜明特征"及"如何学习和运用马克思主义"等重难点呈现给学生。又如，在讲授中国近现代史纲要课的第六章内容时，教师只需要把"日本侵略中国的计划及其实施""国民党在正面战场的前后表现""为什么说中国共产党是抗日战争的中流砥柱""抗日战争胜利的原因及其意义"的条条框框传递给学生即可。剩下的内容交给吸收内化环节去处理。

有不少学习态度认真的大学生喜欢在课堂跟着老师讲授的节奏记笔记，"好记性不如烂笔头"，这种学习方法固然可取，但要发挥好其效果，需要师生双方的配合。学生为了尽可能多地掌握教师讲授的知识，在记笔记上花了大量精力，反而耽误了听课，在后期的复习中忘了自己所记下的内容真正的内涵是什么，导致较大的教学误差；而只顾着听课的学生很可能因为"课堂记课后忘"，学习效果总体也不佳。在这种情况下，教师的讲授会大打折扣。因此，在对分课堂教学模式下，教师一定要引导学生学会听课，把教"方法"作为讲授环节的一个重点，比如，可通过案例和材料分析，给学生进行示范，教学生自我学习的方法，帮助学生掌握分析问题的思路和解决问题的方法。提高学生自主性学习的能

力，切实把自主性学习落到实处。

（二）合理介入内化吸收环节，使学生"思"而有道

按照对分课堂教学模式，内化吸收环节由学生独立完成，但由于学生知识储备和学习能力有限，独立学习很有可能出现散漫、低效问题。张学新教授对学生自主内化吸收可能存在的问题做过一个形象的比喻，教师在讲授部分就好像有间隔地挖洞，学生挖了一段就接通了一个洞，再挖一段又接通了一个，最后比较顺利的贯穿了整个隧道。学生的内化吸收就是打洞的过程，但如果没有教师提前挖好的有间隔的洞，学生自己指不定会挖到哪里去了。这个比喻真实反映了问题所在，为教师在学生内化吸收环节的合理介入提出了现实要求。

确保学生"思"而有道，需要教师做好规划和引导。内化吸收强调的是学生的自主学习，"要求学生自主阅读教材，理解、内化和吸收教材和教师讲授的内容"。由于每次课所学习的内容通常是一章中的一半及以上内容，内容量大，而在当堂对分模式下，学生自主学习的时间只有 15 分钟，有限的时间里所能自主学习的内容是有限的。为了让学生在有限的时间里集中精力完成自主学习任务，可让学生自由选择本次课所讲授内容中的 1 个或 2 个内容进行学习。学生在自主学习的基础上做读书笔记，读书笔记的形式自定，也可按照教师的建议运用思维导图等形式对所学内容进行梳理。即便以自定形式做读书笔记，教师也需要为学生"画道"。当然，为了给学生更多的"思"的时间，教师可以尝试隔堂对分，使讲授之后的独立学习和独立做作业在教师的统一规划下更富时间弹性。

（三）科学指导讨论环节，使学生"化"为己用

讨论环节是学生对前期所学内容内化吸收之后的反馈阶段，这一阶段在对分课堂教学模式中有着至关重要的地位。讨论环节也即是"亮考帮"，是学生们最终学会知识的"主场"。"亮闪闪"是学生找出并写出本次课所学习内容中最有收获的知识点；"考考你"是学生掌握的比较透彻的知识点并准备考考小组其他成员；"帮帮我"是学生自己无法解答的问题。"亮闪闪""考考你""帮帮我"共同构成讨论环节的系统。在这些工作中，教师不是旁观者，而是组织者和倾听者，应发挥出科学指导的作用。科学指导的重点是引导学生输出自己对知识内容内化的成果，以及引导学生将这些知识内容"化"为己用，在讨论环节有效进行沟通。讨论不是无意义的争辩，隔堂对分教学模式，具体来说，是指假如某门课程每周 1 次课，则第 1 节教师讲授课程概论、对分课堂模式、考核方式，第 2 节教师讲授第一章的绪论，学生课后自主学习教师讲过的内容，并完成读书笔记和作业。第 2 次课第 1 节学生分组讨论作业内容，教师抽查部分小组的某个同学，分享讨论内容、形成

的观点及未能解决的问题，而后由教师进行总结。第 2 节教师讲授新的授课内容，以此类推。更不是"排排坐，吃果果"，而是要主题明确、切入要害，这离不开教师的科学指导。

教师可将讨论环节分解成小组讨论和全班讨论两个有先后衔接顺序的过程，"小组讨论的核心是共析疑难、互相帮助，疑难问题先由小组解决，如若无法解决，再通过全班交流或教师答疑解决。这是一个发现问题和解决问题的过程"。在小组讨论中，学生按照自由结合的原则，每 3～4 人组成为一组，并形成定例，轻易不作更改，每次上课时，小组成员坐到一起以便于开展讨论。在教师的部署下，小组成员先后阐述自己的"亮闪闪""考考你"和"帮帮我"，相互阐释，相互启发，相互解答问题，营造热烈的交流学习氛围。在全班交流流程，教师首先是随机抽点提问。可随机抽取 3～4 名学生，请该学生代表本小组阐述讨论重点、已形成的有效成果和未解决的问题。不同的问题要不同对待，比如对于有代表性的问题，教师可先启发其他学生回答，如果学生们回答不了或没有令人满意的答案，教师再回答。如果其他学生回答了一部分但尚有留存空间，教师可以加以补充丰富。然后，教师组织自由提问。请想向教师和同学提问的学生自由提出问题，教师和其他学生合作解答。最后，教师做简要总结。在整个环节中，教师的指导贯穿始终、恰如其分。

总的来说，从内化吸收到讨论交流是每一个学生进行自我展示，实现内化到外化的过程，这一个过程的顺利推进对于学生来说其实是不容易的，很可能存在观点跑偏、执于一念等问题，导致讨论环节归于无效。在这个时候，教师的指导显得十分重要。当有效的讨论进行到一定程度时，大部分学生会就一些观点形成认同，教师要抓住时机做好评价性工作和经验总结工作，这一项工作完成的好，既可以给学生明确的观点判断，也能够为学生做好示范，为学生"化"知识内容能力的提升打好基础。此外，学生在这时也会进行自我总结，无论是被赞同的观点还是被质疑的观点，学生都会在"观点呈现"中通过思考自己讨论的过程来判断自己是否将内化吸收的观点和经验表达到位。由此就从根本上、系统上保障了学生对知识内容的"化"为己用。

总之，对分课堂教学模式能够增强学生的学习主动性、促进学生的角色转型、增加师生的互动交流、提升考评精准度，从而提升思政课的教学效果。对分课堂的出发点是调动学生积极性，让学生主动参与，教师让出部分课堂时间交给学生掌控，打造师生"对分"课堂的格局。教学模式的创新，必然会引发学习方式的改变和考核方式的调整。对分课堂增加平时考核，把学习分散到整个学期，体现了过程性评价。对分课堂用达标式考核让低要求学生能够保底通过，以开放性考核给高要求者展示优异的空间，更好地适应了学生不同的学习需求。总的来说，"对分课堂注重教学流程的改革，无须大量投入，是一种经济、实用的教学改革"，对于高校思政课混合式教学改革具有充沛的借鉴价值。当然，对分课堂教学模式应用于高校思政课还需要考虑技术平台、学习群体、教师群体、社会大环境等诸多因素，在实践中探索，在探索中完善还有一段路要走。

第三节　创客教学模式

数字设计技术、Arduino 开源软硬件创新平台及快速成型技术的发展为创客运动插上了兴起的科技双翼，创客运动是由个体或群体合作利用周边材料、计算机相关设备制造和使用原创性产品的运动。随着创客运动的不断进步，其与教育领域结合，催生出了创客教育。创客教育是　种建立在创客运动基础之上的以培养学生创新能力为核心目标的新型教育形态。"创客"一词由英文单词"Maker"意译而来，可以理解为将自己的想法与创意变为现实的人，"创客可以是学生、教师、家长或其他人员，只要拥有相同兴趣且共同致力于创客活动的人都称为创客"。创客教育注重培养学习者的创新意识和动手创造的能力，让学习者在实际操作中进行学习、培养创作积极性、增强协作分享意识。创客教育既是一种培养学习者创客素养的教学模式，也是培养众人具备创客精神的一种教育理念。创客教学模式的发展为高校思政课教学改革提供了一个崭新的思路和活跃的生长点。

一、创客教学模式理念的解读

创客，狭义上说是指酷爱科技创新、热衷创新实践的一群人；广义上说，凡是有创新意识并勇于将自己的创意和想法变成现实的人都可以被称为创客。所以，从根本方向上看，创客代表着的就是创新、实践。从这个角度说，创客教育就是培养创新人才和实践人才。创客运动传入我国已有十余年，形成了中国特色的创客文化。我国的创客文化与外国的存在一定差异，主要表现在更加注重专业实践、更加强调兴趣和自我实现、更加突出协作共享。由此也造就了我国创客教育理念的本土特色。

重学生实践能力培养。创客教学模式给学生充分选择的空间和权利，使他们可以完全根据自己的兴趣做出课程选择。创客教学与学生们的升学或考试成绩无直接关系，不是为了学生的考试而存在，只是为给学生们提供一个轻松愉快的学习氛围和具有一定技术设备与活动空间可供操作的场所。它让学生们在与学习伙伴的协同下进行知识的融合、工具的选择以及作品的展示与分享。创客教学模式主张"在做中学",学生们在动手操作的过程中学会知识在实际生活中的应用。在创客教学模式下,学生完全是创造的主体、实践的主体,教师的身份更多的是一个创造的辅助者和实践的引导者。

重科技素养培育。信息技术作为创客活动的赋能者,为创客教学模式的实施和深推注入了强大活力。在信息技术的支持下,创意变成新奇实用的产品有了可能性和现实性。创客教学模式以现代科技为基石,其逻辑出发点和落脚点都在于培养学习者的创新能力、实践能力和技术素养。目前,创客教学模式的实施载体主要有创客兴趣小组、以信息技术与实践课程为基础的项目学习、多学科联合的基于体验的学习。这些载体无一例外是把"科技素养"和"实践能力"作为两个支撑,注重学生的实践、合作与分享,注重与新兴科技手段的融合。创客教学模式鼓励学生养成科技素养和运用科学技术的能力,积极参与实践学习,在实践中学会知识以及提出创造性的意见,并能够创造性运用所学知识与技能进一步改造实践,在这样一个过程中,不断增强科技素养和创造意识,成为一个真正的时代"创客"。

重协作共享能力锻炼。我国长期以来实行知识的分科学习,各学科的独立发展和知识学习的人为割裂致使学生知识迁移能力的提高受限,很多学生理论功底较好,但动手操作能力较差;自我学习的意识强,与他人讨论、交流、共享的意识弱。这一问题的存在和迁延,势必会阻滞学生创新能力和创造能力的培养。创客教学模式具有格外强调学生之间协作、交流、共享的优势,且在学习中融入新兴技术手段,对于发展学生的知识整合能力、难题处理能力和协作共享能力提供了前所未有的机会。创客教学模式着眼于学生知识的融会贯通、思维的拓展、学科知识综合运用,打破了学科间的壁垒,强化了不同知识的整合。此外,通过项目式学习等方式,创客教学模式达到了增强学生协作学习能力、构建良好人际关系、生生共同发展的目标。

重创客文化社会生态建构。创客教学模式依靠网络和科学技术的极大优势,为学生们提供创新能力、发散思维、创客素养培养的空间。把技术和非技术手段实践创意有机结合起来是创客教学模式设计的理念。要把这一理念从纸上搬到现实中来,需要建构创客文化社会生态。对于教师而言,教师需要做一个创客型教师,善于动脑创新和动手创造,有先进的创客思维,重视学生的思维训练,提升创新创造能力。对于全社会而言,要致力于构建起学校、政府与企业三位一体的协同发展机制,为创新人才培养扫清障碍。创客文化社会生态的建构将为创客教学育人目标的实现奠定扎实可靠的基础。

二、创客教学模式的实施要旨

创客教学模式在我国已经得到实施，并且发展势头良好。在同济大学艺术与传播学院，大一新生一入校就有开源硬件与编程等课程，使学生从一开始就消除对技术的畏惧感，并在有趣的学习中，了解技术将给他们日后的创作带来什么可能性。清华大学、深圳大学等高校的学生自发地建立了各种形式的"创客空间"。2013年11月，中国发明协会主办了首届"中华创客大赛"。2013年11月4日，清华大学启动创客驻校计划，计划每年聘请国内外知名创客进驻学校创客空间，鼓励学生主动参与创新实践，提升跨学科的技术与创意交流。2014年6月，清华大学举办了"创客教育论坛"。2014年7月，中国留学服务中心等单位又联合举办了"中美青年创客大赛"。2015年3月，有关部门还在北京西城区育翔小学开展有关创客教育的公益活动。西南交通大学"创客空间"，建成一个为学生的兴趣爱好服务的科创中心，他们经常组织分享会、工作坊、挑战赛、创客集市等活动，并通过一些公开课开展创客技能的培养。国内比较知名的创客空间如雨后春笋，如蘑菇云创客空间，柴火空间等。

经过近十年的创客教育实践，创客教学模式基本形成了系统性思路。创客教学模式一般是学生为主，教师为辅。教师以复杂的项目研究形式为学生创设任务，所创设的任务必须具有挑战性。然后，学生通过不断的探究，创造出主题鲜明、具有创意的有形学习制品，进而在一个互动的环境中学习工程知识和技能、培养创新创造思维。

在此过程中，教师扮演着引导者的角色，学生充分发挥主观能动性和自我创新，在课堂上大胆提出自己的想法和创意。这些想法和创意要主动在课堂中进行展示、协作，"在协作学习环境中学习有助于提升学习者沟通交流能力、演讲能力以及问题解决能力"，每一个学生所遇到的难题都可以通过与同学的协作进行解决。

创客教育课堂教学模式一般采用情境式教学，强调"在做中学"，格外突出学生在课堂教学过程中的"做"，也就是让学生边做边学，将教学过程转化成"全面去做"的过程，而不仅仅是知识的传授和掌握。对学生进行创客教育不仅仅是为了将创新理念、创新精神输入到学生头脑中，更重要的是，教会学生和保障学生把创新理念、创新精神付诸到实践中。创客教学课堂氛围良好，互动性高，活跃性强，老师能够在教学过程中及时了解学生真实情况并做出有效反馈。在创客教学课堂上，教师还可以在适当的时候把生动形象的比喻运用到教学的各个环节，使教学内容和生活实际联系起来，促进课堂教学的"实"化。

总之，创客教学模式侧重于对学生创新意识、创造能力和团体协作能力的培养，最终目的就是为了促进实践作品的完成。高校思政课创客教学模式需要把握好创客教学模式的要旨，结合思政课课程情况和课堂实际具体实施。

三、创客教学模式应用于高校思政课的路径

高校思政课存在着内容乏味、形式单一、实践教学不足等问题，近些年的思政教育教学改革大体上都是围绕着这几个问题展开。创客教学模式极为关注学生的主观能动性发挥和创新意识、创造能力的培养，重视多学科知识的融合，重视对现代新兴信息技术的运用，与高校思政教育的育人宗旨十分契合。把创客教学模式用好用活用出成效，对于高校思政课的增量提质有着重要意义。具体来说，要向教学方式、空间创设、师资队伍、考核评价等几个方面聚焦。

（一）主抓"基于项目学习"方式

"基于项目学习"方式具有主动性、互动性和情境性，充分彰显了创客教育理念，有利于提升高校思政课的亲和力。"基于项目学习"方式把项目确定、资料收集、作品制作、成品展示整个过程都交给学生，学生能够根据自身的兴趣爱好展开学习。比如，有的学生对中国近现代史纲要课程中"洋务运动"相关内容感兴趣，则可以在此主题下找一个切口，确定好项目，按照学习逻辑往下推进。每一个学生都有选择主题，确定项目的自主权。传统的学习方式突出学生之间的竞争关系，而"基于项目学习"方式则把学生之间的合作关系作为支点。对某个学习项目有共同兴趣的学生可以组成学习小组，小组成员之间进行分工、合作学习、讨论和协商。"基于项目学习"方式一个明显的优势是创设了具化的学习情境，学生在学习情境中能够灵活运用所学解决现实问题。比如，创设中英《南京条约》谈判历史情境，还原当时中英谈判的细节，使学生加深对帝国主义侵略性、对清政府的腐朽的认识。身临其境比教师的"苦口婆心"更易让学生理解知识。此外，"基于项目学习"方式强调多个学科之间的融通，为高校"课程思政"提供了新思路和新方法，有利于加深学生对知识的全面理解，也有利于促进对学生的情感启迪。

高校思政课教学采用"基于项目学习"，需要抓好流程细节和过程性管理。"基于项目学习"可分为准备阶段和实践阶段两块。就准备阶段的工作来说，第一，教师首先对本次课所讲授内容进行标注和整体展现，可以采用当堂的口头讲解或者微课视频的形式梳理课程内容、目标和要求，为学生勾勒出整体性框架，帮助学生"画好轮廓"。第二，教师围绕课程重难点或者具有争论的知识点圈定项目范围，学生结合个人兴趣在项目范围中选择具体项目。教师对项目的圈定要有质量，不能含糊了事。太简单的不可取，太难的也不适宜，它们都不能激发学生的项目参与热情。"创客教育尽管可以高端，但更重要的还要接地气。创客教育强调在项目和问题引领下，学生运用多学科知识创新性地解决真实问题。

创客教育有别于单纯注重能力培养的教育，它不仅重视动手做，更注重以项目为导向实现跨学科学习。"简言之，创客教育项目要可用且有效。即项目的圈定在保证学生够得着的前提下，还需要踮一踮脚尖。项目既要紧扣课程主题，还要与实际相联系，要体现出高校思政课的现实关怀。当然项目选定权也可交由学生，教师只需要根据情况加以指导，把一把方向即可。第三，项目选定后要制订相关计划，计划必然包括分解的内容、时间的安排、成员的分工。计划制订力求详细，越详细越好，越详细越便于项目的实际操作。

准备阶段的工作为实践阶段的铺开打下了基础，实践阶段是"基于项目学习"方式的核心部分，好则行，不好则废。具体来说，第一，相关计划制订完成后，便开始进行项目实施，这是最关键的一步，直接关系到"基于项目学习"方式的成败。项目实施完全是学生的"主场时刻"。这一环节的进行可在课上，也可在课下，或者最好采用"课上+课下"相结合方式。第二，经过前面一系列工作的铺垫，产品制作有了充分的基础。产品制作过程包含制作前、制作中和制作后三个环节。制作前，小组成员之间要进行研讨，得出最佳创意点，并提出成熟的产品构想和最终设计方案。在制作中，学生要积极充分利用所学知识和技能完善设计方案，在整个小组成员的协作和配合下一步步地完成制作。产品在初步成型后，学生要对产品进行检验及不断优化。比如，在学习思想道德修养与法律基础课程中"爱国主义"的相关内容时，可通过制作以爱国主义人物事迹、祖国大好河山、身边的小人物大情怀为主题的微视频、海报、宣传册等文化产品，加深学生们对爱国主义基本内涵的理解、认同和践行。第三，产品制作成功后，各小组对本组的产品进行分享，其他小组进行点评、反思，教师最后进行总结和提炼，为以后的学习找准方向和方法。

（二）创设开展创客教学的有利空间

有利空间是高校思政课实施创客教学模式的重要平台，有了这样一个平台，教学实践才有了"阵地"。创客教学空间要突出三个特点，第一，共享性。教学空间是开放式的，是面向全体学生的，而不是针对几个人或者少数人的。要保证每一个学生都能以饱满的热情和极大的兴趣参与到思政课的课堂中来，确保学生中没有一个"局外人"。创客教学空间的共享性还体现在允许校际、域际联系，让各个兄弟院校共同探讨思政课相关知识，实现集智慧、共学习、同进步。第二，客观性。高校思政课创客教学空间的构建要遵照客观实际，空间的选址、规模、设施和资源配比都要依学校情况和思政课的需要而定，既要满足需求，又要恰到好处。第三，安全性。创客教学空间是师生开展教学活动的重要场域，要把安全第一记在心间，无论是设备的选择还是物品的摆放，都要考虑安全首位。

随着高校思政教育内涵的提升和创新方式的推进，线下创客教学空间越来越不能满足思政课的教学需要，建设线上线下虚实两相结合的思政课线上创客教学空间成为必然。"创客课程从设计、实施到构建与分享都离不开网络资源，丰富化、立体化网络资源可以帮助学习者在开展创造活动时获得更多支撑。"思政课线上创客教学空间能及时更新和筛选信息，为学生提供学习资源、拓宽学习平台，为学生的自主学习和有效探究打开一个"新世界"。在线上创客教学空间里，学生完全能够根据课程要求和自身情况进行选择性学习。教师也可以丰富案例库和试题库，为学生提供更多开放性、多学科融合的学习资源，引导学生探究、思考、创新、分享，培养学生的思政素养和科学素养。思政课线上创客教学空间为师生、生生的讨论交流和研究成果共享开辟了新通道，学生间的合作有了新的快捷的方式，教师的指导和总结也更为方便，弥补了线下创客教学空间资源不足问题。学生还可通过线上创客教学空间整合学习资源，线下创客教学空间实际操作，实现线上创客教学空间和线下创客教学空间优势互补，从而提高思政课的教学成效。需要注意的是，创客教学空间的布局紧扣思政课的课程要求和课堂特点，合理为上，内容为王。

管理是有效开展和持续生效的必要环节。高校思政课创客教学空间作用的发挥，离不开科学的管理，应制定切实可行的管理方式。第一，做好时间管理。创客教学空间的开放时间要合理规划，除在上课期间开放外，还应根据学生和课程内容需要在课下进行定时开放，便于师生随时进行实践学习，给师生在学习上提供充足时间。比如，有些学生寒暑假期间不回家，完全应该被允许在创客教学空间里开展自主学习或几个人的合作探究学习。第二，强调师生共管。思政课创客教学空间的管理主体应该多元化，可实行教师主管，学生协管模式。师生共管有利于发展师生情谊，构建良好的师生关系，从而激发学生对思政课的学习兴趣。第三，管理理念要开放。创客教育理念的核心要义之一便是共享，思政课创客教学空间管理也应树立起开放理念，积极促进学校的创客教学空间与外界接触，允许外来参观者、学习者和共建者。在信息化时代，开放式管理有利于营造创客教学空间的良好环境，完善创客教学空间。

（三）打造高水平师资队伍

办好思政课，关键在教师。无论时代怎样发展，无论教学方式怎样创新，教师在高校思政课中的主导地位都不会改变。即便是强调师生角色的"翻转"，教师的作用从根本上说也只是发生了升华而并没有弱化或淡化。作为高校思政课教师，不应该害怕永远"失效"，更不应该庆幸可以"偷闲"。其实，越是新的教学模式在思政课中发挥作用，思政课的教师就越是经受考验，越应该增强本领。高校思政课实施创客教学模式也是如此。它所提出的第一个要求一定是针对教师队伍提出的。"培养能够创新创业的学生创客，亟须既能够设计创客项目、又能指导学生进行创客活动，技术能力、创新能力、教学能力和综合素质强的创客型教师。"教师要用好创客教学模式，充当好引导者、指挥者和总结者的身份，就必须焦点式提升，精准式发力。

在高校思政课中实施创客教学模式，需要教师具备创客教育理念和开展创客式教学的能力。培养具备创客理念和实践能力的思政课教师，可建立职前职后一体化培养和培训机制。职前培养主要针对高校思政教育专业的学生，他们是未来的高校思政教育的中坚力量。高校思政教育专业可针对创客教育理念，制订专项的具体的可操作的人才培养计划，在课程设置、内容选择和方式优化上重点考虑创客教育理念。职后培训的主体是学校从事思政课教学工作的教师，他们是创客教学模式的现实执行者。具体来说，有三种可行的方式，第一，制定规范化、体系化、长效化教师培训机制。学校遴选资质较好的教师参加创客教育机构的理论培训。通过学习掌握思政课融合创客教育需要的多学科知识、创客教学模式实施方法和相关注意事项。为把教师培训工作作出实效，学校应当与社会上口碑优质的创客空间达成合作，共同制定培训方案。第二，组建一支创客式教师团队。在校内招募一批对创客教育感兴趣且具有创客理念的教师，这是精准式发力的重要环节。教师团队要定期开展研讨活动，使团队中的每一个教师都能够在交流中扬长避短、补齐短板。第三，邀请创客教育专家来校讲学。创客教育专家具有很高的创造热情和专业能力，能够有效弥补教师的创客素养不足问题，启发教师的创新思维发展，树立起创客教育理念。

（四）优化基于创客教学模式的考核评价机制

评价是教学的导向，一个合理的评价机制对教学有正向促进作用。在长期的高校思政教育中，考核评价基本形成制度固化和思维定式。创客教学模式对于高校思政课教学来说是一个新生事物，传统的考核评价与这个新生事物之间必然存在扞格之处。考核评价不转一转"风向"，创客教学模式的长期长效实施将难以实现。因此，优化基于创客教学模式的考核评价机制是一项工作重点。

首先，评价的主体尽量多元。在创客教学模式下，高校思政课教学尊重学生的主体性和创造性，但学生的认知水平和实践能力毕竟有限，仍需要教师的指导。离开了教师的指导，创客教学很有可能流于形式或偏离方向。教师的最终总结、提炼和评价也是学生不断提升的重要促发源。因此，教师必然是学生学习历程、创造思路、最终作品成绩优劣的最重要评价主体。当然，只依靠教师的单主体评价模式对于学生创造创新、团结协作等能力进行综合评价显然是不够的，且极有可能因评价"不公"导致学生丧失了积极性。有鉴于此，学生作为参与评价的主体应是一个可行的尝试。因为一方面创客教学模式格外突出学生之间的协作共享，在协作中学生们之间的了解是最深的，所得评价也是更为客观的；另一方面创客教育理念强调学生综合能力发展和主体意识激发，把学生作为评价主体可彰显师生的平等地位。当然，需要指出的是，学生评价学生很有可能因彼此间关系要好而"有所照顾"，避免评价结果的"失真"就需要教师严格规范评价标准，综合各项指标。另外，还可以邀请相关专家参与对学生作品、成绩和能力的评价工作。专家的评价更有客观性，理论依据充分，更容易让各方认可。

其次，评价的范围尽量拓宽。一般的思政教育评价机制较为单一，评价的内容基本是学生的考试成绩或课堂考查的表现。对考试成绩或课堂考查的表现进行评价，并作为学生的最终"认定"一定程度上说具有概括性，但总是不全面的。创客教育理念十分强调学生的创造性、创新性、实践能力、协作能力和共享意识，对于高校思政课来说，这些重点是非常好的考核评价参考指标。因此，可尽量拓宽评价的范围，学生的"点子"、制作的产品、完成的作业、对他人的帮助、对课堂教学提出的优质的建议、对教师和学生作出的中肯评价等内容都可以放到考核评价的范围内。即便某个学生没有完成最终的作品，但他的创意和团队协作精神所获得的分数不应该低于成品，如此才能真正激发学生的创新积极性和创造能力。此外，要明确评价宗旨，落实"以评促学""以评促进"原则。评价不是为了打分，不是为了比出个优劣高低，而是为了让学生找寻自身学习中存在的问题和不足，并能够从多项评价指标中找到努力的方向和方法。

最后，评价的方式尽量多样。要达到综合考量和科学评价的目的，评价方式的多样是保障。当代青年大学生的思想理路和行为方式具有多样性、多元化、可塑性等特点，简单划一、千篇一律在创客教学模式下是行不通的，不但不能反映出学生的水平，可能还会"好心办坏事"。单一的以考试为主导的评价方式只能显其一面，不能呈其全貌。因此，创客教学模式下的高校思政课的教学评价方式要因时而变，不断向更有益的方向探索，尽量"采用过程性评价与总结性评价相结合的方法"。具体来说，就是要拿出对学生进行形式多样的评价，不仅关注学生的卷面成绩和成品表现，还要关注学生的个性发展程度、素质提升水平和能力呈现广度。比如，可通过建个人档案的形式记录学生的成长经历，抓住每一个细节和每一点进步，以此作为其中一个重要的评价标准。在评价的过程中要特别注重情感评价，认真倾听学生内心的真实想法和见解，对学生可以在适当的批评的同时多进行表扬和鼓励，并对学生给予全面的、合理的、系统化的指导。总的来说，日常作业、学均课时、随堂测验、段末考试等多种方式都应该被调动起来，形成考核评价的"方式合力"，以此激励学生不断努力学习，不断提高积极性与主动性，不断启迪智力和提升素养。

总之，创客教学模式尊重学生的主体地位，注重学生的首创精神，激发学生的创造能力，突出学生的实践活动，目的在于把学生都培养成"具有创新意识、创新思维和创新能力的创新人才"，这是符合当代社会发展和教育教学改革大方向的人才培养模式。把创客教学模式应用到高校思政课的教学中来，能有效盘活思政课的创新元素，对教学理念、教学内容、教学方式和教学评价等四个方面都有不错的"激活"效果。在部分地区和高校，创客教学模式已经在高校思政课教学中有所呈现，并收到了一定成效。当然，也应该看到，创客教学模式对学校的条件、教师的素质和学生的基础都有较高要求，运用不当难免就会流于形式，打好基础是关键性前提。作为高校思政课混合式教学的一个表现形式，创客教学模式的创新方向和思路是好的，但还需要巩固基础、做强支点。

第四节　微格教学模式

微格教学（Microteaching）于 20 世纪 60 年代由美国斯坦福大学创立，在 20 世纪 80 年代被引入中国，又可以被称为"微观教学""小型教学"等。微格教学是一个有控制条件的微型教学环境，使教师能够集中掌握某一特定的教学技能和教学内容。微格教学实际上是打造一个训练环境，使平素的课堂教学变得"片段式"或"环节式"。受训者用 10 分钟左右的时间对某一个内容或环节进行试讲，试讲情况由录像机记录，指导教师和受训者一起观看，共同分析优缺点。然后再次训练，直至掌握正确的教学技能。微格教学能使练习者获得大量反馈意见。

微格教学模式是用来训练师范生（准教师）教学技能，提升师范生未来教学能力储备的现代化教育手段。其操作方法和核心理念具有鲜明的实践性、个性化和系统性特点，与高校思政课教学改革中教师素养提升的诉求总体一致，因此完全可以在高校思政课教学中进行尝试，用以促进教师发展。在微格教学模式下，理论与实践紧密结合，学习重难点突出，互动交流得以加强。微格教学模式非常能够考验学习者对知识的把控能力和掌握水平，能提升学习者的学、讲、评、协作等多种能力，对提高高校思政课教师的教学技能和综合素质以及教学实效性具有重要价值，既有利于培育思政课课程精品，也有利于做优高校思政教育供给侧结构性改革。

一、微格教学模式的优点

微格教学利用现代教育技术为学习者提供了一个专门的教师教学技能训练和综合素养提升的平台。微格教学模式把教师的课堂教学技能按照环节进行科学细分、逐项训练，有助于学习者通过不断回看、交流、反思和优化快速掌握教学技能，短时期内提升整体水平。微格教学模式与其他各种教学过程不同，它以模拟课堂训练为主要方式，允许多次回看录制的教学录像，为不断试错和多次反思打磨创造了可能性。相比较而言，微格教学"是一种有控制的实践系统，可以将复杂的教学过程分解成容易掌握的单一技能，也可以更容易掌握各技能的特点和构成要素"，在提升教师技能方面有着明显的优点。

微格教学模式的优点主要体现在精细、全面和灵活上。具体来说，第一，微格教学是针对某一确定的教学技能，把复杂的教学过程条分缕析，划分为可描述、可观察、可培训的模块，并平等看待每一个模块，不偏不废，通过研究、分析和训练做细每一项技能提升工作。在训练过程中学习者可以根据自身情况，侧重训练某一具体的教学技能，矫正自身存在的每一个教学问题，把细节放大，反复练习，在教学技能提质上下一番精细功夫。第二，微格教学利用录播系统，把整个训练过程录制成视频，所以除了接受同事、同行或领导的评价外，学习者可以通过反复观看视频实现自我评价。当然，还可以把录制的视频上传到微格教学平台上，听取更多评价主体对其教学过程的中肯评价。通过把评价工作做全面，可以帮助学习者发现自己所未发现的问题，解决自己所解决不好的问题，不断改进，全面进步。第三，微格教学模式不仅有示范、观察环节，还有实践和反馈环节，在不同环节学习者担任不同的角色。在示范、观察环节，学习者是学生角色，对示范录像进行研究学习；在实践环节，小组中一个学习者担任教师角色，其他成员充当"学生"角色；在评价阶段，学习者转变为评价者角色，既他评又自评。这种多角色的灵活互换，可以帮助学习者从不同角度观察教学过程，不同方面反思教学中存在的需要改进的地方。

二、微格教学模式应用于高校思政课教师培训的路径

切实发挥高校思政课立德树人主渠道作用，增强育人智慧、完善育人手段、优化育人资源供给。新时代，社会深度变迁，对人的思维、行为和心理状态发生着深层次影响，大学生是社会群体中最敏感的群体之一，极易随社会变迁而发生改变。当代大学生的学习"需求"多样化、复杂化、动态化，高校思政课如果"供给"不足，就必然出现"供不应求"问题。要制造充足的"供给"，就必须优化育人资源；要优化育人资源，就必须首先从教师综合素养的提升着手。近几年，高校思政课教师如何更新观念，如何增强本领成为教育改革的重要环节。微格教学模式恰可以为这一问题的解决提供一个思路。

一方面，就整个流程来说，可以参照北京林业大学的思政课"微格法"教学探索其成功经验。2016年，北京林业大学马克思主义学院在一次教学基本功比赛的评课中发现"录像中的自己"和"讲台上的自己"迥然不同，无论从语言表达、教姿教态，还是教学内容、课堂组织等都存在一定差距。自己看着都不满意的课，学生又怎么会满意呢？这一问题的

发现，激发了学院领导和教师们的"上进心"。学院决定把"微格法"运用于思政课教学，即通过录制视频、自看自评、他看他评、再次录制、线上共享、线下回归课堂等环节不断"磨课"，主动作为，帮助教师达到最佳的课堂状态。"微格法"教学改革实行"三步走"战略，即照镜子、互相评、重回归。第一步是"照镜子"。每一位思政课教师进行课堂全程录像，课后教师回看自己在视频里的上课状态。第二步是"互相评"。学院以教研室为单位组织互评研讨，广泛听取专家和同行意见，通过在课堂板书、讲课姿势、授课内容、案例选取等方面提供建议，为每名教师"量身定做"一套改进方案。第三步是"重回归"。每一位思政课教师根据改进方案备课、录课，并对改进后的微格视频择优上传。教师以"改进"后的风貌重新组织今后的课堂教学。

另一方面，就评价反馈来说，在评价内容上，可从教学技能的综合运用与分项训练两个方面确立综合性评价和分项技能评价两者结合的指标体系。在评价方式上，改进评价环节，从"试讲者自评、同伴评议"的典型模式转为"试讲者自评、同伴评议、专家点评、试讲者回应"的新模式。尤其要发挥思政教学专家点评的作用，让专家在微课教学小组长协助下主持和实施教学评价工作。专家可在"学习小组组长、联络员等协助下通过微格教学总控室的观察，全面监督、掌控微格教学的各个环节，恰当地介入各组活动，进行必要的现场调节和指导"。也可采用巡回指导的方式与微格教学中各位教师展开合作互动，即在一次微格教学时段中，专家先在一个微格教室中倾听、点评并指导完成一到两个思政课教师的讲课，然后依次进入第二间、第三间微格教室重复同样的工作，这种评价方式及时、灵活、更具操作性。微格教学中的每一个教师在听完同伴互评、专家点评后的反馈回应是整个评价环节的重要部分。在这个环节，每一个教师在听了别人的评价和建议后，做出具有反思性和总结性的回应，从而为更加全面的自我评价奠定基础。通过系列评价，微格教学中的每一个教师能够有效整合知识、技能、方法、情感、态度等多种"资源"，由此改进了不足、补齐了短板、增长了本领。

总之，微格教学模式迎合了高校思政课教学改革的方向和要求，从提高教师综合素养上为思政教育供给侧改革助力。通过少数高校思政课教师微格教学实践的成果，可知微格教学模式是落地有效的。当然，因很多高校还并未把微格教学作为教师培训的重要方式，其有效性、广度和深度的验证还需要一些时间。此外，也应该看到，微格教学有效性的影响因素还有许多，如"课堂技能训练的气氛、教学方法与教学设计、师生之间的互动与交流、教师的教学经验与智慧以及班级学生学习风气。"因此，微格教学模式的开展需要多方考虑，结合实际，有的放矢。

第七章
高校思政课混合式教学的应用策略

第一节　高校思政课混合式教学模式的优势及问题

一、混合式教学模式的优势

（一）明确学习主体，提高学生的积极性

以往的教学模式受学科本科、教学唯分数论等因素的影响，总是不知不觉中忽略了学生为主体的思想。在互联网参与教学后，学生可以通过网络学习，提前预习所需要学习的内容，增强熟悉度。到了课堂教学的时候，可以让学生讲述所掌握的或者是提出所疑难的点，教师根据情况进行解答；同时，根据学生所掌握的情况加以补充，做到学生是课堂的主体，他们主动参与，教师扮演一个引路人和解答者的角色。

（二）加强课堂互动，增添学习气氛

网络平台的引入可以给师生交流提供一个更便捷的平台。学生可以通过网络建立的平台和同一门课程的学生进行交流，有什么疑难问题也可以求助于教师。相比于线下交流，线上同学的信息交流更多，更能体现积极性。然而，在传统教学中，学生的想法往往被忽略，上课时压抑辛苦，而在网络课堂上，学生交流又容易把握不住度，容易热火朝天，打乱课堂秩序。在混合式教学模式下，就可以结合两者的优势，充分发挥学生的自主性。同时，网络平台不受时间、距离的限制，师生在上课前、上课时、上课后都可以交流。学生提交作业的方式也可以通过网络，将所写好的作业通过 Word 文档的方式发送至教师邮箱，

教师通过邮箱收取作业进行检查反馈。

（三）丰富学习资源，培养终生学习的习惯

通常，由于线下教学课程安排的规定，教师需要对教学内容进行一定的选取，那么，有些有必要说但是没那么重要的内容常常就被取消了。然而通过网络，教师可以将线下课堂来不及提起的重要知识点，通过文件或者是网课的方式共享给学生，这些内容在网络上的长久保存，可以在学生需要的时候进行查看，或许是陌生的内容，或许是讲解之后没有完全理解的内容。总之，这种方式有效地延长了课堂讲授的时效。

二、混合式教学模式中的问题

（一）从互联网与混合式教学关系角度分析

互联网与混合式教学二者的应然状态是互相融合、互为载体，互联网是混合式教学的工具手段，而混合式教学是互联网的作用体。正确认识二者之间的关系有助于建构理想状态的教学模式。然而，在实际的建构过程中，互联网与混合式教学的关系却难以处理，互联网作为先进的教学手段，却和教学的联结貌合神离，难以完全发挥其优势。目前，现有的混合式教学模式（或者引入互联网技术的教学）主要存在以下几点问题。

1．互联网和教育表面结合、实质分离

二者结合最初级形态是将传统教育生搬硬套在互联网上，教育结构并没有发生实质性改变，仅仅停留在表面结合实质分离的状态；高级的形态是互联网解构与重构学习模式与教育体系，彻底改变传统灌输式教育模式，重构以互动、共享为核心的动态学习模式。我国互联网与教育的探索依旧滞留在初级形态上，传统教育理念依然占据主流，由初级到高级教育形态的转化依然需要政策扶持、观念转变以及经验积累。目前，教育工作者的首要任务即是寻找技术的运用与教育本质信仰之间的平衡支点，促进互联网与教育二者嵌入式融合。

2．互联网脱离教学过程

有效的网络学习是建立在一定的教学策略基础上的，而不仅仅关注于信息的传递。教育是传播知识与学习知识相互结合的过程，二者缺一不可。然而，传统的在线学习系统只是单纯的堆积各种学习资源，而没有为知识流通提供便捷途径，互联网在教育体系中发挥的作用仅仅局限于数据传输方面，在教学过程中很少体现。如果将互联网贯穿于知识传输与教学过程的始终，则能促进学习者更深刻的理解知识内容，提升学习者认知加工效率与

信息处理速度，利用互联网技术保障学习结果的最优化。互联网与教学过程实现真正融合非朝夕能至，我国传统教育过程以讲授、灌输为主体，忽略引导、兴趣，在"授人以渔"方面相差甚远，大部分学习者的独立学习能力、创新能力、互联网思维还无法适应以互联网为媒介的开放式教育。

3．在线教育过程单向静止

互联网是双向的，教育是互动的，"互联网＋教育"的模式也应是双向互动的。学习是构建生态网络的过程，生态网络中的知识处于循环流动的状态，学习者从外界资源库中获取所需的信息资源，经过内化形成新的知识体系网络，从而反方向反馈回外界知识资源库。现阶段，互联网课堂上缺少学习者与资源、学习者之间的互动交流过程，仅仅实现了单向播放。在课堂教学过程中，我们应增设"人物互动、虚拟教学"等一系列互动性体验，克服互联网与教育的结合过于单一静止的缺点，在双向互动的教育模式中实现知识的循环流动。

（二）从混合式教学的实施角度分析

混合式教学的实施需要在良好的大环境及各方的协调努力下才能取得良好的效果。从宏观的思想、理念到微观具体的人、技术等都对混合式教学产生影响，这些因素主要出现在混合式教学的实施层面，主要问题如下。

1．理念问题

就目前来看，影响混合式教学全面推进的最大制约因素是教师及学生的思想理念尚没有得到应有的转变，没有达成基本的共识，明晰混合式教学的理念、进行进一步的揣摩思考有助于更好地解决实际执行过程中出现的问题。混合式教学是时代发展的必然，其推行使得学习者从知识、技能、思维、情感态度与价值观四位一体全面得到发展，在我们大力推行混合式教学模式之余，我们也要思索在"互联网＋"时代，混合式教学的真正意义何在，为什么要推行混合式教学？这是否符合学校自身的价值观与目标使命？混合式教学与传统教学的区别何在？学校、教师、学习者会从中得到何种好处？是提高学习者的信息素养，还是提高教学、学习效率，或是促进学习者更好地面对大学学习。在网络、技术铺天盖地席卷而来的今天，我们也要反思，教育应该珍视并推行何种价值？播下何种文化的种子，如不明辨上述呈现的问题，无异于闭眼前行、失去方向、囫囵吞枣。

2．技术困难

作为面授教学的辅助延伸，教学平台无论在模块建设、互动体验还是在资源建设、信息更新等方面尚存在不足。其产生的困难一部分存在于教学平台本身的技术限制；另一部分在于教师与学习者在使用平台过程中遇到的技术问题。目前，针对教师的专业技能培训与交流较少，教师运用互联网技术教学的能力远远不够。现阶段，在平台管理与维护方面的人员较少，导致新手教师因不熟练平台使用而无法完成教学活动，相关课件上传、视频播放器安装等都需要专门的技术人员予以解决。很多教师的网络课程仅仅将课堂教学的PPT、教学目标、课程背景等生硬的搬运到网络平台，并未与传统面授教学区别开来，仅仅是换汤不换药，并没有对教学内容进行资源扩展或者上传视频供学生们参考。这种现象极大一部分原因取决于教师对微课程、短视频制作及特定软件的使用似懂非懂，这些技术上的困难严重阻碍了混合式教学的实质性进展。

初始阶段，在时间的分配上，大部分教师把精力放在微视频的录制及资源整合上，这是最复杂也是消耗时间的地方，一部分原因是教师对于网络技术的生疏；另外，教师对于混合式教学也需要有初步的了解与适应过程。也有教师把教学活动的重心放到整体的教学设计上，他们认为这是混合式教学的核心部分，视频的录制以及资源的呈现无非是选择一种适合于学习者接受的形式，这是相对简单部分，反而教学设计需要花更多的心思，需要有整体性的格局视野才能做出好的教学设计。在网络教学与面授教学的时间分配上，并没有固定的分配比例，因为每个课时的完成都是网络教学与面授教学交叉进行，在课堂上主要与学生们探讨课下学习的遗留问题，对于一些难点问题，可能通过学生的自学之后尚不明白，难点部分的讲解也要留在课堂上完成。

3. 人的问题

首先，一些教师与学生对于混合式教学开展的必要性缺乏清醒的客观认识及强烈的主观愿望，绝大部分教师已然形成自身的教学理念与教学方式，面对新型网络教学的冲击显得有些措手不及。其次，处于一线的教师面临繁重的科研、管理任务，加之烦琐的家庭生活，从而对于新事物的探索心有余而力不足。再次，在技术的获取和使用方面，处理信息的手段、技能相对薄弱。客观来讲，并不是所有的高校教师都具备基本的信息素养。有些教师受到自身多年教学经验的影响，对于互联网教学方式关注较少，在处理教学、科研之余全面进行教学改革除了进行大量新兴事物的学习之外，也需要极大的创新探索能力。混合式教学的变革，实际上也是思维方式的转变，无论是学生还是教师对于教与学的态度都向现代化转变，转变每天重复的、习以为常的教学方式，更新思路与想法，时刻关注教师的角色转变、教学行为转变、教学能力的提升以及学习方式引导的转变。最后，学习者已经适应先前的传统教学模式，对新型的教学模式难免会出现排斥反应；混合式教学的推进将部分任务量转移到课下，学生会提出各种要求以减少任务量，此时，任课教师首先要安抚学生的情绪，坚持自己底线，否则，一个条件的妥协，接下来就会面临更多的条件。大一新生阶段应用混合式教学是最恰当的，刚入学的学生不会受到先前的教学模式的影响，因而新的教学模式更加易于实施。

第二节　高校思政课混合式教学模式实施前的准备

教学活动开展之前，要确立教学活动的目的。混合式教学模式实施之前，也应该有一个清晰的行动纲领目标。混合式教学牵涉到许多新技术和设备的使用，一些学校花重金购买了很多计算机、服务器、教学软件，使用这些设备的教学活动似乎也开展得轰轰烈烈，但学生的业绩和素质却没有得到明显提高。究其原因，没有战略的"为了技术而技术"的盲目投资不会改变常规的教学活动，造成设备"填鸭"现象，这是实施混合式教学容易出现的一种问题。那么，该怎么确保混合式教学的成功实施呢？

一、明确要达到的目标

混合式教学项目一般都是为了实现以下目标而实施的：①提高学生成绩；②给学生提供更多学习机会和途径；③节约学校的财务成本。这三个目标很宽泛地概括了不同层面上进行教学模式改革的目标。

从教师和学生层面上讲，大家都希望能够提高学习成绩，因此，无论用不用混合式教学模式都是基于是否能实现此目标的。仅仅为追求时髦，而大张旗鼓地购进设备，忙忙乎乎地跟风进行翻转课堂等改革，这种做法是不可取的。有的学校为了翻转而翻转，教师疲于制作精美的课件或视频，学生疲于应付上课的提问，师生都很紧张，成绩却没有提高。这种结果是忽视了教学改革的基本目标造成的。

从教师层面上讲，虽然愿意给学生提供大量的学习机会和途径，但受限于传统课堂的设备和有限的人力，教师提供给学生的资源是非常有限的，并且也缺少个性化。当前科技的发展，互联网上的 MOOC 平台上有大量的学习资源，其中不乏名校教师的讲课实录或讲课视频。教师经过甄选，向学生推荐与课程相关的资源，学生可以使用 MOOC 或其他网站上的教学资源进行有针对性的学习，不必拘泥于教师自己所教或本校网络平台发布的有限的学习资源。同时，也不会为在网上海量的资源中挑选、甄别出优质的学习资源而感到困惑。这种做法可以把互联网上优质的学习资源作为课堂之外学生自主学习的补充性内容，将其融合到混合式教学中，弥补了传统教学资源不足的缺陷。

从学校层面来讲，学校既希望提供给学生优质的教学资源，又希望不要花费太多，能够为学校节约资金，不至于因教学模式改革而使学校财政出现赤字。传统的课堂模式对资金要求不高，一张课桌、一支粉笔，还有一些简单的教具，就可以满足基本的课堂教学要求了。但现代社会发展迅速，各种知识更新速度惊人，因此，要求学校能够提供给学生最新的知识和信息。旧有的设备已经远远不能满足课堂教学的要求。现今的混合式教学模式需要在学校提供或学生拥有可联网的硬件设备的条件下才能完成，学校需要配备计算机教室。学生可获得联网计算机是必须要解决的问题，这是硬件上的要求。但是课程资源和各种软件、系统是学校花费的另外一笔大的开支。因此，在实施教学改革之前，要充分考虑投入与产出之间的平衡，这样才不会在网上资源众多、软件迭代更新中迷失自己、盲目求新，才能做到以最少的资金达到最大的效益。

二、组建团队

组建团队需要团队首领的领导力和决断力，能够对混合式教学有整体的了解，能够协调安排成员的职责。混合式教学模式需要团队协作，团队吸纳什么成员，各自职责如何呢？这需要针对不同的问题类型组建不同类型的团队来解决。

（一）职能型团队

职能型团队是由同一科目的教师及员工组成的团队，主要从事一门课程的教学改革，其从事的活动基本与校内其他部门无关。例如，某学校希望通过创建一个学生设定个人学习目标的工作室，以此变革传统的课堂模式。在这种模式下，教师很少讲课，学习空间灵活，学生一旦精通掌握知识就继续前进。

（二）轻量级团队

当所从事的改革需要另一个团队协助时，仅凭职能团队无法完成任务，需要几个部门协调解决，这即是轻量级团队，适宜从事延续性创新，如科系主任组建团队，以协调不同学科之间的教学活动等。

（三）重量级团队

它负责的范围超越了课程和科系，需要改变学校或地区的组织结构，如日程安排、教师角色和课程设置等。

（四）自治型团队

自治型团队有很强的自主性，团队从现有体系（包括人员、预算、设备及课程等）中独立出来，适用于开展颠覆性创新。这种团队的工作是颠覆原有的教学模式，走一条完全不同的道路，因此，需要有魄力、有胆识和执行力的核心团队领导人。例如，某学校想改变日程安排，重新设计物理空间的使用，以便将学校的所有教室建设成就地转换模式。

以上的团队分类是根据团队的职能进行的，当然，并非所有的团队都是基于这样的原则组建的。但在混合式教学模式下，此分类可以有效地组建涵盖不同功能的团队，以快速地行动起来，发挥各团体的职能，保证教学模式改革的实施。

三、明确待解决的问题

在有明确的目标和组建了团队之后，教师就可以开始设计混合式教学的解决方案了。那么，设计的出发点是什么呢？显然，应该是学生。因为学生是学习的主体，只有从学生的角度出发设计，学生才能感觉上学对他们来说是一件很有意义的事情，才有动力去学习。如果忽视了学生因素，所有的实施方案就有可能被抵触，或者效果打折扣。因此，必须先从学生角度出发，把提升学生学习动力作为整个设计的指导原则。

目前，高校思政课最大的问题就是学生学习动力不足。那么，为什么有些学生会学习动力不足呢？因为学习并不是他们想要解决的问题。大多数学生面临两个重要的问题：①需要成就感；②希望有开心的社交活动。传统的工厂模式的课堂满足了这两点吗？首先，传统课堂用同一教材，上课进度一样，这导致有的学生因为缺课、走神、不感兴趣等原因而不能跟上教师的进度，因为缺乏个性化的学习和辅导越来越没有成就感，越来越对学习失去兴趣。而对一些程度好的学生，全班的平均进度对他们来讲太慢了，由于没有适合他们的学习材料，也会挫伤他们学习的积极性，造成成就感不足。其次，传统课堂是以教师为中心的教学，学生之间、师生之间的互动相对较少，学生与他人合作的机会较少，他们的交往愿望在学习中不能实现，因此，也容易降低他们学习的动力。

克莱顿·克里斯坦森（Clayton N.Christensen）是美国学者、商业顾问，他的颠覆式创新的观点极大地影响了美国商界。他提出，一项待解决的任务包括三个层次，明确这三个层次，一步步加以解决，就可以获得商业的成功。他的理论同样可以借用于教育界，教师想要设计出学生感兴趣的课堂，也要处理好这三个层次的问题。

第一层次：什么是待解决的任务？即用户想要达到的根本效果。在教育界，教学设计作为一种特殊的产品，也必须了解学生这个用户想要达到的根本效果是什么。学生要达到的效果有二，即成就感和交友的乐趣。教学的设计要围绕着这两点进行。

第二层次：需要什么样的体验来解决这个任务？首先是成就感的问题。如何设计内容、技巧、训练和实践，在此过程中让学生时时感到有进步，进步的感觉就是成就感的表现。因此，个性化的学习特别关键，针对基础薄弱的和基础扎实的学生提供不同的学习材料、设置不同难度的问题是非常必要的。其次是交友的乐趣，即社交带来的快乐。教学设计要有大量交互的内容，也有及时反馈的途径，学生只有在互动中才能体验到交流带来的愉悦。

第三层次：需要整合什么资源、以什么方式整合来解决任务？为了设计出能实现学生基本任务的课堂，需要拥有哪些资源，这些资源整合的流程是什么？需要什么样的设备、什么样的团队、什么样的技术、如何调整日程？这些问题在设计过程中会一步步地凸显，并一步步地加以解决。再细致深入，教师要考虑线上时间和线下时间的比例、选择什么样的学习系统、设计什么样的学习项目、什么时间进行测试、如何及时反馈、什么情况下调整计划等。

因此，混合式教学的设计必须实行问题导向——着眼于解决学校教育中存在的现实问题，在设计时不但要提供一套学术知识，还要提供一定的社会体验，让学校成为学生实现任务的最好地方。只有这样，学生的学习动力才能增强，才能取得预期的效果。

四、明确构成要素

混合式教学应包含五个关键成分：现场活动、在线内容、协作、评估和扩展资源。

（一）现场活动

现场活动，即面对面的课堂，是指在实体课堂上花费的时间，它的形式可以多种多样。有些教师的一些课被在线视频模块取代，但每周他们要与学生会面，让学生在这个时段完成在线模块。现场的学习是学生每天在校园上课的地方，在特定的时间和地点参加课堂学习；远程学习是学生自主完成学习，可以有自己的速度和时间。

从 2003 年起，我国逐渐地引入国外的慕课，自己也开发了一些慕课，但有些学校采用慕课的效果却不理想，这是为什么呢？研究者认为，技术的发展虽然使远程的教育成为可能，但面对面的现场教学仍然不可或缺。现场活动有其不可替代的优势，也有其难以避免的劣势，混合式教学模式必须根据情况调整在线学习和现场活动的比例，以达到最好的教学效果。

（二）在线内容

在线内容的形式是多样的，可以是教师自制视频、借用其他网络视频，或是让学生注册网上的 MOOC，从上面观看授课视频，或是 PPT 课件、文本文件、其他链接资料等。教师应拥有灵活的内容和多种工具以及不同的路径、步调和任务的教学材料。教师需要了解如何使用基础、自适应和高度可定制的内容和工具以便区分不同的路径、步调和 / 或学习任务。数字内容和工具不会代替教师；相反，它们与教师一起工作，以更好地支持学生的需要，弥补实体课堂的不足，以实践、扩展和 / 或多种方式来展示真实的知识。

（三）协作

在学习中进行协作是一种激励新的想法和进行头脑风暴的好方法，容易产生创造性的观点，增强团队合作精神，使教师与学生关系和睦，有利于学生之间共享知识。设计得当的话，可以很好地实现制定的学习目标。

协作指的是共同工作的能力（即有效地与他人合作以实现共同目标）。协作能够培养以下技能和素养。

（1）展示社交技能。

（2）使人灵活，乐于与人达成妥协。

（3）对不同的人和观点（如不同的经验或文化）的认识、尊重和同情。

（4）恭敬地提供和接受反馈。

（5）对团队和各种方式（如专业知识、领导力、信息、资源或支持）有意义的贡献。

（6）理解、管理和帮助解决小组的冲突。

（7）在生产新产品时与他人积极互动。

（8）使用各种信息和通信技术与他人交流（如社交媒体）。

（9）承担协作工作的共同责任。

（10）促进批判性思维，解决问题，做出决策。

协作包括教师与学生的协作，学生与学生的协作，教师与学生的在线沟通，学生与学生的组内、组间沟通等。教师利用数据提供的线索，识别出特定的学生需要并提供指导，以满足这些需要。教师采用小组、一对一、项目小组，或其他有针对性的指导，以创造个性化学习环境，满足所有学生的个人需求。

（四）评估

评估是测量学习效果的必备步骤，形式包括：面对面的评估和网络平台形成的对学生的评估；实时的评估和阶段评估；形成性评估和终结性评估等。教师所设计的评估形式应该与课程要求、特点、学生水平、现有的技术条件等相结合，以确切地评估学生的学业成绩。教师利用评估的结果来作出教学决定，学生利用评估的结果检测自己的目标是否实现，并且基于评估的数据决定学习的策略和内容。

（五）扩展资源

扩展资源的范围很广，包括教师要求学生掌握的相关知识点的链接、相关话题的拓展和延伸等，有利于学生扩展知识面和进行批判性思维等。参考资料的选取应基于几个原则，即趣味性原则、交互性原则、拓展性原则、时代性、实用性等。虽然不一定满足所有的原则，但至少要符合其中的某个原则。扩展资源的目的是巩固所学、拓展所学、学以致用。因此，在提供扩展资源时，应该仔细审查这些资源是否能够达到这样的目的。

五、正确认识技术

虽然学校在将计算机和互联网带给学生和教师方面取得了进展，但为了使技术成为教学和学习的可靠工具，仍然需要更多投入。研究证明，在大多数教室里，技术的可用性和质量都是严重不足的。大多数教育工作者报告说，目前，教室不是学生使用计算机的主要场所。倡导学习 21 世纪科技必备技能的教育工作者和政策制订者强烈地认为，了解信息和通信技术（ICT）的能力，也即思考和解决问题的技能、有效地交流、自我导向和创造性的能力，需要将技术与课堂学习充分结合起来。

在实际的课堂中，不但需要教师，也需要学生把学习和技术结合起来。

教师应该知道如何使用技术以提供多种类型的教学法，如探究学习、模型和模拟，以帮助学生培养高阶思维能力。这样，学生可以利用技术来更多地参与自己的知识构建，而不是从教师那里得到所有的信息。然而，这种使用仍然不常见，而且为学生或教师制定的技术标准没有得到应用。

学生对技术的掌握如何呢？用什么方法可以得知呢？显然，将技术全面纳入教学和学习不是一蹴而就的，对这方面的投入要远远超出对购买设备和提供基本技术培训的投入。

技术与成就之间有什么联系呢？有了技术成分的课堂比传统课堂的优势在哪里呢？研究人员在技术、成就和动机之间找到了明确的联系。大多数从事技术研究的专家认为，当技术成为教学和学习的一个组成部分时，学生和教师更专注于所做事情，也对教学内容更感兴趣。

技术对课堂教师的教学质量也有显著的影响。一部分教师对科技的态度乐观，而另一部分教师却担心技术会使学生走神。但经过实践的教师对技术辅助课堂教学感到满意，认为这对他们的工作效能有积极影响。实践证明，当教育工作者使用技术时，他们觉得能够更有效地完成他们的工作。

鉴于技术对教育教学的巨大推动作用，我国教育界也越来越清晰地认识到技术培训的重要性。《中国教育报》2018 年 6 月 19 日第 1 版发布要闻："今年 3 月上旬，结合新的形势要求，宁波市出台'智慧校园'评估新标准，更注重对教育信息化的整体规划和对教育技术在日常教学中的常态化应用；要求定期邀请智慧教育培训讲师团或其他专家到校开展智慧教育的新知识、新技术与新媒体等应用专题培训，持续深化信息技术应用；要求创建学校能利用移动终端开展智慧课堂教学模式，实现线上线下结合的混合式教学，增强学生学习的内生动力。"

目前，"互联网＋教育"的模式已经逐渐走入校园，未来的教育将进入教师与人工智能协作共存的时代。教师与人工智能将发挥各自的优势，协同实现个性化的教育、包容的教育、公平的教育与终身的教育。科技领域的技术发展迭代更新，也会越来越多地影响教育领域的变革。因此，在这种技术大潮中，教育工作者应该积极主动地提升自己的教育技术，以利用技术优势提高课堂效能。

但是技术并不是万能的，比如慕课的发展历程。2013 年 5 月起，被誉为"数字海啸""印刷术发明以来最大的教育革新"的慕课在我国高校教育教学中的应用迄今已经七年了。作为一种全新的教育模式与教育形态，慕课风潮在我国高等教育中经历了由热到冷再到逐渐均衡发展的过程。实际上，慕课并不是解决教育所有问题的万能药，所选的慕课如果不是学校要求的学分课，那么慕课的中途辍课现象非常普遍。几年实践下来，慕课的收效并没有预想得那么理想。这促使教育者深思在线教育的各种问题，包括在线教育本质以及教师、课程、教材、学习方式等各种问题。

从以上分析可以看出，技术有着传统课堂不可比拟的优势，比如，课堂效率、交互设计、海量资源、多种活动、自定步调学习、个性化学习等。但如果不能适当地利用技术，也容易产生一些问题，比如，过度注重技术、依赖技术、教师的主动性不足、学生对一些技术不熟悉、学生可能容易分神、技术的漏洞等。只有在实践过程中逐渐适应现代教育技术、用心琢磨，总结经验、教训，才能让技术更好地服务于学习。

第三节　高校思政课混合式教学模式应用现状分析

一、学生自主学习能力不强

（一）自主学习动力不足

高校思政课混合式教学过程中存在课程教学要求与学生思想行为之间的矛盾；同时，也存在学生的需求与课程教学现实之间的矛盾，这两对矛盾直接影响着学生学习的内生动力，自主深度学习效果。一方面，课程教学要求与学生思想行为之间的矛盾，课程教学要求是教育者根据教育部有关高校思政教育标准，对受教育者进行灌输和引导的教学要求。高校思政教育标准在教学过程中具有教学要求的"共性"，部分教师忽视了各高校专业特色、各学生实际教学的"个性"，混合式教学采用"一刀切"的教学模式，这就出现课程要求可能高于部分大学生实际水平、符合部分大学生实际水平和低于部分大学生实际水平的情况。另一方面，学生的需求与课程教学现实之间的矛盾，每个学生都是独立意义的个体，在混合式学习中具有个体差异性、学习进程的顺序性、知识结构的不平衡性等客观现实特征。马克思指出："人们为之奋斗的一切，都同他们的利益有关。"因此，这就给混合式教学提出要求：课程教学要符合大学生差异化的实际需求，教导每一个学生需要具体问题具体分析。通过对学生过去、现在和未来阶段分析，对学生朋辈等群体分析，对学生学习目标、实际情况和教学资源等具体分析，进而开展精准教育资源推送。

（二）自主学习教育不够

受教育者是教育者教育、管理的教育对象，具有受教育性，同时也具有主观能动性。高校思政课混合式教学过程中，一方面，思政教师把知识体系、内容理念和实践步骤灌输和教导给学生。这是学生被动学习的过程，充分体现"前喻文化"教学模式；另一方面，大学生是学习主体，以自身学习实际出发，根据自学目标、自学任务；制订自学计划、自学步骤，筛选自学资源、自学模式；完成自学任务、自学评价的自主学习。在自学过程中，大学生将自学知识反哺给教师，这充分体现了"后喻文化"学习模式。与传统思政课教学相比，混合式教学模式基本上克服了大学生"先教后学"以教师为中心的"旧三中心论"；逐渐实现了大学生"先学后教"自主学习、自主管理、自主实现的以学生为中心的"新三中新论"学习模式。移动互联网时代，大学生网络自主学习蔚然成风，大学生独立自主意识不断激发，这也导致混合式教学教师的主导权威作用逐渐削弱。

（三）自主学习管理不力

习近平总书记指出："网络空间同现实社会一样，既要倡导自由，也要保持秩序，自由是秩序的目的，秩序是自由的保证，我们既要尊重网民交流思想，表达意愿的权利，也要依法构建良好的网络秩序，这是有利于保障广大网民合法权益。"高校思政课混合式教学管理是在教学活动中制订制度规范、执行教育任务、监督制度落实、评估教学效果，以实现教学任务完成的管理过程。在传统思政课教学管理中，有明确的教师岗位职责、学生要求、教学规范、管理制度和考评标准等一系列规章制度，这保障了思政课教学目标、教学关系、教学活动、教学秩序正常开展。网络教学活动中，思政教师的信息技术能力较弱、学生具有隐匿性、信息系统具有不稳定性、管理制度欠缺性等因素造成了网络教学管理环节薄弱。混合式教学过程中，传统教学权威管理，网络教学放任式管理情况使部分大学生摆脱自主学习管理、打破组织纪律，忽视教学任务、缺席教学活动等教学事故，也进一步漠视教育者管理权威。

二、教师教学工作量增加

（一）混合教学任务量增多

思政教师不仅引导学生课堂学习，也要关注学生网络自主学习（在线互动、答疑、管理等）；不仅课堂教学授课，也要网络教学授课（网络教学日志、课件制作、资源共享等）；不仅综合运用传统教学方式，而且也要创新运用网络教学方式（"三微一端"、短视频、直播等网络载体）；不仅需要备教材教辅，而且也要共享网络教育资源（共享学习强国等资源）；不仅加强课堂考勤、互动和考试管理，也要加强学生网络学习次数频率、内容资源、评价效果等考核。这使传统思政教师成为"传统＋在线"教师，导致其教学任务量增加。

（二）混合教学职业压力增大

传统课堂教学未能因材施教，大学生多样性需求未能充分满足等困境。移动互联网下，混合式教学不断满足大学生差异化需求，开展精准教育，这也增加了高校思政课教师工作压力。其主要体现在，一是学生学习的层次性。大学生对思想品德知识结构、道德法律行为习惯是一个知、情、意、信、行从低到高、从知到行的发展过程。不同阶段、不同层次的大学生对高校思政课混合式教学的顺序具有多开端、多顺序需求。例如，从情到行、从意到行、从信到行、从行到知。二是学生学习的阶段性。在不同年级、不同阶段，大学生的思想道德认知和法律素养思维具有明显的差异，对高校思政课的各教育因素具有个性化的需求。三是学生学习的不平衡性。在同一年级，不同层次的大学生在思政课学习存在学生学习进度不平衡情况，同年级同班同学具有差异化的学习需求。四是学生学习的个别差异性。"外烁论"和"内烁论"共同决定了个体差异的思想品德，社会现实环境（特别是移动互联网时代）潜移默化地影响大学生对思政课的现实需求，自我教育（特别是网络学习模式）也激发大学生对思政课提出智能化需求。

（三）混合教学管理趋向扁平化

移动互联技术缩短教学管理过程空间感：从金字塔管理到扁平化管理模式的切换。一方面，信息技术传播冲击着传统思政课教学权威式管理模式，传播媒介逐渐打破了教学过程中教师与学生信息交流的单一渠道、传播效率低、结果不透明等情况；削减了教学管理组织重叠、结构杂糅、官僚色彩等弊端。另一方面，信息技术传播更新着在线思政课教学开放式管理模式，传播媒介实现了教学过程中教师与学生实时沟通的网络渠道、教育管理信息共享化、透明化；优化重构了教育管理部门等。互联网思维影响下，网络教学视频、课程结构、内容资源都呈现简约特征，这也潜移默化地影响大学生思维模式和学习方式"扁平化"。高校思政课混合式教学过程中，传统课堂教学管理体制继续运行，网络教学管理制度尚未完善，混合式教育管理方式正处于转型中，这导致了教师在教学管理过程中的主导地位逐渐被弱化。

三、教学方法灵活运用较弱

（一）教学方法缺乏创新性

大学生思政课学习动机由学生自我提高内部动机和全国高校思政教育要求的外部环境决定。学生自我提高内部动机主要包括学生的利益导向、兴趣爱好、认知情感、理想目标、意志信仰等。全国高校思政教育要求：坚持立德树人为目标，开展以习近平新时代中国特色社会主义思想为主要内容等，提高新时代新青年的综合素质为社会主义现代化建设助力。媒介更新目标感：从奋斗时代到娱乐时代。移动互联网时代，快速切换的网络视频画面刺激了脑视频功能区（"自我放任＋即时满足感"）的发育，却抑制了大学生额叶思考区（"自我控制＋延迟满足感"）的发育；同时，大量网络视频内容呈现出煽情、娱乐、游戏等元素，刺激了学生右脑（感性思维）发育、抑制了左脑（理性思维）发育。网络教学过程中，在快速更新网络视频（网剧、微电影、综艺节目等）潜移默化下，大学生认为思政课网络学习无异于网络视频，具有娱乐化、游戏化、迭代化等感性元素，促使其形成"即时满足""娱乐游戏"和"快速迭代"的感性思维。高校思政课新兴教学方式需进一步满足大学生感性思维的需求，创新激发大学生对其学习的内在动力。

（二）教学方法缺乏针对性

高校思政课混合式教学内容与教学方式是辩证统一的关系，混合式教学内容决定其教学形式，混合式教学形式反作用于其教学内容，一方面，促进混合式教学发展；另一方面，也阻碍其发展。高校在开展网络思政教学过程中容易陷入四大教学方式误区：其一，关注微信公众号、微博账号、QQ订阅号等思政教育就等于占领思政教育网络空间，但忽视了学生画像、内容挖掘、渠道供给和教学载体等。其二，开发高校思政教育网就等于网络思政教学，忽视了实时师生在线互动、网络自主学习监督、传统思政课堂教学衔接等。其三，移动智能终端学习就等于大学生思政学习信息化，但忽视了学生电子档案全数据、学习信息深度分析、教学资源精准供给、教学评估智能化等。其四，网络教学资源开发外包等于思政教育现代化，但忽视了外包公司缺乏混合式教学实际情况认知、思政教师信息人才培养。高校也充分认识到混合式教学对思政课教学改革意义重大，在此过程中，部分高校存在重视教学方式，而忽略了教育方法需要服从并服务于教育内容，教育内容需要以学生为中心，教育方式也需要以学生为中心，开展精准教育。

（三）教学方法缺乏融通性

高校思政课混合式教学方法在运用中缺乏深度融合、优势互补，甚至出现"两张皮"现象，未达到线上线下教学模式的综合效益。具体表现为：其一，混合式教学方法缺乏针对性。混合式教学方法在运用过程中，出现部分教师对具体的教学目标、差异的课程性质、个性的学生实际选择同样的线上（统一网络视频）、线下（统一课堂理论教学）教育方法。其二，混合式教学方法较少综合运用。线上、线下教学都有其优劣势，线上教学主要以自我教育为主，缺乏教学管理，线下教学主要以传统教学、实践教育为主，学生缺乏能动性。混合式教学方式充分将线上教学优势和线下教学优势综合运用，协调要素，协同施策。其三，混合式教学创新性有待提升。移动互联网时代，大学生作为数字原住民对不断创新、更新的移动 APP 应用接受性更快、运用更多、推广更宽（如抖音短视频软件、钉钉社交软件、作业帮学习软件等），混合式教学方式不能固守"三位一端"的"传统"

教学方式，也需要将课堂教学方式、"传统"网络教学和"新兴"网络教学深度衔接。

四、教学载体智能程度不高

（一）智能交互功能有待提升

高校思政课混合式教学要求教师备课（网上备课＋网下备课）、上课（网上上课＋网下上课）、作业布置与批改（网上作业＋网下作业）、课外辅导（网上答疑＋网下答疑）、考核评价（网上评估＋网下评估）五大基本环节。以课外辅导师生交流为例，传统师生交流是"1"对"多"，而混合式教学是"多"对"1"，这就增加了教师工作任务和工作量。同时，在线教育的操作流程、网络视频制作、教学系统维护等一系列教学技能也给绝大部分以社会科学研究的思政教师提出了职业压力和职业负担。目前，在线教学过程中，大部分教学软件未实现思政常识知识、学生常见问题"人机"智能答疑，仍然依靠教师和助教进行"人人"答疑，降低学生自主学习能动性，影响混合式教学效果。

（二）智能教学系统有待创新

高校思政课混合式教学过程中，网络教学软件正处于低阶版本，其基本能实现教学公告通知、师生在线互动、教学资源共享、在线网课直播、教学记录存档、自动批阅作业等。但是，其版本更新迭代缓慢，尚未实现教学系统自主深度学习、教学过程全数据、人工智能答疑、学生画像分析、资源精准推送、评估考核一键生成等智能处理。与电子商务（如天猫移动 APP）相比，天猫购物软件已形成版本更新迭代快、功能设置包容万象、人机交互互联互通、中央处理稳定高效、用户数据存储、挖掘、分析、推送一体等智能生态场景。这尚未给新时代大学生带来思政课教学智能化体验，仍然停留在线下教学硬搬到线上教学模式。

（三）智能教学系统维护缺位

科技在不断更新换代，其主要表现在：①硬件层面：移动终端的多屏争艳；②网络层面：移动互联网的互联互通；③软件层面：移动 APP 的包罗万象；④应用层面：线上线下的融会贯通。智能可穿戴设备、万物互联的物联网、移动操作＋应用系统、线上自学＋投入以工科为主的学科专业建设、实验室建设和技术创新研究等方面，以文科为主的理论学科建设投入资金相对较少。⑤基础设施建设层面：高校对马理论学科建设的资金投入较少，直接影响了在线教学系统从硬件设施（移动终端设备、服务器、工作站）和软件（应用系统、操作系统）等设施设备建设和购买，也影响了思政课在线教学系统的迭代升级。

五、教学资源深度挖掘不足

（一）教学资源深度教研不够

移动互联网时代，高校思政教育资源深度挖掘、整合、创新的过程中，缺乏资源内容极致化、资源更新迭代化和资源构成跨界化等缺陷。极致化层面：极致的教育资源需要超过大学生需求预期，不仅满足大学生的"痛点"的刚性需求（完成混合式教学课程目标），也要满足大学生的"痒点"进阶需求（为大学生自主学习提供便利），更要满足大学生的"兴奋点"的自我实现需求（超出大学生学习需求预期）。目前，教育资源开发还未具备极致思维、满足大学生的"兴奋点"和研发极致教育资源；迭代化层面：混合式教育资源开发还处于学生参与低、研发周期长、试点推广慢等弊端，未能充分挖掘学生真实需求，准确抓住学生当下需求等；跨界化层面：混合式教育资源结构单一，主要以本门高校思政课内容为主，缺乏资源的垂直整合（整理思政课的逻辑结构、知识体系和思维导图等）；水平扩张（整合与思政课相关知识链接、理论导读、高阶练习等）；学科跨界（参考与大学生专业课相关的教学资源）。

（二）教学资源精准供给不精

高校思政课混合式教学资源供给主要是教师根据思政教学标准，本校教学科研团队教学资源，以线上和线下等"大水漫灌"方式供给大学生的教学实践过程。在资源供给过程中，一是忽略大学生实际情况。教师根据教学任务统一将教学资源全部发送给全体学生，并要求绝大部分学生统一完成。在此过程中，学习进度快与慢、学习成绩优与良、学习能力强与弱等学生统一标准、统一学习、统一评估，这就形成先进生"吃不饱"、中等生"刚刚好"和后进生"吃不下"的情况；二是供给方式有待创新。信息互联时代，课堂教学中，教师主要以"面面"传播，进行理论知识讲解；在线教学中，主要以 QQ、雨课堂和微信等载体进行教育资源供给，忽视了大学生生活和学习中喜闻乐见的移动 APP 软件（如抖音网络直播等）；也忽视了教育资源载体的综合运用，未充分发挥"三微一端"等软件的供给合力；三是忽视了大学生学习效果的反馈。在网络教学过程中，学习频率、兴趣方向、学习痕迹等数据未能凭借大数据、云计算等信息技术进行整合筛选、挖掘分析、评估调整等加工处理，进而未能实现教育资源精准供给。

（三）教学资源共商共建共享较少

科技改变信息含量：从经验时代到大数据时代，科技改变信息承载方式；从纸质时代到电子时代，科技改变传递效率，从 1 到 N 传递到 N 到 N^2 传递。

科技改变信息传递结果：从不透明到透明。

信息技术延伸了思政课教学载体，完善了思政课教学的教学模式，共享了思政课教育资源，改变了学生学习方式。在思政课教育资源共享共建层面：

一是信源维度。国家精品思政课程、高校思政名师工作室科研成果、高校思政教学资源网、共青团中央微信公众号等官方教育资源，这极大地丰富了思政教育资源的内容。

二是渠道维度。各类官方微信公众号、微博、QQ 订阅号、移动 APP 等网络载体，这让思政教育资源减少中间渠道，传播效率实现 1 到 N^2。

三是受众维度。全体大学生、全体教师、全体教职员工等，这完全实现不同阶段、不同层次和不同个体的受众全覆盖，满足全体受众根据自身学习实际进行网络思政教育资源的筛选学习。

与传统思政教学相比，混合式教学实现教材资源和网络资源的丰富和拓展。移动互联网时代，网络资源共享程度更高，共建水平更科学，共商范围更广，这不断地激发新时代新青年的新需求。但雨课堂教学平台主要以任课教师教学课件为主，较少链接、转发、共享其他优质思政资源。

六、教学考评制度落实弱化

（一）混合教学考评机制有待健全

大学生线上线下教学评价的比例主要以线下学习为主、线上学习和考勤次之。有关线上线下教学评价主要有三种观点：第一类是"保守派"；第二类是"中庸派"；第三类是"激进派"。"保守派"坚持认为思政课堂教学是学习主渠道，学习过程主要在课堂中完成，线下评价更具有客观性等优势。"中庸派"坚持认为思政课线上教学是改革的方向，课堂教学是教学评价主阵地，主张线上线下结合教学评价。"激进派"坚持认为在线评价符合教学智能化趋势，满足学生自主学习期望，线上评价能实现教学全过程评价等优势。"保守派""中庸派"和"激进派"都对高校思政课混合式教学目标（课程目标、学生目标考核）、教学计划（诊断、形成和总结性考核）、师生互动（线上、线下答疑考核）、定性定量（绝对性、相对性考核）等标准存在分歧。

（二）混合教学考评方式有待全智能

目前，高校思政课混合式教学评价线上、线下融合有限，呈现半智能化的特征。在传统教学评价中，主要依靠教师对学生在教学过程中的学习目标达成情况、课程作业完成效果、课堂发言理论深度、小组研究性合作贡献性、期中期末考试成绩和考勤纪律等评价。

在网络教学评价中，主要依靠教学软件对学生在线学习时间、学习目标、学习计划、学习记录和学习考勤等评价。相对于传统教学评价而言，这增加了教师思政课考核评价工作量；相对于在线教学评价而言，未实现思政课考核评价的智能性，进而导致高校思政课混合式教学"半自动化"考核评价。

（三）混合教学考评制度有待落实

高校思政课混合式教学评价制度主要由传统课堂教学制度和网络课堂教学制度构成。传统课堂教学制度体系日趋完善，其主要包括教师岗位职责（备课、上课、课后等工作），教育教学制度（定期党团活动、实践教育活动、特定节假日主题教育等），教学管理制度（考勤纪律、监督考核和奖惩制度等）。同时，在课程教学过程中，教师将其严格执行，不断完善教学制度。但是，网络在线教学制度仍处于起步阶段，制度设置层面：网络教学制度在"横向设置"（教师岗位职责、教育教学制度、管理考核评价制度）等方面尚未完善，同时，每一个制度的"垂直设置"（如教学目标、课程目标、学生目标的考评标准）也尚未完善。制度执行层面：鉴于网络制度正处于待完善阶段，这导致了网络环境过于"自由"，直接影响学生网络学习过程中蔑视制度权威，甚至违背网络教学制度。在线网络教学缺乏完备的制度支撑，这导致了学生违反学习纪律学生时，出现无纪可依、执纪不服、违纪不纠的真空地带。考核评估层面：由于制度欠缺和技术滞后，这导致了网络评估的全流程未能实现智能一体化和网络评估的全要素没有以教学制度形式确定下来。

第三节　高校思政课混合式教学模式应用优化策略

一、教学环境优化之策

（一）做好顶层设计

在实施任何教学模式的最初阶段，制定适合学校情况、突出学校特色的发展战略都显得尤为重要，在实施混合式教学模式之前，高校应尽可能地设想到会出现的情况，对混合式教学模式进行深入了解后制订学校的宏观目标，这样在处理混合式教学模式实施的过程中才能做到得心应手。这一模式的产生不仅是技术的革新，也带来了教育观念的转变，教育方式的优化大幅提高思政课的抬头率，为思政课的不断发展提供了新的契机，所以高校可以将混合式教学模式与思政课结合起来，但如何更好地结合，并且符合本校的特色需要学校做好顶层设计，大力推动习近平总书记谈治国理政新理念新思想新战略"进教材、进课堂、进头脑"。

就马克思主义学院及学科建设、思政课改革和专职教师激励等制定有力政策，加大市政、高校专项资金投入，鼓励思政课混合式教学试点或投产运用，为思政课建设提供坚实的后盾；加强对网络教学平台构建、教学资源采编设备更新、信息化教学环境维护方面的资金投入，协调混合式教学模式人员配置，形成专业团队尽可能地为其提供良好的成长空间。众所周知，高校教师需要完成基本教学任务同时还有基本的科研任务，教师评职称或进行评比的时候，通过教学展示很难分辨出哪位教师更胜一筹，所以，科研成果的比较成为重要的评价标准，教师也越来越重视科研项目的开发而在一定程度上忽略了对课堂教学效果的探索，基于此种情况，教育部门或高校应该考虑到教师的科研任务与思政课混合式教学探究之间的小冲突，合理分配科研与教学的任务比例；同时，对于思政课混合式教学模式的定位不是单纯引进一个新的教学模式并实施，而是真正利用好这个契机来破解当前思政课模式僵化、学生缺乏兴趣的被动局面，我们的目的不在于引领混合式教学模式的发展，我们的重心在于改变教学现状，提高学生的抬头率和出勤率，树立起新时代下价值观培育的新模式。

（二）完善设施建设

关于建设学校设施，应该包括校园基础设施建设和网络设施建设。基础设施就是指教学楼、教室、投影设备仪器等传统教学工具的建设，网络基础设施就是各个教室中的电源、数据电缆，以及整个学校的无线网络覆盖等，这些都需要准备就绪，并且需要专家来负责整理清楚。在安装技术设备时，管理者需要了解学生并了解教师和学生在教室里的活动流程，以及在特性的校园环境下打算如何使用技术，才能有助于实现资源的最大化利用，避免资源浪费。网络基础设施是所有技术的基础，就像学校是学生选择大学意愿的基础，网络包括很多技术，它最重要的功能是可以让教师和学生接触到慕课资源和学术课题相关材料，收发电子邮件和数据文件等，不管打算在学校安装多少台电脑，安装多少教学软件，都需要完善网络来支持你所有的技术应用。

当前，国内许多一般的大学还不具备良好的混合式教学硬件和网络环境支持。大学应该尽可能多地在学生学习和生活的公共环境里如图书馆或实验室等地方配备足够的电脑，至少是随时可以充电的地方，让学生随时可以上网查找资料，努力建设校园无线网络全覆盖。尽管现在的学生家庭条件比过去好了，许多学生也有了手提电脑，但总有家庭困难的学生，另外总要随身带着手提电脑进图书馆等地方也不方便，在提升网络技术水平的过程中，要注意一个关键的问题，即混合式教学不是"技术型教学"，技术性教学是指以技术为中心，服务于技术的教学模式，混合式教学不是以教学或技术为中心，而是以学习为中心，以学习为目的，所以我们在发展技术的过程中要注意让设施为学习服务，一定采取适合思政课混合式教学实际需求的技术手段。

（三）营造校园氛围

针对在线教学活动的设计与实施、教学资源的开发与利用，不少国家还专门制定了在线教学和资源标准等来规范信息化的教学活动。比如，有些国家使用有偿付费的形式鼓励教师研发优质的教学资源，为此，校方管理方是否可以考虑给予教师一定的经费资助来鼓励教师形成团队开发教学资源，这样，通过尊重教师的劳动智慧成果，提高资源开发效率。一个人的能力有限，对于转变当前教学模式，实行混合式教学，只有专业课教师是不够的，需要组织起一个专业的团队来共同完成，包括技术人员、管理维护人员、后期评估考核所需人员，还可以培养起一个专业的助教团队。很多学校已经开始让研究生作为助教参与到课堂中，在协助思政专业课教师完成任务、与同学沟通翻转课堂专题任务中都起到了很好的作用。同时，研究生对于先进的技术设备、知识水平等有一定的储备，对于新兴的教学模式具有较高的热情，可以专门进行培训，成为推动混合式教学模式实施的中坚力量。

当前，有很多学校的信息化教学未能达到预期的效果，有很大一部分原因是教师无法熟练地使用计算机技术，很多教师将使用计算机软件与用计算机进行教学混为一谈，因此忽略了计算机教学法，只重视计算机技术层面的培训。可以说，教师信息技术能力和素养的培训是很多高校需要解决的一大难题，加强在线教育建设应用的师资和技术人员培训。培训内容要将混合式教学培训和专业知识培训结合到一起，包括基本的技术使用和技术维护、教师向学生传达传授混合式学习相关程序和步骤、在开展和运用混合式教学时基于实际需求展开教育和教学的相关问题。我们不能给混合式教学"另立门户"，混合式教学应该是学校文化、思政教育的一部分，通过培训，让思政课教师教学各个系统协同运转起来。同时，可以实施多种举措来鼓励思政课教师的新模式教学热情，提升教师在线课程和慕课设计制作能力及应用水平。比如，每段时间开展教学设计比赛、教学名师评选等提升教师的信息化素养和实践技能，持续邀请国内知名专家学者到校培训讲座，鼓励教师参加国内外信息化教学交流研讨会等，拓宽视野，营造良好的校园氛围。

二、教师群体应对之策

（一）更新教育观念

很多教师在日常思政课教学中坚持黑板—粉笔—PPT 的教学方式，以灌输理论知识为主，总体上是教师今天教什么，学生就学什么，"以学定教"，教师在课堂上发挥主要作用，思政课的重点便放在了教学内容，"教什么""教多少""怎么教"，忽略了学生"怎么学"。但是，教与学本来就是相互依存的关系，教是学的前提，学是教的目的，真正有效的课堂应该是教师与学生共同参与、充分互动、教学相长的双向活动，在充分沟通、轻松愉悦的课堂气氛中，学生潜在的学习积极性、主动性以及对知识的掌握能力和创造精神更能得到挖掘和展现，思政课混合式教学模式中教师与学生成为交互的双方，学生也被赋予更多的自主权。例如，学习者可以根据自身的时间和条件自主选择学习的时间和地点，可以根据视频讲授内容调节自己的听课频率，选择跳看或者重复观看，有利于学习效率的提升和更有针对性地思考教学中的重点和难点问题，这样的学习可以根据自身的知识基础，按照自身的时间条件合理选择，比传统大众化课堂更为高效。除此之外，思政课混合式教学模式在教学环节的设计上也更好地体现了学生的认知规律，其"短视频"碎片化的教学节奏缓解了学生因学习时间过长而产生的疲劳感，学习像游戏通关的模式引起了对下一段视频讲解的兴趣，提高了对学习的兴趣。可见，混合式教学模式并没有因强调"教"而忽略"学"；相反，它为学生参与教学提供了更多的基础，有助于培养他们的主体意识，提高其主体地位，从而促成师生的良性互动。思政教师应看到混合式教学的种种优点，及时转变固有的教学思维模式，尝试通过混合式教学去引导学生热爱思政课，摒弃对新的教学模式的排斥心理，在不断尝试中，找到这一模式的优点，找到师生间一起进步的乐趣，并由此明确自身的主导作用与学生的主体地位，形成良性的互动关系。其次，我们重视构建"师—生"双主体的格局，将教师从板书、PPT 中解放出来，以新的思维观念带动学生运用新的模式进行学习，改变以往教—学—考的形式，起到引领学生学习的作用，提升思政课的魅力。

（二）明确角色定位

随着互联网大数据突飞猛进式的发展，课堂不再成为学生获取知识的唯一来源或主要来源，信息时代的高效化、层次性、多元结构使得当代大学生在互联网中获取了丰富的学习资源，是自主学习的重要途径。在这种情况下，他们甚至比教师能更早知晓社会上各个层面的新闻和事件，同时也更能快速了解到非主流思想或思潮。就此而言，教师虽然失去了在资料搜集信息获取方面的优先性，但并不代表他们作为主流思想的传播者、学生价值观的引导者、政治素质道德素养文化素质培养人的地位削弱了。相反，大学阶段是一个人理想信念、价值观念、道德品质形成的重要阶段，此时大学生身心发展不尽成熟，社会角色也没有转变，对各种信息缺乏清醒、理智的辨别能力，对信息的理解和把握程度也存在着个体差异。因此，混合式教学模式下的思政课教师应明确自身的角色定位，适时地转变自身角色，将工作重心从教学资源的搜集与展陈，向筛选、整理、组织与引导转变，发挥"主导"角色，将课堂还给学生，做好适应新的教学环境和教学模式的心理准备，增强自身的信息技术、演讲口才、教学设计和组织能力；采用以学生为中心的教学理念，与学生做真情实感的交流沟通，鼓励学生参与课下实践活动，促进其对高校思政课学习成果的实践应用，最终使课程的教学成果深入学生内心。具体而言，教师首先要利用好新媒体在线网络平台向学生传授知识，实时更新自己的教育内容，选择恰当的教学案例，激发学生求知欲望与学习兴趣，引导其从多个角度看待问题；其次利用好线下翻转课堂的环节加强教学内容的针对性，在教学与引导过程中，注重通过启发式、参与式教育，引导他们提升道德素质和思想素质，积极认同与树立正确的人生观、价值观、道德观和法制观，并自觉把相关精神贯彻落实到具体行动中，实现知与行的统一。

（三）创新教学方式

当前的混合式教学模式基本环节为线上听课＋线下翻转的形式，所以改善教学效果可以从这两个环节方面共同努力。首先，关于线上的视频课程。无论是传统课堂教师灌输式的思政教育还是变成短小精悍的视频课程，教学内容都是环节的关键，如何设计有趣、吸引学生注意力的课程？偏离常规的、新颖的教学内容往往会在学生的心里占据突出位置，给其留下深刻印象，这样学到的知识也更容易记住。实际上，很多学生并不满意或不满足于学习当前教材涵盖的内容，如果通过知识迁移，聊到当前的社会生活、时事焦点问题或伟大历史人物的个人生活实际等，学生的兴趣度和掌握度都会大大提高，有趣且吸引学生的课程首先应基于学生所处的环境和生活；或者说，学生所学到的马克思主义理论、思政教育相关理论知识应该根植于社会生活，具有相当的实用性和现实意义。因此，教师在视频课教学的过程中也不要拘泥于传统、日常的教学模式，引导为主，以问题式的教学能够吸引学生的注意力，提高学习兴趣，学好了一个知识点也像游戏过关一样开心，便会乐于在线上与教师和同学进行问题交流，思政课的特色在于涉及的领域很广，可以探究的课题也从古至今范围很大，轻松地线上学习才能有利于线下翻转课堂的深度交流。

三、学生群体应对之策

（一）提高自主学习能力

著名教育家陶行知先生曾说过："中国教育之通病是教用脑的人不用手，不教用手的人用脑，中国教育革命的对策是手脑联盟，结果是手与脑的力量都可以大到不可思议。"当代大学生处在经济全球化深入发展，社会信息化持续推进，科技革命、知识经济迅速崛起、文化发展百花齐放、思想多元的现实环境中，具有一定的个人意识。但中国教育的培养模式缺乏从小对于个体独立的培养意识，缺少思辨能力的培育，学生经过九年制义务教育和高中三年的传统思维的教育模式后，形成了依赖严重、实时需要监督等现象，很难在进入大学校园后马上改变。很多中学生刚刚进入大学，面对自主、独立的学习方式显得非常不适应，总是希望通过其他人的监督和提醒来完成任务。所以，让大学生尽快适应自主学习的生活不仅是混合式教学的要求，也是各门课程、学校教育目标的要求，更是个人成长成才、报效社会的要求。因此，需要学生明白培养自主学习的意义，我们可以依靠学生通过混合式教学慕课平台的带动，让他们亲身体会，多次实践，逐渐培养起自己独立学习的习惯。久而久之，便会适应这种有别于传统的新兴教学方式，以信息交流来提高学生学习兴趣；学生的行为如何，很多情况下在于教师的引导。除此之外，教育教学的教师或负责人员可以向学生多多宣讲思政课混合式教学的理念以及对学生的要求，从客观上帮助学生尽快适应这个教学模式，适应当前的学习方式。

（二）发挥自身主体作用

高校思政课混合式教学模式在学习过程中明确学生是学习的主体，学生主动去探求知识，在课堂上发挥主要作用，变被动的知识接收者为自我学习的管理人，对自己的学习状态、学习结果负责任，成为自我教育、自我管理、自我服务的新时代大学生。这要求学生首先具备计算机技术等相关技能，并能善于利用发达的网络媒体、学习平台，为自己合理规划学习步调，通过媒介载体在学习情境中加强师生、生生之间的沟通与交互，以便交换问题或建议并互相帮助，创造群组的动力，共同完成学习任务。21世纪的大学生多为"90后""00后"的孩子，具有一定的自我主张和个人观点，学校、教师，甚至家长应该善于挖掘孩子的潜能，鼓励孩子培养开放式的思想，提供给他们自我展示的机会和平台。在鼓励学生发挥主体作用的措施中，除了让学生自身慢慢转变心态以外，还可以积极创造机会，让学生成为课堂主要角色，教师的课堂教学、同伴群体的引导与鼓励等，让学生充分感受到角色转变的快乐，形成作为学习主体的自我意识，混合式教学模式的应用也变得更加顺利。此外，通过高校思政课的思想引领和交互学习，能将自身"主体"作用贯穿始终，自觉抵制不良思想的侵害，坚定学习目标，增强学习的主动性和意志力，诚信自律地学习课程以保证学习成果的真实可靠，更要自觉地把课程的知识和精神融入内心，积极地把课程理论应用到实践。

（三）树立正确学习理念

就目前来看，很多学生存在着"只为成绩而学习"，认为只有能够提高成绩的教学才是最好的学习方式，课堂中，只愿意学习新的知识和观点，不喜欢也不习惯与人分享交流，非常适应传统的教学方式，不需要在人前过多展示自己，安安静静做自己的事情。显然，这样的学生应该是传统课堂上的"尖子生"，很习惯传统教学，并乐于坚持，对于成绩和分数体现出一定的功利主义色彩，不善于与其他同学合作以达到良好的沟通，这其实是和一些高校教师一样，表现出对混合式教学模式的不适应，是一种比较封闭、保守的心态，不懂得培养综合素质的重要性，走向社会以后也会表现出学习能力强但动手能力差、涉猎知识面较广但表达能力差、缺乏合作意识等不适应社会的现象。马克思说，"人的本质不是单个人所固有的抽象物，在其现实性上，它是一切社会关系的总和"。人与动物的区别在于，人是社会人，人生活在各种社会关系中。事实上如果乐于与自己的朋友同伴去分享自己的喜怒哀乐、成功失败，在与他们交往的过程中能够获得他们想象中的满足感，同伴沟通更容易彼此理解与尊重，这些群体的带动效应会对适应能力产生很大程度的影响。所以，在这方面，大学生要转变传统的学习方式，关注成绩的同时要懂得提高个人的综合素质，积极参与到混合式教学模式中来，充分与教师和同学之间进行沟通协作，不要因自身性格、表达等原因拒绝展示，只有个体本身积极投入其中，才能体会到优质的教育资源、丰富的翻转课堂带给自身的独特体会。

四、课程开发创新之策

（一）自建与引入相结合

高校可以采用"引入＋自建"结合的模式，而具体的以自建为主，还是以引入为主，则可以依据学校自身情况来确定。对于思政课来说，名校的各项基础健全，教育资源优质，学校应加大资金、技术、人员等方面的支持力度，建设好优质的课程资源，普通高校可以集中力量开发几个本校的优秀专业的教学资源，其他专业可以引入名校资源；同时增加一些本校教师专题讲授的环节，对于视频课程理解不透的几个知识点进行深入讲解，思政课是文科专业，相对来讲知识点理解难度不大，主要在于价值观的树立和来龙去脉的深入挖掘，经过慕课视频和专题讲授后，再加上翻转课堂的交流讨论，能够增加学生的学习兴趣与学习记忆。资源优势院校充分利用本校的网络设施、信息汇聚、前沿观点、师资力量等优势集中建设具有普遍意义的线上课程教学，不仅满足于本校、本区域，也尽可能满足弱势院校，实现优质教育资源的输出与共享，实现资源的充分利用和弥补缺口。资源弱势院校也要充分发掘本校的特点，力求在某些领域或某些建设中可以实现与其他优质资源的互补，推动院校之间建立长期的合作联盟，各有分工，职责明确，避免资源的浪费和教育工作开展的低效，实现混合式教学模式下高校思政课的示范性和联动性，推动校际选课、学分认定、考核评估各方面教学活动的开展，对破解当前教育教学资源分配的不平衡，对高校思政课整体教学质量的提升起到一定的积极作用。当前，一些高校已经开始了初步的实践，如贵州理工大学、三亚学院、云南经济管理学院等地方性学校加入了清华大学开放的高校思政课的慕课平台。

（二）构建集中统一平台

在实现教育资源优势互补的同时，要充分发挥先进科学技术的积极作用，以移动互联网、大数据、云计算等先进技术为依托，积极建设集易用性、支持性、适用性和可访问用户等功能特点合一的高校思政课慕课平台或混合式教学的平台。建议在全国范围内，建立全国统一的高校思政课慕课中心，由中心统一建成和管理全国的高校思政课慕课平台，进行覆盖全国的、具有引领作用的高校思政课示范教学，引领推进高校思政课的革新与进步，并且在高校思政课的统一平台上，高校之间、高校与企业之间有竞争也有合作，共同致力于课程建设和推广，共同分享课程发展带来的红利，形成良性的互联互动、合作共赢的关系。当前，我国关于高校思政课慕课平台建设的进程中，已有多个高校开发出自己的在线学习平台，也有全国性质的学习平台，但是仍旧存在课程与技术与资源的整合失衡问题，资源较为分散，流通、共享的环节上存在一定的障碍，既然科学与文化本身有着不断更新和变化的特征，那么基于资源和技术的整合就永远不会终止，构建集中统一的高校思政课混合式学习的平台有利于形成各学校、国内国外优质教育资源、先进思想理念的快速传播共享，提升思政教学的整体性功能。高校思政课最重要的功能是它的育人功能，立德树人，引领大学生乃至全社会积极主流的价值观和意识形态，在历史发展长河中的任何一个时期，都应树立起时代的核心价值观，引领学生群体、社会民众的主流意识形态，而高校的思政教育无疑承担着这一重要的历史使命，这是其他任何学科都替代不了的功能，并在当今时代焕发出新的生机。

参考文献

[1] 常金玉. 高校思想政治教育教学与专业理论课创新改革研究 [M]. 延吉：延边大学出版社有限责任公司，2022.

[2] 陈丹. "对分课堂"在大学英语教学中的应用 [M]. 延吉：延边大学出版社，2019.

[3] 陈丽萍. 新时代高校思想政治理论课教学改革研究 [M]. 湘潭：湘潭大学出版社有限责任公司，2022.

[4] 陈晓娟. 微课在思想政治理论课中的开发、设计及应用研究 [M]. 北京：经济日报出版社，2020.

[5] 窦国宁. 创客教育理念下的大学英语教学理论与实践 [M]. 北京：企业管理出版社，2021.

[6] 黄雪松. 大学英语混合式智慧教育研究与实践 [M]. 长春：吉林出版集团股份有限公司，2022.

[7] 康洁平. 信息化背景下高校英语混合式教学模式探索与应用 [M]. 北京：中国书籍出版社，2021.

[8] 冷静. 翻转课堂的基础理论与高校教学实践 [M]. 厦门：厦门大学出版社有限责任公司，2021.

[9] 李鸿雁，张雪著. 高校思政课教学改革与创新研究 [M]. 延吉：延边大学出版社，2022.

[10] 李孟端. 大学英语对分教学模式 从研究到课堂 [M]. 长沙：湖南师范大学出版社，2021.

[11] 林蕾，杨桂宏. 高校思想政治理论课教学研究 [M]. 北京：中华工商联合出版社，2022.

[12] 刘淑娟. 高校思想政治理论课混合式教学研究 [M]. 北京：九州出版社，2022.

[13] 马光焱，王晓光. 新时代高校思想政治理论课改革与创新研究 [M]. 长春：吉林大学出版社有限责任公司，2022.

[14] 孙武安 . 高校思想政治理论课教学质量提升研究 [M]. 杭州：浙江工商大学出版社，2022.

[15] 田自立 . "互联网＋" 视域下高校思想政治教育实践研究 [M]. 延吉：延边大学出版社，2022.

[16] 万娟 . 基于创新发展的高校思想政治教育研究 [M]. 长春：吉林大学出版社，2022.

[17] 徐刚 . 高校英美文学教学理念与模式研究 [M]. 天津：天津人民出版社，2021.

[18] 徐莉莉 . 互联网时代中混合课堂教学模式研究 [M]. 北京：北京工业大学出版社，2019.

[19] 俞婕，魏琳 . 数字化时代大学英语翻转课堂新探索 [M]. 北京：冶金工业出版社，2022.

[20] 詹青龙，杨晶晶，曲萌 . 高校创客教育的智慧化发展研究 [M]. 北京：北京交通大学出版社，2019.

[21] 张蕾蕾 . 网络时代的智慧思政课 翻转课堂新论 [M]. 上海：上海社会科学院出版社，2021.

[22] 朱汉辰 . 新时代高校思想政治理论课教学研究 [M]. 延吉：延边大学出版社，2022.